転げ落ちない社会

困窮と孤立をふせぐ制度戦略

宮本太郎 編著

勁草書房

まえがき

バブル経済が終焉してもしばらくその余韻にひたっていたこの国で、1990年代の終わりになると、困窮や格差がしだいに注目を集めるようになった。振り返るならば、ここ20年ほどの間に公刊された書籍で、困窮と孤立について論じたものは数知れない。

この主題に寄せられる人々の関心には、初めのうちは、豊かな日本にまだ困窮や格差があったのか、といった反応も少なくなかった。だが、しだいに生活困窮や経済格差が日本社会に深く根づき、社会全体に浸潤しつつあることが実感されるようになった。また、経済的困難と社会的孤立が、一体のものとして広がっていることも知られるようになった。

多くの著作がこの国の困窮・格差や孤立の実態を統計的に明らかにし、あるいはルポルタージュ的に伝えてきた。子ども、若者、高齢者へと世代横断的に困窮や孤立が広がっていることが明らかにされ、「ひとごとではない」と多くの人々が考え始めている。

それでは、こうした現実に対する処方箋としては、いかなる制度や政策が提示されてきたか。児童福祉、生活保護、年金政策といった、個別の政策については、さまざまな政策提案が蓄積されてきている。だが、個別領域の議論を総合して目指すべき福祉体制のかたちについては、議論は深まっていない。中間層と困窮層、働けている人たちと大きな困難を抱え込んでいる人たちを、いかなる原理でつなげていくのか。有権者や納税者の合意を得ながらどのように孤立や困窮に対処していくのか。この国が福祉国家として未成熟であることの一般的な指摘はなされても、包括的な制度デザインはなされていない。

本書もまた、新しい福祉体制の精緻な青写真を提示するものではない。本書に収められた諸論考は、まずはそれぞれが個別の政策領域における重要な貢献である。だが他方で、本書は個別政策の提起を集めた論文集に留まらない。本書の各章は、財団法人全労済協会による一年にわたる研究会の成果として、たび重なる相互討議を経て執筆された。そして、それぞれの政策提起が組み合わされたときに見えてくる、新しい福祉体制の像を共有している。

新しい福祉体制の像とはどのようなものか。本書が提起している考え方に近い言葉を挙げるとすれば、「社会的包摂」ということになろうか。社会的包摂とは、近年しだいに広く使われるようになった言葉ではある。困窮し孤立した人々を、弱者として単に保護するのではなく、社会の一員として包摂することを目標とし、元気に社会参加し続けることを支援する、という考え方である。

困窮と孤立に対処するというとき、しばしばこの言葉が掲げられてきた。生活保障の安全網つまり「セーフティネット」を、転げ落ちても社会に跳ねもどる「トランポリン」にしていく、という言い方もされた。90年代半ばのイギリス労働党政権における「福祉から就労へ」政策から安倍政権の「一億総活躍国民会議」における議論に至るまで、そのような趣旨で社会的包摂が提起されてきた。

だが、この社会的包摂とは、具体的に何をしていくことなのか。その点でわかりにくさの残る言葉であるし、また少なくとも現在までのところ、社会的包摂やトランポリンの実現が掲げられても、必ずしも大きな成果を挙げているとは言いがたい。それはなぜか。社会的包摂のために、ほんとうになされなければならないことはなにか。この問いかけに対する回答は、そのまま本書の議論になる。

第1に、社会的包摂の名のもとにトランポリンで社会につなごうとしても、社会の側にそれを受け止める場がなければ、人々は再び排除されてしまう。「転げ落ちない社会」というタイトルの意味でもあるが、本書では、そもそもリスクを抱えた人々が「転げ落ちない」ように、あるいは困難を抱えていても社会につながり続けるように、3つの共生の場をつくりだしていくことを主張している。3つの場とは第1章の湯澤論文が扱ったシングルファーザー家族のような、より多様な家族のかたちであり、第2章白川論文、第3章祐成論文が論じている開かれた居住とコミュニティであり、第4章西岡論文が提起した新しい働き方の3つである。

これまで、私たちの共生の場である家族、居住、雇用は、「支える側」の人々のための標準世帯、持ち家・民間賃貸住宅、一般的就労と、「支えられる側」の母子世帯などの非典型世帯、施設居住、措置型福祉（＋福祉的就労）とにはっきり分断されてきた。困難を抱えた多数の人々は、この両極の間で顧みられなかった。標準世帯、持ち家・民間賃貸住宅、一般的就労は、標準以外の暮らし方や働き方を許容せずに多くの人々を排除するところがあった。ゆえに、ここから排除された多くの人々は、「支えられる側」として劣等処遇（「支える側」より良い処遇になるべきではないという原則）のもとで「保護」の対象となるしかなかった。ここに3つの新しい共生の場をつくりだしていくというのが本書の一つの提起である。

第2に、このような3つの場にどうやって人々をつなげていくかである。新しい居住や就労の場が創出されたとしても、縦割りの制度の中で人々をこうした場につなぎ定着させていくことは容易ではない。新しい居住の場を紹介し入居債務保証を提供したり、支援付き就労の中身について雇用主および当事者と話し合い就労や居住に定着する手助けをしたり、さらには経済的困難やメンタルヘルスの解決を図るなど、当事者が抱えていく複合的困難に対する包括的な対応が必要になる。

したがって、旧来型の縦割りの制度をいかに超えていくかが問われるのであるが、制度の縦割りを完全に解消することは困難である。これに対して本書は、人々のライフステージにおいて社会とつながっていくことにリスクが集中する3つのステージに注目し、ステージごとに「転げ落ちない」ための支援を可能な限り包括的なものにする、という考え方をとっている。

その3つのステージとは、第6章柴田論文が扱っている就学前の子ども期、第7章花井論文が主題としている後期中等教育、高等教育、就職にかけての青年期、そして第8章鎮目論文、第9章藤森論文が扱っている高齢期である。とくにこの3つのステージにおいて、縦割りとなっている支援を可能な限り連携させ、3つの場で受け止めながら、「転げ落ちない社会」を構築していくことが重要なのである。

さらに加えて、納税者、有権者の福祉体制への支持をどのように獲得して、制度を実現していくかも重要になる。本書で提起されている施策は、それ自体は孤立した困窮層を主な対象としたものが少なくない。支援の対象については所得制限などがかかることも当然あろう。しかし、就学前、教育と就労への移行をはかる青年期、高齢期というステージに集中している社会的なリスクは、(今のところ）経済力に相対的に恵まれている中間層にとっても、「人ごと」ではなく、いつわが身にふりかかってもおかしくない問題群である。

中間層を含めてすべての人々のための福祉体制を目指すという普遍主義の考え方を、こうした条件のもとでいかに発展させていくか。第5章高端論文や第3章祐成論文、さらに序章ではとくにこの点が焦点の一つとなっている。

もちろん、3つの場と3つのステージや新しい普遍主義という本書のフレームは、まだ萌芽的なものであり、これから新しい福祉体制のデザインとしてさらに議論を詰めていくべきものである。そのために乗り越えられるべき諸論点は、財源論、信頼論、負担論など含めて、巻末の鼎談でも論じられているが、併せて読者からのご意見などもいただければ幸いである。

本書は、財団法人全労済協会において2016年3月から約1年間続けられた「格差・貧困研究会」の成果である。この研究会は、この問題に深い危機感を抱いた同協会の高木剛前理事長が音頭をとって開始され、毎月の研究会では、たいへん密度の濃い議論を重ねてきた。神野直彦東京大学名誉教授にはアドバイザーをお願いし、本書の鼎談を含めて、本格的に議論に加わっていただいた。支援の現場におられる方たちからのヒアリングもすすめた。こうした機会をつくってくださり、研究会の円滑の進行をサポートされた全労済協会の高木前理事長、安久津正幸前専務理事、研究会の成果を出版することにお力添えいただいた神津里季生現理事長、柳下伸現専務理事をはじめ、同協会の皆さんには深くお礼を申し上げたい。また、勁草書房の宮本詳三編集部長は、すべての研究会に出席された上で、研究会の多岐にわたる議論の中身を本書にまとめる上で的確なアドバイスをされた。記して謝意を表したい。

2017年9月

宮本太郎

転げ落ちない社会　目次

転げ落ちない社会

――困窮と孤立をふせぐ制度戦略――

序　章　困窮と孤立をふせぐのはいかなる制度か？

宮本太郎

1　福祉国家は困窮をどうふせいできたか

処方箋としての普遍主義

1990年代の半ばから、日本社会でしだいに経済的困窮と社会的孤立の広がりが注目されるようになり、「格差社会」、「ワーキングプア」、「老後破産」などの言葉がメディアで行き交うようになった。厚生労働省の国民生活基礎調査に基づく相対的貧困率が、アメリカやメキシコに次いで高いことが指摘されてきた。そればかりではなく、貧困率を計算する基準となる所得（等価可処分所得）の中央値そのものが1997年の297万円から2016年の245万円へと大きく落ち込んでいるのである（平成28年「国民生活基礎調査の概況」）。

もちろん高度成長期を含めて、この国で経済的困窮は一貫して大きな問題であった。だが、かつての日本では、経済的困窮は、経済成長の成果がまだ社会全体に行き渡っていないために、いわばそのタイムラグによって生じるもので、やがて解決されていくものと考える人が多かった。成長の結果が社会の基層までこぼれ落ちるという意味で「トリクルダウン」などとも呼ばれるこの考え方は、未だ根強いものがある。というよりも、600兆円のGDP拡大を「第一の矢」とする今日の政府の成長戦略そのものが、こうした発想に基づいている。

しかしながら、比較の視点からの政策研究は、このような見方は成り立たないことを示している。これからの日本で安定した経済成長が持続するとは考えにくいことに加えて、仮に成長が実現しても、その果実は自動的に社会の基層にまで広がっていくものではない。

たとえばケンウォーシーは、各国の1人当たりGDPの伸びと、所得下位10%層の所得の伸びの関係を見て、両者が相関している国は限られていることを明らかにしている。アメリカやイギリス、スイスなどでは、「トリクルダウン」は起きていない。経済成長が実現しても、その成果を社会全体に分配していく仕組みがなければ、困窮は解決されないのである。これに対して、北欧では、経済成長はたしかに所得下位10%層の所得を引き上げている。なぜなら、そこには再分配の仕組みがあるからである（Kenworthy 2011: 5）。

では、その仕組みとはどのような仕組みなのであろうか。福祉国家や福祉政策の比較研究においては、普遍主義的な制度こそが困窮と格差への最良の処方箋である、というのが定説であった。普遍主義とは、広義には、社会保障や福祉、住宅などの諸政策が、特定の弱者のためというより、すべての市民のために推進されることを指す。生活の困難に直面したときに、誰もが差別的に取り扱われたり恥辱感を感じたりすることなく、国や地方の社会保障・福祉の給付を受け、介護、保育、住宅などのサービスを利用できることを意味する。これまでは、この普遍主義という言葉は、資産調査などで給付の対象を一部の低所得層に絞り込む選別主義と対照させて使われてきた。

制度論として考える限り、この定説には不思議なところがある。普遍主義の制度よりも、選別主義の制度のほうが、困窮や格差の是正についてむしろ効率的なはずである。支援の対象を経済条件で確定して支援をそこに集中するならば、広く薄く給付を行う場合より、困窮層へは資源がより多く届くはずだからである。実際のところ、アングロサクソン諸国を中心に、選別主義的な制度を追求する社会民主主義勢力は少なくなかった。

アメリカにおける選別主義

たとえばアメリカでは、1960年代に、リベラル色の強かった当時の民主党政権下で、「福祉爆発」とも呼ばれた福祉給付の拡大がすすめられた。その中心は、ひとり親世帯に対する公的扶助である要保護児童家庭扶助（ＡＦＤＣ）や補足給付など、選別主義的な制度であった。住宅政策も、入居対象を制限した低所得層向けの公営住宅が軸となった。

他方で選別主義的な制度は、「トリクルダウン」を唱える経済自由主義の側から打ち出されることも多かった。経済的自由主義においては、経済力ある人々や企業の活動を活発にする減税や規制緩和に力点を置いた施策がとられる。その上で、困窮と孤立の処方箋としては、経済を強くするために、社会保障給付は最低所得の保障に絞り込んでいこうとする。近年の日本でもまた、「真の弱者」に社会保障の対象を限定する、といった議論が広がっていることを想起すればよい。

困窮と格差の効率的な解決を目指す立場と経済成長を優先する立場とは、一見したところ対照的で相容れない。一方は社会的弱者を「支えられる側」として保護することを重視するし、他方は減税や規制緩和で「支える側」が活躍する条件づくりを優先する。しかしながら、両者は実際には同じコインの表裏というところがある。いずれも、「支える側」と「支えられる側」をはっきり分ける発想が強固なのである。

そして選別主義的制度は、このように社会を制度的に分割することから、結果的に制度自体への反発を広げてしまう。アメリカの場合も、福祉や住宅の制度は、「支える側」の納税者にほとんど還元するところがないものとなった。雇用政策をとおしての困窮者支援が弱かったこともあって、窮迫した人々は公的扶助にますます依存し、公営住宅は周囲から貧困や犯罪の温床とみなされるようになる。

アメリカでは、1970年代の終わりから80年代にかけて、福祉について固定資産税など税負担の引き下げを求める「納税者の反乱」が広がった。制度の負担のみを強いられていると感じた人々が、「福祉反動」を引き起こしたのである。そのような動きのなか、1981年にレーガン政権が誕生し、社会保障や福祉の支出は抑制され、新自由主義的な体制が定着していく。その後は、選別主義的な公的扶助受給者に就労義務を課すなどして、社会保障給付の枠がさらに狭められた。たとえば1996年に行われたアメリカの福祉改革は、要保護児童家庭扶助の受給期間を5年までに限り、就労を促すことを各州に求めるものであった。こうした循環は、アメリカのみならずイギリスやオーストラリア、ニュージーランドなどで起きた（宮本 2013）。

このように、選別主義的な施策で経済的弱者をくくりだし、資源をそこに集中しようとする発想は、経済的自由主義あるいは新自由主義的な政治を台頭させ、支出のさらなる削減につながっていく。

普遍主義の変遷

つまり、選別主義の施策は、再分配のあり方だけでいえば困窮者の支援に効率的であっても、中間層を含めた納税者・有権者の反発を招き、それゆえに政治的に持続困難になる。こうした経験もふまえつつ、困窮を解決する上ではるかに有効とされてきたのが普遍主義なのである。

普遍主義的制度については、先に簡単に定義したが、では具体的にはいかなる制度を指すのか。普遍主義的な施策といったときに、どのような制度が打ち出されるかについては、福祉国家の歴史のなかで変化してきた。欧米では、現金給付（所得保障）をめぐる議論が中心になってきたが、日本ではサービス給付（公共サービス）をめぐって普遍主義が論じられることが多い（井手・古市・宮崎 2016）。その定義も、恥辱感を伴う資産調査などが行われないことがまず条件となるが、それ以外は、保険料拠出や自己負担を伴う制度も含めて普遍主義と考える立場から、保険料拠出や自己負担を伴う制度は普遍主義とは認めないものまで議論が分かれる（三浦 1995、里見 2002）。

まずここでは、年金など所得保障についての制度を中心に、これまでの普遍主義の変遷を振り返りたい。普遍主義についての考察を重ねたことで知られるイギリスの社会政策学者ティトマスは、20世紀中盤のイギリスにおける普遍主義的制度の例として、年金保険、失業保険、保健医療サービス、学校給食サービスを挙げている（ティトマス 1971: 160）。ここで現金給付の制度について考えていくならば、ティトマスが挙げている年金保険とは、イギリスについては加入者が同じ保険料を負担し、同じ額の年金を受け取る、いわゆる均一拠出・均一給付の制度であった。

このこともあって、イギリスの『社会福祉辞典』では、普遍主義とは均一拠出・均一給付の制度とする定義が現れた（平岡 1989）。だが、普遍主義の制度をこのように狭く解すると、その一見たいへん平等に見える普遍主義の制度が、生活保障の制度全体の中では、むしろ分断を広げてしまうというジレンマに直面する。そのことは、1948年に導入された均一拠出・均一給付のベヴァリッジ型の年金制度が、その後に辿った経緯からも明らかである。

イギリスでは、インフレーションの進行もあり、この均一拠出・均一給付の普遍主義的な年金制度の給付水準は、しだいに比較的豊かな労働者を含めた中間層に対しては不十分なものとなっていった。中間層はより有利な職域年金に加入する傾向を強めた。そして1959年に保守党政権のもとで導入された年金制度は、職域年金に加入している人々への適用除外を認め、公的年金の加入義務を免じたのである。結果的に、公的年金制度では拠出と給付水準は抑制され続け、生活保障の上でその役割が実質的には後退した。形式的には平等であったはずの制度が、社会全体で見た場合、低水準の公的年金と安定した職域年金・私的年金という二重構造を生んでしまったのである（Esping-Andersen 1990: 25）。

これに対して、普遍主義的な制度を社会の中で広く定着させてきたのが、スウェーデンなど北欧の国々であった。相対的貧困率やジニ係数などから見て、北欧諸国はほぼ一貫して困窮や格差を抑制することに成功してきた。もちろん北欧諸国にも選別主義的な公的扶助の制度は存在する。だが、支出の割合からすれば普遍主義的な制度への支出がはるかに大きかった。

年金制度を例にとると、１９５９年に導入された付加年金が、普遍主義が広がる契機となった。スウェーデンでもブルーカラーの労働組合のなかには、平等主義的観点から均一拠出・均一給付の公的年金を主張する声はあった。他方で、保守党は所得比例年金についてには職域年金や民間の生命保険に委ねるべきと主張した。これに対して、社会民主党が打ち出したのは、ホワイトカラー層の支持を重視しつつ、所得比例型の公的年金を導入することであった（宮本 1999）。

つまり、単純な平等主義の観点からすれば妥協に映る所得比例型の給付で、中間層の支持を得ることを重視したのである。年金制度のあり方をめぐって政治は紛糾したが、一旦この付加年金制度が導入されると、これに続いてスウェーデンでは医療保険や育児休業給付など各分野で所得比例型の普遍主義が整備されていく。中間層は現行所得水準に見合った給付を保障する制度を支持し、さらに普遍主義は公共サービスにも広がった（Svallfors 1996: 90）。結果的に、社会保障支出は増大し、低所得層への給付もまた増大し、困窮や格差を抑制していったのである。

再分配の逆説

これまでの議論をまとめておこう。経済成長はそれ自体としては困窮や格差の是正に直接はつながらず、いかなる再分配の仕組みが機能しているかが決定的に重要になる。ではその仕組みはどのようなものが効果的かというと、「支える側」と「支えられる側」を区分して後者に給付を集中する選別主義は、前者の政治的反発を高め社会保障支出そのものを抑制する結果になる。「支える側」と「支えられる側」を区分しない普遍主義的な制度で、しかも「支える側」と見なされがちな中間層の現行所得に見合った所得比例型の給付を行う国こそが、困窮問題に最もよく対処できた。

スウェーデンの政治社会学者のW・コルピとJ・パルメは、こうした事実を「再分配の逆説」と呼んだ。「再分配の逆説」は以下のように表現される。

「我々が貧困層のみにターゲットを絞った給付を行えば行うだけ、また我々が均一の公的給付で平等を実現しようとすればするほど、我々にとって貧困と格差を削減することは難しくなる」(Korpi and Palme 1998: 681-682)

コルピとパルメは、各国の社会保障がどこまで低所得層に集中しているかというターゲット化の度合いと、各国の所得再分配の大きさ(再分配前と後でのジニ係数の相違)を相関させ、ターゲット化の度合いが低いほど再分配の規模が大きいことを実証した。

「再分配の逆説」が示唆するのは、中間層の現行所得にみあった所得比例型の給付や、中間層のライフスタイルにも合致した保育や介護のサービスを拡大することが、格差と困窮の解消にもっとも効果的だということである。なぜならばこうした制度は、「支える側」と「支えられる側」に社会をはっきり分けることをせず、「支える側」と目される中間層の社会保障全体への支持を高め、結果的に低所得層への給付を増大させていくからである。

だが、困窮と格差そのものへの対処が後景に退いているこうした制度構想には、心許なさを覚える人もいよう。この点にかかわって強調しておきたいのは、低所得層への再分配が前面に出なかったにもかかわらず、困窮や格差が改善された背景には、スウェーデンなど北欧福祉国家の雇用政策である積極的労働市場政策が、厚みのある中間層を維持してきたことが大きかったということである。

普遍主義の条件

スウェーデンにおいて普遍主義的な制度が定着した背景には、一つには形式的な平等主義に固執せずに、中間層の現行所得水準に見合った給付を実現したことがある。だがそれだけではない。エスピン・アンデルセンが強調したように、スウェーデンのような「普遍主義的な福祉国家」は、雇用の次元で格差の広がりを防ぐ施策や集権的労使関係と一体のものとして形成された（Esping-Andersen 1999: 17）。

つまり、社会保障において人々を幅広く包括する制度を設計すると同時に、雇用政策において、長期的な失業や低賃金で生活が成り立たない人々が現れるのをふせぐ手立てがとられてきたのである。スウェーデンの場合は、同一労働同一賃金の賃金政策と積極的労働市場政策を組み合わせた雇用政策が、普遍主義の維持に大きな役割を果たした。

同一労働同一賃金の賃金政策とは、同じ内容や難度の仕事に対しては、どのような企業や部門で働いていても、同一水準の賃金が保障されることを指す。同一労働同一賃金は、生産性の低い企業や部門にとって労働コストの点で重荷になる。生産性の低い企業や部門の経営が持続することを重視した日本では、こうした企業や部門で賃金が低いことは当然とされた。これに対してスウェーデンでは、国は同一労働同一賃金の労働コストに耐えられない低生産性部門は整理する方針をとった。そして積極的労働市場政策、すなわち公共職業訓練と職業紹介で、働き手を、生産性が高く雇用が安定した部門や企業に移動させていくことに全力を傾注したのである（宮本 1999）。

すなわち、「普遍主義的な福祉国家」が成立したのは、普遍主義的な制度が中間層のニードに適合する社会保障給付を実現したことと併せて、その前提として、より多くの人々が国際競争力のある企業や部門で安定した処遇のもとで働く条件を確保し、いわゆる「分厚い中間層」を維持してきたからなのである。

住宅政策における普遍主義と選別主義

さらに触れておきたいのは、住宅政策における普遍主義と選別主義についてである。居住は安定した生活の条件である。家賃や住宅ローンの支払いから困窮が深刻化することは多く、また、住宅を失うことから孤立が深まる。つまり住宅政策は、福祉政策と密接に連関している。そして住宅政策についても、普遍主義的施策と選別主義的施策が区分できる（Kemmeny 1995、佐藤 1999）。

ケメニーによれば、アメリカやイギリスにおいては、政府が関与する公共住宅などの社会的賃貸住宅は、困窮層のためのセーフティネットと位置づけられる。これに対して、経済能力ある市民は持ち家に入居する場合が多く（持ち家率が高まり）、公共住宅などとの社会的な分断が深まる。こうした住宅政策はデュアリズムと呼ばれるが、これは住宅政策における選別主義である。

これに対して、スウェーデンなど北欧諸国やドイツなどでは、公共住宅を含めた社会的賃貸住宅を、他の民間賃貸住宅と一体的に規制し、住宅としての質を維持してきた。公共部門あるいは民間の賃貸住宅は、中間層も利用するものとなり、持ち家と比べて住宅の質あるいは居住環境として劣ったものにならず、結果的に持ち家率は低くなる。ケメニーはこうした住宅政策をデュアリズムとの対比でユニタリズムと呼ぶが、これは住宅政策における普遍主義と言ってよい。

換言すれば、普遍主義的な福祉国家においては、住宅政策も重要な役割を果たしている。誰もが生活上のニードに応じて社会の制度と資源を利用でき、そのことによって社会参加の条件を得ることが普遍主義の要件であるが、住宅はそのような制度と資源として枢要なのである（Kemmeny 1992）。

2　日本型生活保障の解体と困窮問題

選別主義ですらなかった日本

さて、困窮や格差に対処していくために、普遍主義的な制度や政策が求められてきた。それでは、北欧の福祉国家形成の原理となった普遍主義は、依然としてかつてのように困窮や格差を抑制しているのであろうか。また、今日の日本においても導入可能か。可能であるとすればどのようなかたちにおいてか。

まず日本の社会保障は選別主義だったのであろうか。日本は、かたちの上ではすでに1961年に、すべての国民が医療保険や年金保険に加入する皆保険皆年金の体制を整えた。しかし、支出全体の規模は、長らくOECD諸国の中でもきわめて低い水準であった。この点で、これまでは日本は低福祉

図表序－1　所得調査付き支出の割合（2009年）

	日本	イギリス	アメリカ	スウェーデン	ドイツ
所得調査付き支出のGDP比	0.6	5.0	1.2	1.1	3.3
社会的支出に占める所得調査付き支出	3.0	24.1	7.5	4.0	13.1

（出典）Adema, W., P. Fron and M. Ladaique (2011), "Is the European Welfare State Really More Expensive?: Indicators on Social Spending, 1980-2012; and a Manual to the OECD Social Expenditute Database (SOCX)", OECD Social, Employment and Migration Working Papers, No. 124, OECD Publishing.

であったから選別主義であったという議論がしばしば見られた。だが、アメリカやイギリスのように選別主義的といわれた体制との重要な相違点も忘れてはならない。すなわち、アメリカやイギリスのような国は、社会保障の支出の中で低所得層に向けられた支出が相対的に大きな比重を占めた。これに対して日本では、社会保障は低所得層に集中していたわけでもなかった。

生活保護も、1960年代の半ば頃からは高齢、障がい、疾病などの理由で働くことができない非稼働世帯に給付が制限される傾向が強まった。生活保護で支えられる人々の割合は、アメリカやイギリスを大きく下回っていた。1990年代の初めに生活保護制度のような公的扶助へどれだけの政府支出があったかをGDP比で見ると、アメリカ3・7%、イギリス4・1%に対して、日本は0・3%であった（Eardley, et al. 1996）。図表序－1は、所得調査付きの支出をGDP比および社会保障支出の中での割合で各国比較したものであるが、やはりアメリカやイギリスと比べてもその割合は少ない。

高齢化に伴い社会保障全体の支出規模は拡大したが、低所得層への給付が比重を増したわけではない。図表序－2は、各世帯が

図表序－2　平均的な所得給付に対する所得上層・下層の受給割合（2009年前後）

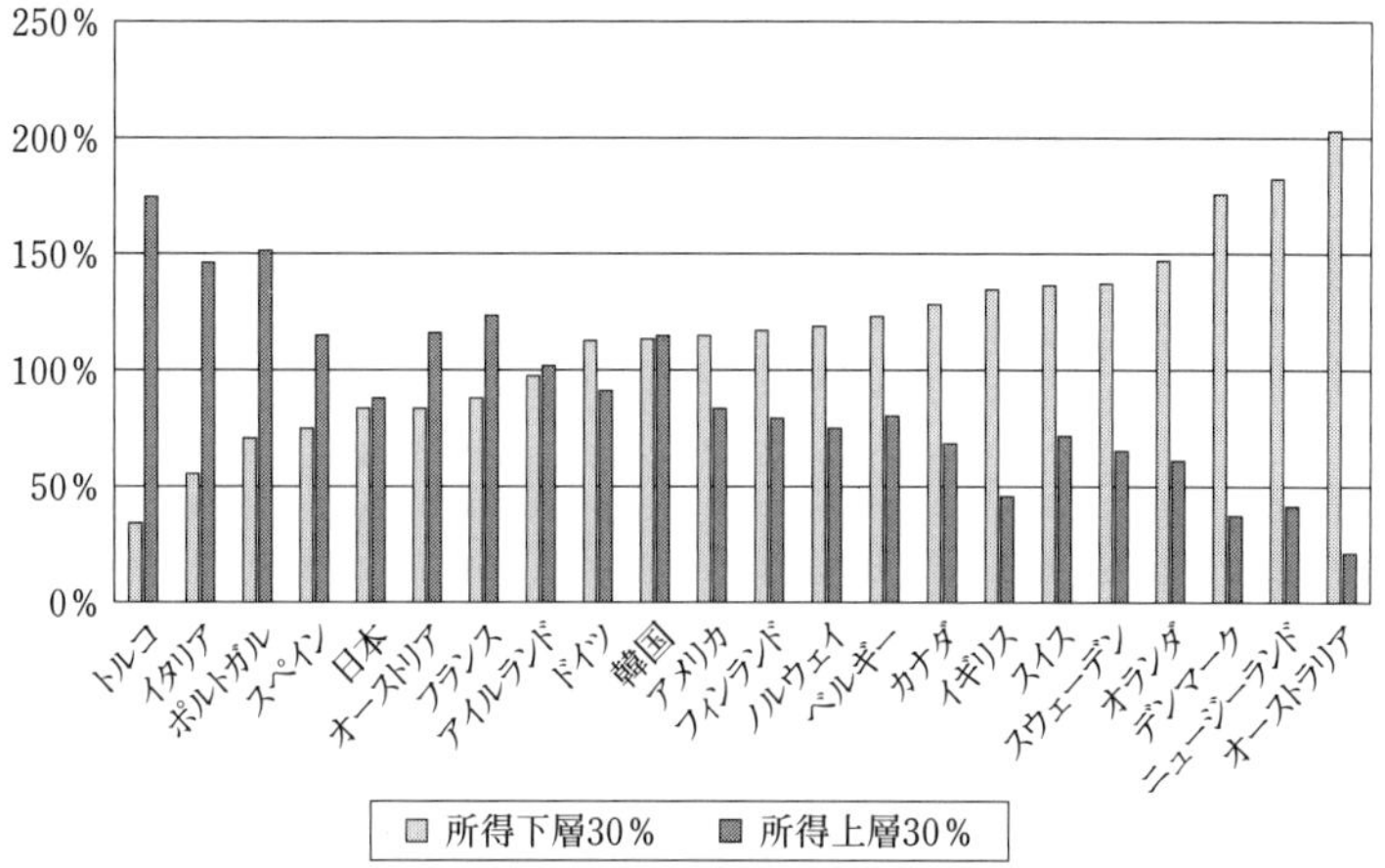

（出典）　OECD, Society at a glance 2014, p. 54.

受給する社会保障給付の平均を基準とした場合、所得下位30％層と所得上位30％層がそれぞれどれだけを受給しているかを国際比較したものである。アメリカやイギリスなど選別主義が強い国は、下位層が平均を上回る給付を受けているが、注目できるのは、スウェーデンなど普遍主義の強い国においても下位層は平均の１５０％近い給付を受けていることである。これに対して、日本では下位層は平均の70％ほどの給付しか受けていない。

住宅政策についても、日本ではスウェーデンやドイツに比べて民間賃貸住宅を含めた居住環境の質を維持する規制は乏しく、低所得者向けの住宅政策は公営住宅と生活保護の住宅扶助などに限定された。あるいは、ケアの必要性が高い人々に対しては、施設中心主義がとられた。では、日本の住宅政策がデュアリズムの国のように低所得者向けの施策に徹したかというと、そうともいえない。住宅建設数に占める公営住宅の割合は、１９６０

年代で見ると、イギリスが42・3％であるのに対して日本が9・1％、70年代ではイギリスが42・1％であるのに対して日本は7・2％である。家賃補助である住宅手当も公的な社会保障としては導入されず、主には企業内福利厚生として給付された。住宅金融公庫による融資や住宅公団による住宅建設は、しだいに持ち家重視にシフトしていく。

日本型生活保障

他方で強調するべきは、日本はイギリスやアメリカのような選別主義的なレジームに比べると、その生活保障のあり方について独自の特徴を有していた、ということである。社会保障は低所得者向けの給付を含めて抑制されていたが、大企業の長期的雇用慣行あるいは地域における公共事業や業界保護など、雇用を安定させるさまざまな手段が動員されてきた。このようにして創出された雇用には、不安定で低賃金のものが多く含まれた。しかし、男性稼ぎ主に関しては雇用が生活保障の軸となっていたことは強調されてよい。

住宅についても、国としての住宅政策は手厚いとは言いがたく、デュアリズムの特徴が強かったが、大企業の福利厚生においては社宅、財形貯蓄制度、住宅手当など、住宅関連給付に重点が置かれた。正社員に関しては、安定雇用と住宅関連制度をテコとすることで、社宅から民間賃貸へ、そして郊外の一戸建て購入へという、「住宅すごろく」をすすむことが可能になった。民間賃貸住宅の質的保障の弱さも、民間賃貸住宅があくまで「住宅すごろく」の一コマに組み込まれることで、決定的な問題とはならなかった。国としての住宅手当はなかったが、借地借家法が、家主に対して家賃引き上げなどに条件を課し、借家人の保護を義務づけた。このような仕組みをとおして、中間層を中心に住宅供給の安定化が図られた（佐藤 1999）。

つまり、日本では社会保障の規模は抑制され、住宅に関してもデュアリズムの傾向がはっきりしていたにもかかわらず、男性稼ぎ主の安定雇用を軸にした生活保障で困窮や孤立の広がりを抑制してきた。小さな社会保障は雇用保障に、住宅デュアリズムも企業内福利厚生や借家人保護に、それぞれ補完されていたのである。

ところが１９９０年代の半ばから、この安定雇用が急速に崩れた。非正規雇用が4割近くまで膨らみ、企業内福利厚生も減額されるなかで、住宅手当など雇用の安定を居住の確保につなげる仕組みも縮小していく。低所得層への給付の欠落を男性稼ぎ主雇用で埋めてきた日本のレジームでは、いったん安定雇用が揺らぎ出すと、その影響は他の普遍主義、選別主義のレジームに比べてもはるかに甚大になる。

むしろ、雇用を軸にした生活保障や借家人の保護が裏目に出る状況すら現れている。すなわち、地域の中小企業は人手不足であるにもかかわらず、正社員は簡単に解雇しない旧来の慣行から、何らかの就労困難を抱えた人々を雇用することに慎重になる。住宅に関しても、空き家率は全国平均では13%を超えており、家主も生活費のために部屋を貸したい。にもかかわらず、いったん入居させた後にゴミ屋敷化したり孤独死を招いたりする危惧から、単身の高齢者や障がい者の入居を避けようとする。ひとり親世帯も入居債務保証を得ることができずに、民間賃貸住宅へのスムーズな入居ができない場合がある。

つまり、小さな社会保障を補ってきた雇用保障や、居住支援の弱さを補完してきた借家人保護の仕組みは、正規雇用のルートに乗れなかった現役世代と、男性稼ぎ主の扶養の外にある母子や高齢者が増大するなか、こうした人々を支えるどころかむしろ排除しかねない。他方では、それでは福祉の制度がこうした人々の受け皿になるかというと、そうはならない。

求められる施策の条件

以上のような特徴をもった日本において、広がる困窮と格差に対処する方法は何か。北欧の普遍主義的な施策が有効であったのは、中間層を含めた納税者の納得を得ることができたからである。広範な人々の支持を得ることができない施策は長続きせず、結局は社会保障予算の削減を招く。他方で、中間層の受益度が高い施策によって社会保障予算が大きくなっても、自動的に再分配がすすむわけではない。経済成長による市場のトリクルダウンが起きにくくなっているのと同様、大きな予算による福祉国家のトリクルダウンも保障されているわけではない。大事なことは、再分配の仕組みをどのように設計するかである。

「再分配の逆説」をふまえつつ普遍主義的施策で困窮を抑制してきた北欧も曲がり角に来ている。生産性の高い部門があまり労働力を吸収しなくなり、積極的労働市場政策が従来のような成果を挙げず、「分厚い中間層」が解体傾向にある。こうしたなか各国で、長期的な失業層が増大し、所得の格差を示すジニ係数が上昇し、困窮層が固定化しつつある。北欧でもデンマークなどではこれまでであれば選別主義的と見なされたような、困窮層を独自に支援する施策が追求され始めている。その結果、普遍主義的な制度の比重と再分配の大きさは、かつてのように相関しなくなっている（Kenworthy 2011、Marx, et al. 2013）。

困窮に対する施策として普遍主義という考え方が無効になったというのではない。だが、北欧の所得比例型の普遍主義が、均一拠出・均一給付の普遍主義を乗り越えて形成されたように、普遍主義の再定義が必要になっているのではないか。その場合、困窮層を裁量的に選別してスティグマを付与するのではなく、非裁量的に（客観的な基準から）支援の対象として社会全体に包摂することを目指す施策は、これまでの選別主義的制度（公的扶助や生活保護）とは大きく異なっている。こうした新しい困窮者支援の流れは、普遍主義を再生していくための施策と考えてよいのではないか。

普遍主義的改革のジレンマ

ここで考えておきたいことは、日本において普遍主義の名のもとにすすめられてきた、1980年代以降の福祉改革についてである。こうした改革は、それまでの福祉のサービスが対象を絞り込んで行われる行政措置であったことを改め、中間層を含めた普遍主義的サービスに転換しようとした。

2000年に導入された介護保険制度、2003年の支援費制度から2006年の障害者自立支援法、2012年成立の障害者総合支援法に至る障害者福祉改革、さらに2015年施行の子ども子育て支援法という展開がこの流れを形成する。しかし、一連の改革はいくつかの矛盾を抱え込んでいた（宮本 2017）。

第1に、低所得層への（選別主義的な）所得保障も不十分なままでの普遍主義的改革、というジレンマである。こうした改革は日本が選別主義であるという認識から出発した。1981年に設置された第二次臨時行政調査会において、社会保障の対象を「真に救済を必要とする者」に絞り込むとする選別主義的アプローチが打ち出されていたことに対して、厚生省や福祉関係者、三浦文夫らの研究者が提起したのが、「ニードに応じて誰もが必要なサービスを享受できるような体制」による「普遍主義的福祉」だったのである（三浦 1995）。

たしかに福祉のサービス給付については、老人家庭奉仕員の派遣事業などに見られたように、所得制限などで対象を絞り込むことが一般的であった。他方で現金給付についていえば、これまで見てきたように、イギリスやアメリカなどの選別主義の国と異なり、日本では低所得層への給付が優先されていたわけではなかった。そこに重ねて利用者の自己負担を求める普遍主義的改革を行うならば、低所得層はサービスの利用からも排除されてしまう。

第2に、普遍主義的改革が目指されることになったきっかけが、財政危機を理由とした行政改革であったことに象徴されるように、この時期の日本が普遍主義を目指す条件は、戦後の高度成長期に普遍主義の制度を構築した北欧の国々とは違っていた。低成長に転じた後の財政危機のなか、増税への支持を得るために、本来は高コストの普遍主義的改革が打ち出されるというジレンマである（杉野 2004）。

第3に、労働市場の劣化や旧来の生活保障の解体がすすみ、中間層が解体していくなかで、中間層に依拠する普遍主義的改革をすすめるというジレンマである。普遍主義的改革が着手された1994年には13・7％であった相対的貧困率は、2012年には16・1％にまで上昇した。

一連の改革はいかなるかたちで実現されていったか。介護保険制度については、高齢社会の介護ニーズの広がりのなかで財源を新たな社会保険に求めることが可能であったこともあり、サービス供給量を大きく増大させ、高齢者福祉のスティグマを軽減したといえる。だが、障がい者福祉や保育の分野での改革が、普遍主義につながったという見方は少ないであろう。

介護保険制度においても、当初目指されていたのは、社会保険という公的財源を基礎としてサービス供給の担い手を広く拡大していくものであった。だが、財政的困難の中での改革は、公的財源の不足から介護保険の保険料、介護サービスの自己負担分を大きく増大させた。障がい者福祉においても、当初は支援費制度というかたちで公的財源によるサービス給付を普遍主義的に拡大しようとしたが、これが頓挫した。代わって、福祉サービスの自己負担を強めた障害者自立支援法は、低所得の障がい者がサービスを利用することを困難にした。

3 困窮と孤立に抗するために

社会的包摂という提起

広がる困窮や格差に対して、経済成長のトリクルダウンに期待することはできない。だが、北欧の福祉国家戦略であった普遍主義も、「分厚い中間層」を形成するための積極的労働市場政策に強く依拠してきた面があった。グローバル経済のもとで安定した雇用が減少し、北欧でも階層分化がすすむなか、そのままのかたちでは維持しがたくなっている。まして、高度成長期が過ぎ財政的危機のさなかに普遍主義的改革が掲げられるようになった日本では、普遍主義化は、自己負担の大きな制度への移行というかたちをとり、むしろ低所得層をサービスから排除する傾向すら生まれている。

それでは困窮と孤立に対処するために、どのようなアプローチが浮上しているのであろうか。各国に共通する傾向としては、社会的包摂を掲げる施策が追求されてきたことが挙げられる。具体的には、イギリスにおける「福祉から就労へ」政策、フランスにおける積極的連帯手当（RSA）などであり、アメリカにおける「勤労所得税額控除」（EITC）の拡大などもこの系譜の改革といえる。

こうした施策は、これまでであれば選別主義にくくられた困窮者向けの施策である。しかしながら、少なくともその制度目的としては、選別され排除されがちな人々を社会に包摂していくことを目指すという点で、それまでの選別主義的施策とは一線を画していた。具体的には、職業訓練などの就労支援やひとり親世帯に対する保育サービスなどで、就労のための支援を行う一方で、公的扶助や失業手当の給付条件として、就労をしているあるいは求職活動をしている、ということを求める施策である。

旧来型のセーフティネットについては、その給付水準を過大視して、困窮した人々が横たわることができる「ハンモック」のようなものと受け止める人も少なくなかった。「再分配の逆説」の前提になっている有権者の公的扶助観がここにある。これに対して、包摂型の施策は、しばしば用いられる比喩を借りれば、これまでのセーフティネットの弾力性を強め、「トランポリン」や「スプリングボード」にしていく、と主張する。

「トランポリン」や「スプリングボード」は、公的扶助の受給者も「自立」に向かっているという受け止め方を広げる。かつての選別主義的な扶助制度は政治的には不人気であったのに対して、こうした施策は、政治的な支持を得る可能性が高い。というより、ひとり親世帯への公的扶助の受給資格を厳格にしつつ勤労所得税額控除を拡大したビル・クリントンが「これまでの福祉は終わりにする」というスローガンを大統領選挙で掲げたことからうかがえるように、政治的な支持を広げることがこうした改革の目的の一つであった。

ケンウォーシーは、デンマークが所得制限付きの包摂型政策を拡大しながらも社会的支出の規模への有権者の支持を維持できた理由をここに見ている（Kenworthy 2011: 61）。また、イギリスの「福祉から就労へ」政策が、スウェーデンの積極的労働市場政策にならって構想されたことからもわかるように、社会的包摂政策は普遍主義的な福祉国家と共通の発想に立っているということもできる。困窮者の社会的包摂は、対象が限定されるという点では選別主義的な面があるが、人々の就労と参加を支援するという点では、普遍主義的な積極的労働市場政策と共通する。

共生の場の欠落

だが、それでは各国の施策は、これからの困窮と格差への最適な処方箋となりえているのか。イギリスの「福祉から就労へ」政策が、貧困率の削減につながったという分析は現れているが、アメリカの福祉改革は、低賃金で就労せざるをえない人々を増大させたに留まったという見方が一般的である。今日主流の包摂型政策には、明らかな限界も見えてきているというべきであろう。その限界とは、社会保障や福祉の主な対象を働くことができない人としてきた現行制度の制約とも関わっている。問題は、大きく3点にまとめられる。

第1に、包摂の場それ自体が欠落していたり、あるいは人々を受け止める条件を欠いていた、という点である。困窮した人々を再び社会につなげる「トランポリン」「スプリングボード」が導入されたとしても、跳ね戻された先の雇用、家族、居住の場が旧来のように排除的であったり、「標準」以外のあり方を拒絶するようであっては、包摂は完了しない。それどころか、アメリカやイギリスの政策は、所得保障の条件として就労を求めるために、困窮層は就労も困難、給付を受けることも難しいという行き場のない状況に追いやられかねない。

したがって、まずはさまざまな事情を抱えた人々が働き続けることができる就労の場を形成することが求められる。たとえば今日の日本では、「ユニバーサル就労」や「支援付き就労」など、就労に困難を抱えた人々を迎え入れる新しい働き方が模索されている。これは、旧来の措置型福祉と、一般的就労の中間に設定されるべき共生の場であるといえる。ユニバーサル就労とは、千葉県の社会福祉法人「生活クラブ風の村」などで取り組まれているもので、職場の仕事の業務分解をすすめ、就労に困難を抱えた人々でもこなせる仕事のパッケージを切り出し、多くの人々が何らかの支援を受けながらも働くことができる機会を広げていこうとするものである。

また、多様なかたちで地域に開かれた居住の場をつくりだしていくことも、社会的包摂の実質化のために不可欠になる。日本の住宅政策は、中間層の持ち家志向と低所得者のための施設などがはっきり分かれる点でデュアリズム的であった。こうした住宅政策のあり方を図示すると図表序-3のようになろう。

これは、居住者の所得の高低とケアの必要性の度合いの2つの軸で見た場合、日本の居住がどのよ

図表序－3　共生の場としての地域型居住

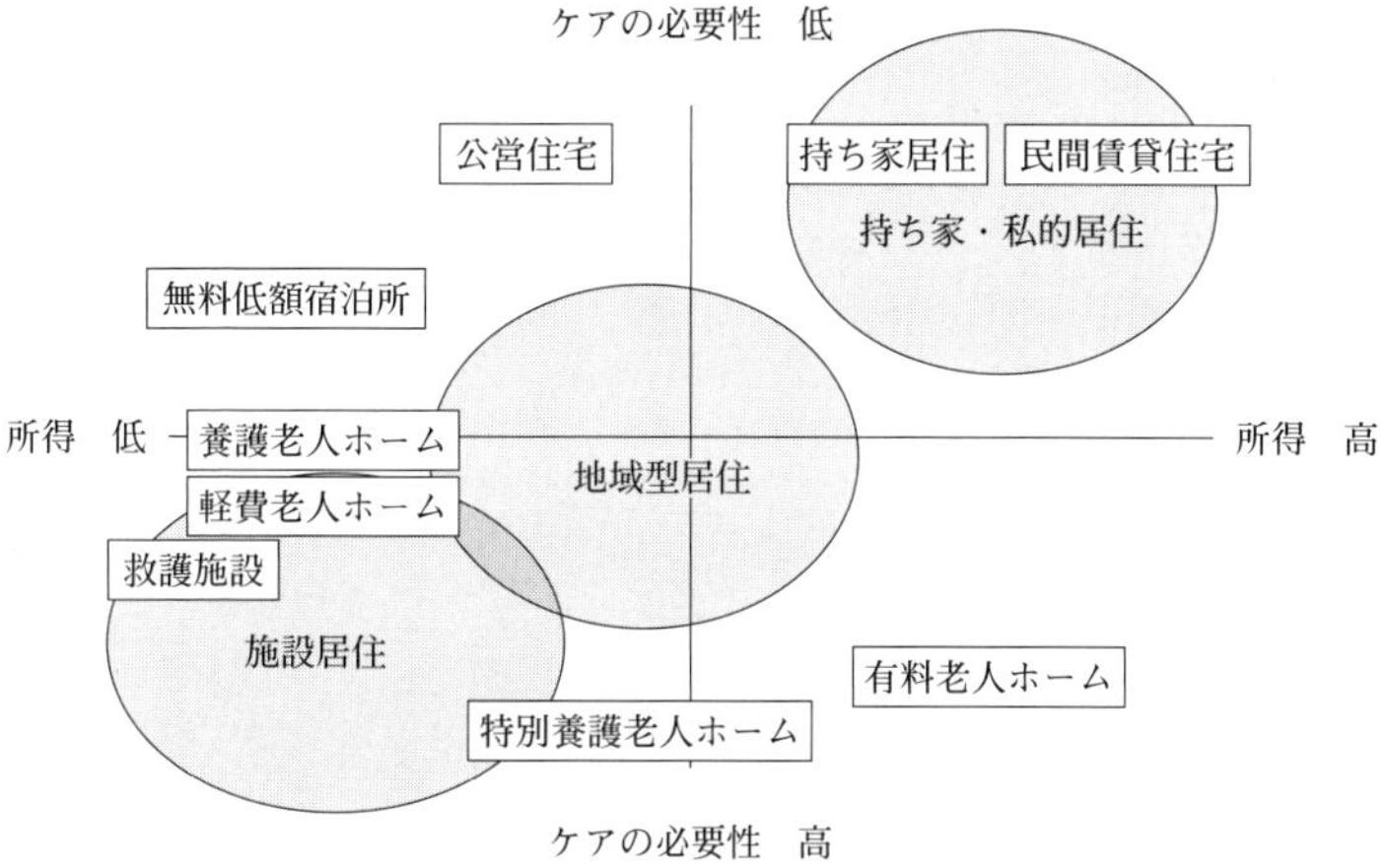

（出典）著者作成。

うに配置されていたかを示したものである。所得が相対的に高く、ケアの必要性が低い層の持ち家や民間賃貸住宅と、所得が低い層への公営住宅やさらに加えてケアの必要性が高い層の施設居住という両端に、居住はデュアリズム的に分極化している。その一方で、民間賃貸住宅の空き室や空き家が増大しているにもかかわらず、所得が相対的に低く一定の見守りやケアが必要な層の住宅確保が困難になっている。

こうしたなかで、「持ち家・私的居住」と「施設居住」の中間的な場に、地域型居住ともいうべきかたちをつくりだしていくことが求められている。地域型居住とは、高齢者や障がい者、ひとり親世帯などについての支援や入居債務保証などを、地域のＮＰＯや行政などが提供しつつ、こうした人々が互いにつながりながら居住を確保できる条件づくりをすすめることを意味する。

ライフステージごとの包括的支援

第2に、支援の縦割り型で事後的な性格である。縦割り行政の弊害を指摘する議論は、今に始まったことではなく、これまで一貫して説かれ続けている。だが、ここで強調するべきは、人々が活動的に就労や居住につながることを支援する上では、この縦割りの弊害が決定的なものになる、ということである。

就労したり在宅で生活したりすることができないことを前提に、抱えている困難の度合いを個別に判定し保護するためであれば、縦割りの制度は許容されうる。納税者を納得させる手続きとして見るならば、むしろ適合的ですらある。しかし、包摂型の施策が問題にしなければならないのは、人々が元気になれない事情である。そこには、困窮、障がい、家族のケア、居住などの困難が、個人ごとにあるいは世帯ごとに、さまざまなかたちで絡み合っている。この複合的困難を解きほぐし、継続的な支援をするためには、包括的な支援であることが不可欠になる。

また、「支えられる」側を保護する施策は、皮肉な言い方をするならば、認定されるべき困難の度合いが高いほうがスムーズに手続きがすすむ。これに対して人々を元気にしていくことを目標とする施策においては、困難が深刻化すればするほど対処が難しくなる。包摂のための施策は、窓口で申請を待つ申請主義に留まらず、困難を抱えた人々に早期に積極的にアプローチをするアウトリーチ型の施策として展開される必要がある。

だが、包摂型の施策が打ち出されてからも、こうした行政のあり方の転換が伴わず、支援がかたちだけのものとなることが多かった。もちろん、早期の包括的な支援サービスのためであっても、縦割りの行政を一挙になくすことは難しい。しかしながら、たとえばいくつかのライフステージごとに分野横断的な支援が受けられる体制を整備することは可能であろう。

今日のライフサイクルを見ると、人々が生活困難につながるリスクが集中するステージがはっきりしている。それは子どもたちが貧困の連鎖に巻き込まれやすい就学前の段階、若者が後期中等教育、高等教育を受けて社会に出て行く移行期段階、そして高齢期である。こうした3つのステージにあらかじめ包括的なセーフティネットを張っておくことが重要になっている。具体的には、就学前教育を伴った保育サービス、給付型奨学金などの若者の教育支援と就労支援、そして高齢期の所得保障と仕事づくりなどを中核に、それぞれのステージごとに、障がい、所得保障、住宅などの施策が連携しうるかたちを整備していくことが必要である。

補完型所得保障

第3に、所得保障のあり方である。旧来の、働くことができない人を主な対象とした制度では、所得保障は勤労所得の最低水準に代替する給付を行うという、いわば代替型の保障であった。これに対して、新たに必要になっているのは、就労しても生活が安定しない層に対して、その勤労所得を補完して生活を成り立たせる補完型の所得保障である。具体的には、低所得の勤労世帯に対して税を徴収するのではなく現金給付をする給付付き税額控除、住宅手当や家族手当などがこれに相当しよう。

「福祉から就労へ」が強調されるようになってから、アメリカでは給付付き税額控除の増額がなされた。しかし、同時にアメリカでは、1996年の福祉改革でひとり親世帯に就労を義務づけ、それが果たされない場合、国から各州への公的扶助のための補助金を減額することとした。結果的には、就労困難な世帯に就労を強制し、果たされないときに給付を打ち切るかたちになった。日本でもこの改革の影響を受けて、２００２年には、児童扶養手当を受給する世帯に就労努力を義務づけ、その受給を原則として最長5年とするなどの改革が行われた。つまり各国では、社会的包摂を志向することが、所得保障の削減につながる傾向がうかがえるのである。

しかし、重要なことは、就労に向けた支援を受ける期間についても、さらには就労や居住が実現してから後も、そのような各自の努力が生活の安定につながる所得保障のかたちをつくりだすことである。

以上のように、共生の場を就労と居住の両面で構築しつつ、それをライフステージごとの包括的なサービスと補完型所得保障で支える仕組みを、筆者は共生保障と呼んでいる。この仕組みを図示すると図表序－４のようになろう。

4　むすびにかえて

先に示した共生保障の仕組みは、主には困窮と孤立という問題に対処するためのもので、医療や年金なども含めた生活保障のサブシステムと位置づけられるべきものである。こうしたかたちは、地域ではすでに多様なかたちで着手されており、その萌芽がうかがえる。たとえば、東京のＮＰＯ法人「自立生活センターふるさとの会」が行う低所得高齢者支援は、低所得高齢者の生活支援を実現しつ

図表序－4　人々を社会に包摂するかたち

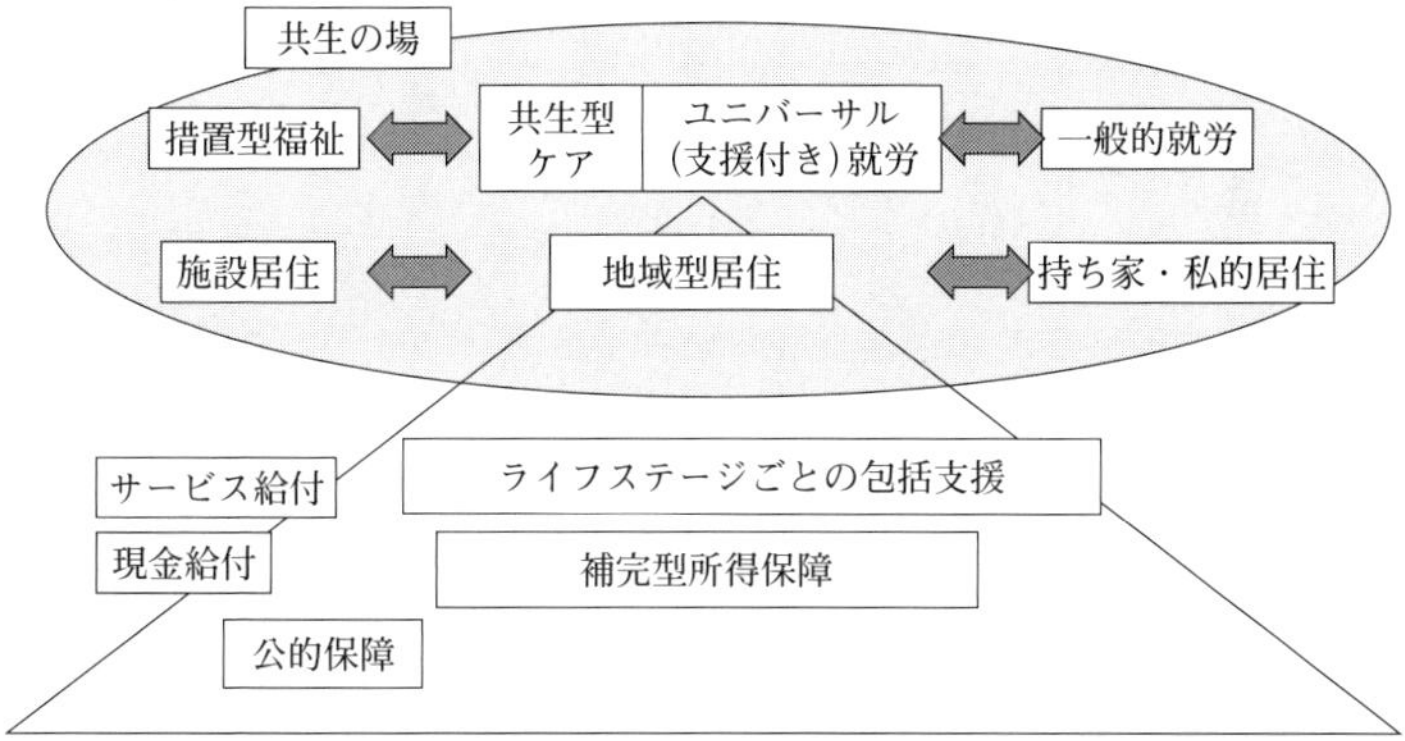

（出典）著者作成。

つ空き家を活用した地域型居住を実現している。そこで高齢者の生活支援に従事する人々もまた、これまで就労に困難を抱えてきた人が多い。他方で居住する高齢者どうしの互助関係も重視して、生活支援はこの互助関係の支援というかたちをとる。

同会が生活保護制度を含めて既存の事業をまとめあげて行う支援は、それ自体が縦割りの行政を横断的につなげながらすすめられる。図表序－4のような新しい包括的支援のかたちが形成されていく上で、NPOや協同組合、社会福祉法人など社会的企業の役割が大きいことがわかる。ただし、こうした共生保障を形成していく責任は、社会的企業に投げられるべきものではない。「ふるさとの会」のような社会的企業が活動できる公的財源を確保し、あるいはユニバーサル就労につく人々のための補完型所得保障を実現していくのは、あくまで国と自治体の仕事である。

このような支援のかたちは、先に述べたように、旧来型の選別主義的な公的扶助とは異なった性格のものである。しかし選別主義的な要素もある。包括的な支援サービスの給付にあたっては、いくつかの分野では所得制限が行われることは不可避であろう。給付付き税額控除のような補完型所得保障についても、その給付対象は自ずと限定される。

しかし、かつて普遍主義の意義を説いたほかならぬティトマスが次のようにも述べていたことも改めて想起しておく必要がある。すなわち、「私たちが当面している課題は、普遍主義的社会的諸サービスと選別的社会的諸サービスのあいだの選択の問題ではない」と。真の課題は、「もっとも強いニードをもつ人のために、恥辱の烙印を押す危険をできるだけ小さなものにしながら、積極的に区別することをねらった選別的サービスが社会的に受け入れられ、発展していく」条件を考えることであると（ティトマス 1971: 168–169）。日本でも、普遍主義と選別主義の積極的連携を説いた、「選別的普遍主義」という提起があった（星野 2000）。

こうした議論も念頭に置き、また新しい社会的条件をふまえつつ、困窮と孤立に抗する新たな施策を創造し、普遍主義の考え方を刷新し続ける必要があろう。

参考文献

井手英策・古市将人・宮崎雅人（2016）『分断社会を終わらせる「だれもが受益者」という財政戦略』筑摩書房。
佐藤岩夫（1999）『現代国家と一般条項』創文社。
里見賢治（2002）「社会福祉再編期における社会福祉パラダイム　普遍主義・選別主義の概念を中心とし

て」阿部志郎・右田紀久恵・宮田和明・松井二郎編『講座　戦後社会福祉の総括と二一世紀への展望
Ⅱ　思想と理論』ドメス出版。

杉野昭博（2004）「福祉政策論の日本的展開　「普遍主義」の日英比較を手がかりに」『福祉社会学研究』No.1。

平岡公一（1989）「普遍主義—選別主義論の展開と検討課題」社会保障研究所編『社会政策の社会学』東京大学出版会。

星野信也（2000）『選別的普遍主義の可能性』関東出版社。

三浦文夫（1995）『増補改訂　社会福祉政策研究　福祉政策と福祉改革』全国社会福祉協議会。

宮本太郎（1999）『福祉国家という戦略　スウェーデンモデルの政治経済学』法律文化社。

宮本太郎（2017）『共生保障　「支え合い」の戦略』岩波新書。

Eardley, Tony, Jonathan Bradshaw, John Ditch, Ian Gough, and Peter Whiteford（1996）*Social Assistance in OECD Countries : Synthesis Report Vol. 1*, OECD.

Esping-Andersen, Gøsta（1990）*The Tree Worlds of Welfare Capitalism*, Polity.（岡澤憲芙・宮本太郎監訳『福祉資本主義の三つの世界　比較福祉国家の理論と動態』ミネルヴァ書房、２００１年）。

Esping-Andersen, Gøsta（1999）*Social Foundation of Postindustrial Economies*, Oxford University Press.（渡辺雅夫・渡辺景子訳『ポスト工業経済の社会的基礎　市場・福祉国家・家族の政治経済学』桜井書店、２０００年。）

Kemeny, Jim（1992）*Housing and Social Theory*, Routledge.（祐成保志訳『ハウジングと福祉国家　居住空間の社会的構築』新曜社、２０１４年。）

Kemeny, Jim（1995）*From Public Housing to the Social Market*, Routledge.

Kenworthy, Lane (2011) *Progress for the Poor*, Oxford University Press.
Korpi, Walter and Joakim. Palme (1998) "The Paradox of Redistribution and Strategies of Equality: Welfare State Institutions, Inequality, and Poverty in the Western Countries", *American Sociological Review*, Vol. 63, No. 5.
Marx, Ive, Lina Salanauskaite and Gerlinde Verbist (2012) "The Paradox of Redistribution Revisited: And That It may Rest in Peace?", Discussion Paper No. 7414, Institute for the Study of Labor.
Svallfors, Sefan (1996) *Välfärdsstatens moraliska ekonomi: Välfärdsopinionen I 90-tals sverige*, Borea bokförlag.
Titmuss, Richard. M. (1968) *Commitment to Welfare*, George Allen and Unwin. (三浦文夫監訳『社会福祉と社会保障　新しい福祉をめざして』東京大学出版会、１９７１年。)

第1章　標準家族モデルの転換とジェンダー平等
――父子世帯にみる子育てと労働をめぐって――

湯澤直美

1　はじめに

近年、「子どもの貧困」が社会問題化するにつれ、ひとり親世帯の存在が以前よりも注目されるようになっている。その背後には、２００９年に政府が相対的貧困率を公表した経緯がある。最新年である２０１５年データを見ると、子どもの貧困率は15・6％であるのに対し、「子どもがいる現役世帯のうち、大人がひとりの世帯」の貧困率は50・8％という高さを示している（厚生労働省「２０１６年国民生活基礎調査」）。これはおもにひとり親世帯の相対的貧困率にあたり、その突出した高さがマスメディアなどの注目を集めている。

国際比較データを見ると、日本のひとり親世帯の特異な位置がさらに鮮明になる。「就労しているひとり親」の貧困率は、OECD（経済開発機構）加盟国平均では20・9%であるのに対し、日本は50・9%と最も高い数値を示しているのである（OECD 2012）。日本のひとり親世帯は、その8〜9割が就労しているにもかかわらず、就労しても貧困を解消できない深刻な「ワーキング・プア」状態にあるといえよう。

ところで、子どもの貧困報道としてマスメディアで多くとりあげられるひとり親は、母子世帯がほとんどである。父子世帯がとりあげられることは少なく、いまだ「見えない」存在となっている。あるシングルファーザーは、「父子家庭がいるということを、まずは知ってほしい」と、シンポジウムで発言した。それは、父子世帯への支援を広げようと基金を立ち上げた団体が、２００９年に開催したシンポジウムである（http://ando-papa.seesaa.net/article/126196883.html（２０１7年6月1日閲覧））。この基金には、支援を必要とするシングルファーザーから、切実な声が寄せられていた。たとえば、2歳の子どもを抱えて悪戦苦闘していた父親は、ある日、会社から「育児をとるのか仕事をするのか」はっきりするように言われ、悩んだ結果、退職することになったという。このような父子世帯の声は、なかなか社会に届いていていない。

それは、なぜか。世帯数から見ても、ひとり親世帯は母子世帯の割合が高く、父子世帯は圧倒的にマイノリティな存在であることが一因と考えられる。また、〝父子世帯は、母子世帯よりも収入が高い〟と認識されていることによって、支援の対象と見なされないということもあろう。さらに、親をめぐる社会通念も見逃せない要因であると考えられる。父子世帯研究の先駆者である春日キスヨは、次のように問いかけている。

日本の男性は、本当に〈親〉でありえているのだろうか。彼らは、〈親〉であること、〈親〉として生き続けることを保障された社会に住んでいるのだろか。「女手なしの男は親になれない」裏返して言えば「女親こそ親である」――現実には、これが親であることをめぐる支配的通念ではないのだろうか。（春日 1989：22）

つまり、「稼ぎ主の夫と家事・育児を担う妻」という性別役割分業型夫婦を標準家族モデルと見なす社会では、規範的母性が称揚される一方で、男性は「育児の担い手」ではなく「育児参加」を奨励される存在として位置づけられる。企業社会にとって、性別役割分業型夫婦は、柔軟で効率的な労働力の供給源として必要不可欠な家族モデルである。それゆえ、そもそも全面的に家事・育児を担う男性は、想定外の存在と見なされているのではないか。「見えない存在」なのではなく、「見ない存在」とされているともいえよう。

しかし、少子化が進む日本社会において、「夫婦と未成年の子ども」からなる世帯は減少の一途を辿る一方、ひとり親世帯は漸増傾向にある。いまや、「夫婦と未成年の子ども」からなる世帯を標準家族モデルとは同定できない時代に移行しており、〝多様な家族の共生社会〟をいかに築いていくのかは重要なテーマである。先進諸国の動向を見ても、社会変動に伴いひとり親をはじめとする多様な家族形態が増加しており、そのような趨勢は今後の社会システムを考える重要な鍵を握っている。

では、なぜ日本では父子世帯が周縁化されているのか。その問いの中に、家族をめぐる支配的通念を超える社会システムを展望できるのではないか。そのような問題意識から、本章では、父子世帯の暮らしに焦点をあてる。はじめに、ひとり親世帯数の趨勢をおさえた上で、政府統計から父子世帯の労働や生活上の諸困難を概観する。次に、統計からは把握できない父子世帯の実情について、インタビュー調査をもとに検討する。その際、企業社会や家族生活において〈働く男親〉がいかなる状況に直面するのか、ジェンダーの視角から分析していく。その上で、政策動向を整理することを通して、男性が「親であること」がいかに扱われてきたのかを考察していく。父子世帯の暮らしの態様から「標準家族モデルが内包する諸課題」をいかに逆照射できるのか、その作業の中から政策転換の糸口を見出していきたい。

2　家族形態の変容とひとり親世帯の趨勢

(1) 少子化の進行と将来推計に見る子育て世帯

はじめに、日本の家族がいかなる動向にあるのか、子ども数と家族類型からおさえていこう。総人口に占める子どもの割合を見ると、1950年には35・4%であったものが、1965年には25・6%に減少。2017年4月1日現在では、子ども数は1571万人、子どもの割合は12・4%にまで低減している。

このような少子化の進行とともに、家族類型も変動している。国立社会保障・人口問題研究所による「日本の世帯数の将来推計」から趨勢を把握すると、1980年には「夫婦と子どもからなる世帯」が最も多く、総世帯のうち42・1％を占め、量的に見ても標準家族モデルといえるものであった。ついで、「その他の一般世帯」19・9％、「単独世帯」19・8％、「夫婦のみ世帯」12・5％であり、「ひとり親と子どもからなる世帯」は5・7％と最も出現率の低い類型となっていた。ところが、2010年には、「夫婦と子どもからなる世帯」は27・9％にまで比重が低減する一方、「単独世帯」が32・4％に増加し、最も多い世帯類型になる。また、「夫婦のみ世帯」が19・8％、「ひとり親と子どもからなる世帯」が8・7％に増加している。

この報告書では将来推計も示されており、2035年には「夫婦と子どもからなる世帯」は23・3％と4分の1を割り込むまで低減すると予測され、もはや量的には標準家族モデルとは言えない状況が鮮明になっている。一方、「ひとり親と子どもからなる世帯」は11・4％に増加し、総世帯の1割を超えると推計されている。

(2) 日本におけるひとり親世帯の趨勢

そこで、日本におけるひとり親世帯の趨勢を見ていこう。ひとり親世帯数を把握できる政府統計では、調査ごとに世帯定義が異なるため、世帯数に差異があることに留意が必要である。

たとえば、「国勢調査」では、①「ひとり親と未婚の20歳未満の子どもからなる世帯」、②「①のひとり親と未婚の子どものほかにその他の世帯員がいる世帯」、という2種類の定義で把握されている。「国民生活基礎調査」では、ひとり親と子どものみで構成されている世帯数が把握され、親については65歳未満という限定がかけられている。「全国母子世帯等調査」は、とくに年齢規定もないシンプルな定義であるが、祖父母等の同居世帯も含む世帯数が把握されている。
実際の世帯数を見ると、国勢調査では、「単独型父子世帯」が8万4003世帯、「同居型」も含めた父子世帯総数が18万1506世帯であるのに対し、「単独型母子世帯」は75万4724世帯（父子世帯の約9倍）、「同居型」も含めた総母子世帯数は106万2702世帯（父子世帯の約5・9倍）である。これに対し、最も定義が緩やかである「全国母子世帯等調査」では、「父子世帯」数は22万3300世帯であるのに対し、「母子世帯」数はその約5・5倍の123万7700世帯と推計されている。このように、いずれの統計においても、母子世帯に比べて父子世帯の出現率は低く、父子世帯は多く見ても18万〜22万世帯である。

では、単独型と同居型の比率は、母子・父子ではどのような差異があるのだろうか。「平成23年度全国母子世帯等調査」によると、父子世帯では、父子のみの「単独型」が39・4％であるのに対し、「同居型」が60・6％、母子世帯では、「単独型」が61・2％であるのに対し、「同居型」が38・8％である。このように、父子世帯は祖父母等との同居率が母子世帯よりも高く、約6割を占めている。

（3）ひとり親とジェンダー

このように見ると、ひとり親の趨勢にもジェンダーによる相違が現れていることが把握される。つまり、男親がひとり親世帯として子どもを育てるためには、女親以上に祖父母等の第三者を必要としている。そこには、子どもをひとりで育てていようと〝男性並みの働き方〟を当然とする企業社会の労働規範があるといえよう。企業社会における支配的通念は、「男性労働者」＝「ケア付き労働者」

なのであって、男性が労働者である前に「親」であることを前提としていない。
そのような支配的通念は、社会福祉の世界にも垣間見られる。春日は、福祉行政機関での相談において、同じひとり親世帯でも、女親に対しては「夜働いたら子どもがかわいそう」と親子の絆を保つ方向で対応がなされるのに対し、男親にはまったく異なるベクトルが働くとして、次のようなシングルファーザーの体験例を紹介している。

彼らの相談を受けた相手が決まっていうセリフがある。まず初めの言葉。「嫁さんになってくれるような人はおらんのか。早く再婚相手を探しなさい。」次に出てくる言葉。「親・きょうだいはどこで何をしている。親・きょうだいに何とか見てもらいないさい。」そして最後の言葉は、「それでは施設に入れるしか方法がないね。その手続きをしてあげましょうか。」いずれも、「女手がないと男は親になれない」と考えている人が思いつく、〈女手〉補充の方法だ。（春日 1989: 23）

このように、父子世帯を形成すること自体にも、幾重もの壁が立ちはだかっているのである。なお、前出の厚生労働省「全国母子世帯等調査」は、1952年に初回調査が公表されているものの、調査対象として父子世帯が加えられたのは1983年調査以降である。政府による実態把握という点からも、父子世帯は長らく不可視にされてきた存在である。

3　父子世帯の現代的動向

(1) 政府統計に見る父子世帯の就労

では、父子世帯になったのちの暮らしはどのような現状なのだろうか。既存の政府統計をもとに、父子世帯の暮らしを概観していこう。まず、父子世帯を形成した理由を国勢調査から把握すると、2010年では「離別」(生別)が最も多く70・7%、「未婚」が15・9%、「死別」が13・4%である。年次推移で見ると、死別の割合は年々減少しているのに対し、離別や未婚が増加している。

次に、就労状況を見ていこう。厚生労働省「平成23年度全国母子世帯等調査」(以下、厚労調査)によると、父子世帯になる前の就労率は95・7%であるのに対し、父子家庭形成後の調査時点の就労率は92・3%へと若干減少している。雇用形態を見ると、父子家庭になる前には「正規」が73・6%であったものが、父子家庭形成後には67・2%に減少する。「自営業」が15・6%、「パート・アルバイト」「派遣社員」など非正規が10・0%であり、「会社などの役員」(1・6%)や「家族従業対象者」(1・4%)はわずかである。「正規」の割合を学歴階層別に見ると、「中学校卒」では48・6%と5割を下回る。「高校卒」は70・1%、「大学・大学院卒」は78・3%であり、学歴による差異が確認される。

父子世帯になったことを契機として24・0%の者が転職している一方、調査時点で転職を希望する者も24・2%いる。父子世帯を形成することによって、労働が制約されたり労働条件が悪化したりす

図表1－1　父子世帯の学歴階層別統計（就業率・雇用形態・収入）

	総数（実数）	就業率	雇用形態		平均年間収入	
			正規	非正規	就労収入	世帯の収入
中学校卒	84	85.7%	48.6%	9.9%	233 万円	288 万円
高校卒	282	93.6%	70.1%	18.1%	356 万円	452 万円
専修・各種学校卒	52	92.3%	72.9%	8.3%	324 万円	431 万円
短大・高専卒	36	91.7%	54.5%	3.0%	289 万円	412 万円
大学・大学院卒	85	97.6%	78.3%	6.0%	555 万円	676 万円
その他	7	57.1%	75.0%	—	238 万円	238 万円
合計	546	92.3%	67,7%	9.9%	361 万円	456 万円

（注）「合計」は、学歴が把握できた実数であり、学歴不詳を除いている。「就業率」は、不詳の値を含めた「合計」に占める割合である。「正規」「非正規」は、「現在就業している者」に占める割合である。
（出典）「平成 23 年度　全国母子世帯等調査」（厚生労働省）をもとに筆者作成。

る者が一定数いることがわかる。
父子世帯の年間の就労収入は、厚労調査では平均で３６１万円、社会保障等を合わせた自身の収入は３８０万円、その他の家族員の収入を合わせた世帯収入は４５６万円である。就労収入を死別と離婚で比較すると、「死別」４４４万円、「離婚」３４７万円と差異が大きい。世帯収入で見ても、「死別」５６８万円、「離婚」４３５万円と開きがある。雇用形態別に就労収入を見ると、「正規」は４２６万円であるのに対し、「パート・アルバイト等」は１７５万円、学歴別就労収入では、「大学・大学院卒」５５５万円、「高校卒」３５６万円、「中学校卒」２３３万円であり、いずれも大きな開きがある（図表１－１）。父子世帯の平均収入は、確かに母子世帯よりも高いものの、「児童のいる世帯」の平均所得（社会保障給付金等を含めた所得）が約７１３万円（平成27年国民生活基礎調査）であることと比べると低位水準である。

（2）悩みや諸困難

そこで、シングルファーザー自身の悩みを把握した調査結果を見ると、平成23年厚労調査では「家計」が最も多く36・5％、ついで「仕事」17・4％、「家事」12・1％、「自分の健康」9・9％、「親族の健康・介護」8・8％、「住居」7・8％であった。これに対し、平成15年厚労調査では、「家事」が34・6％と最も高く、ついで「家計」31・5％となっており、平成23年調査では順位が入れ替わっていることがわかる。なお、平成15年調査では、シングルマザー自身の悩みのトップは「家計」43・7％であるのに対し、「家事」は1・1％であったことから、父子世帯と母子世帯では悩みが異なり、「父子は家事、母子は家計」が主要な悩みである、という解釈が一般化していた。しかしながら、近年では、父子世帯においても家計の悩みの比重が増しており、ステレオタイプなひとり親家族像から脱する必要が高まっているといえよう。

また、図表1－2は、配偶関係別に自殺死亡率を見たものである。自殺死亡率とは、人口10万人当たりの自殺者数を示すものである。

これによると、男性では、離別者が最も自殺死亡率が高い。総数では、有配偶が21・5、未婚が37・5、死別が64・7であるのに対し、離別は127・9に及んでいる。また、女性と比較すると、女性離別者は32・6であるのに対し、男性離別者はその4倍弱にもなる高さである。死別男性においても、死別女性よりも自殺率が高いものの、離別男性における自殺死亡率の高さは顕著である。離別やその後の生活過程における諸困難においても、ジェンダーによる差異があることが推察される。

図表1－2　配偶関係別の自殺死亡率の状況（2014年）

男性

年齢階級	総数[1]	20歳代	30歳代	40歳代	50歳代	60歳以上
総数[2]	31.6	27.5	25.4	35.3	36.6	36.0
有配偶者	21.5	11.1	12.0	18.6	24.0	26.0
未婚	37.5	31.1	38.2	57.2	61.3	85.0
死別	64.7	―	74.7	81.1	75.0	63.7
離別	127.9	124.2	125.7	155.2	123.2	116.4

女性

年齢階級	総数[1]	20歳代	30歳代	40歳代	50歳代	60歳以上
総数[2]	13.1	10.2	10.6	13.4	12.8	16.3
有配偶者	9.9	4.2	5.6	9.0	9.6	13.4
未婚	13.4	11.7	18.2	21.8	27.2	18.9
死別	19.1	―	25.2	33.6	14.2	19.1
離別	32.6	42.1	33.3	35.3	29.3	31.6

（注1）　総数には15～19歳および年齢不詳を含む。
（注2）　総数には配偶関係不詳を含む。
（資料）　厚生労働省「人口動態統計」再集計および国立社会保障・人口問題研究所「人口統計資料集（2015）」より厚生労働省自殺対策推進室作成。
（出典）　http://www.mhlw.go.jp/wp/hakusyo/jisatsu/16/dl/1-07.pdf（2017年3月1日閲覧）。

（3）父子世帯研究の視角

このような統計データから父子世帯の態様を見ると、男親がひとり親世帯を営む困難さが浮き彫りにされる。しかし、留意しなければならないのは、父子世帯の現実にどのような視座で向き合うのか、という私たち自身や社会の立ち位置である。

春日は、1980年代半ばより、シングルファーザーが語り合う「父子の集い」を毎月1回のペースで開催した経験をもとに、その会話分析を通して、「夫婦家族制度下における周縁としての父子家庭男性」という仮説から父子世帯研究への批判的視角を提起している。つまり、父子世帯に関するこれまでの研究の多くは、「病理家族」とか「欠損家族」というような問題のある用語を避けて、「単親家族」という用語を使っている研究でも、基本的には、父子世帯が両親世帯にくらべていかに家族関係のひずみを生み出しているかという視角にたつものが多く見られた。しかし、父子世帯の男性が親としての能力をもたず、それが子どもの成長を阻害するというような個人の能力に収斂させていくようなアプローチは、結局は、夫婦家族を自明ものとし、「離別」をそれに適応できない個人の逸脱として見る視角を背後仮設としてもっているのではないか、と指摘する（春日1989）。

そのような問題意識から、春日は、山口昌男の中心と周縁理論（山口 1975）を参照し、視角の転換を提起するのである。

〈集い〉のメンバーたちは、現代社会の〈周縁〉を生きる苦悩を語る。それを通して、現代社会がいかに人間から豊かな生を奪うものであるか、ということを、浮き彫りにしてくれる。（中略）〈病理〉とは、まさに男性を〈親〉でありえなくさせている社会そのものの病理。〈欠損〉とは、ひとりの親が二人分頑張っている家庭を援助する仕組みを持たない社会の援助システムそのものの欠損。父子家庭から放たれる逆光に照らされて、この世界の〈病理〉と〈欠損〉が大きく浮かび上がってくる。（春日 1989：174–181）

日本社会では、ひとり親世帯が増加傾向にあるとはいえ、父子世帯は圧倒的なマイノテリィ家族であり、より一層周縁化された社会的位置にある。ここで重要なのは、なぜ周縁化されているのか、という現実を読み解く作業であり、父子世帯の生活現実から私たちの社会を逆照射する視座であろう。

4　シングルファーザーの労働と子育てが照射する世界——インタビューからの考察

（1）分析の枠組み

では、父子世帯はいかに周縁化されているのだろうか。シングルファーザーへのインタビュー調査をもとに考察していきたい。その際、ジェンダーの視角の必要性を踏まえて、労働（職業役割）と子育て（ケア）に焦点をあてて分析していく。

男性のジェンダー規範をめぐる実証研究を積み上げている大野祥子は、「男性であるがゆえに、職業役割や一家の稼ぎ手という役割を降りることが許されない」という規範から自由になることは、男性が生産性・効率重視の職場風土に絡め取られない生き方を実現するために有効であると指摘している。本章でも、男性のジェンダー規範を基軸にしながら、企業社会において〈働く男親〉がいかなる状況に置かれ、家族生活において〈子育てする男親〉がいかなる状況に直面するのかを把握するとともに、シングルファーザーが〝働く男〈親〉〟としていかなる生き方を実現しているのかを検討していきたい。

なお、事例の記載においては、シングルファーザー当事者については、登場順にアルファベットで呼称する。また、シングルファーザー自身の父親・母親については、子どもから見た続き柄として「祖父」「祖母」と呼称し、婚姻していた相手については「妻」「元妻」と呼称することとする。

（2）インタビュー調査の概要

①インタビューの実施体制

本章で使用するインタビューは、シングルファーザー30名を対象として、2015年1月から3月に実施されたものである。これは、2014年12月にX市がアンケート調査（「ひとり親家庭生活・就労状況等実態調査」）を実施した際、インタビュー調査への参加の意向確認のハガキを同封し、参加の意思表明の返信があった74名の中から30名を抽出したものである（X市は工業都市として発展してきており、人口は100万人を超えている都市である）。30名のサンプリングにあたっては、親や子どもの年齢、雇用形態、父子世帯の形成理由などを考慮し、偏りがないように選定している。実施体制としては、X市から委託を受けた男女共同参画センターが実施機関となり、センター職員や研究者、民間団体スタッフ等からなる委員会が設置された。1名の対象者につき2名の調査者を原則として、約1時間から1時間半の半構造化インタビューを実施した。（本調査メンバーは、戒能民江・湯澤直美・赤石千衣子・脇本靖子・尾形康伸・池橋みどり・岩下好美・高山純子・X市男女共同参画室職員である。インタビュー結果について、学術論文をはじめ研究目的で使用することについては、インタビュー参加者の同意を書面で得ている。なお、個人情報の保護のため、本章では自治体名は明記しない。）

②調査対象者のプロフィール

調査対象者のプロフィールを見ると、年齢層では、40歳代が15名（50・0％）と半数であり、ついで、50歳代が8名（26・7％）、30歳代が4名（13・3％）等である。父親本人の最終学歴は、大学・大学院卒が15名（50・0％）と半数であり、高校卒9名、専修学校・各種学校卒3名、高等専門学校卒2名、中学校卒1名であった。世帯構成は、「父親と子どものみ」からなる単独型世帯が22世帯（73・3％）であり、全国調査の傾向と比較すると、親族との同居の比率が低い点が特徴である。父子世帯になった事情としては、生別が19名（60・0％）、死別が10名（33・3％）、その他が2名（6・7％）となっている。

30名の就労状況は、就労中の者が27名、無職の者が3名である。就労者27名について年間就労収入と雇用形態を見ると、年収が「700万円以上」の者は9名おり、その雇用形態の内訳は、「経営・管理」が4名、「正規」が5名である。ついで、「500万—700万円」が6名、「300万—500万円」が7名、「300万円未満」が5名となっている。「300万円未満」の者の雇用形態は、契約社員2名、正社員・自営業・パートがそれぞれ1名である。

(3) 就労継続型のシングルファーザー

では、シングルファーザーが職業役割とケアの遂行という点でどのような状況に直面し、どのように対処しているのか、労働を軸に検討していこう。はじめに、父子世帯を形成したのちにも転職をせず、同じ職場で仕事を継続したケースから把握していく。

まず、祖父母の協力があったことによって父子世帯になることを選択できたケースから見ていこう。

◆ケース1：祖父母の協力によって父子世帯になることを選択

Aさんには、離別当時に幼児が二人おり、仕事と子育ての両立が困難な状況であった。「おふくろ（子の祖母）が、〝そこまでいうなら協力してあげるよ〟と言ってくれたので、自分もいろいろなことが考えられて今に至っている」と語っており、祖母の協力の申し出があったことによって父子世帯になることを選択できたケースである。

20歳代前半の頃には、クレーン免許をもとに働いていたので収入も良かったが、リーマンショック後には仕事が減ったため、40歳を過ぎてフォークリフトの免許をとったというAさん。フォークリフトでの仕事は、派遣として実働時間が11時間もあり、「7時半～19時半」「19時半～翌朝7時半」のシフトを6日間のサイクルでこなしているという。「単純に月220時間くらい」になり、「めちゃくちゃ不規則」な就労形態である。通勤時間もかかるため、帰宅時間は21時過ぎか朝9時過ぎのいずれかである。「体力的にしんどい」と語っている。このような勤務形態でも子育てができているのは、祖母が同居しているためである。

現在の年収は、「300万―350万円」である。

Aさんと同様に、祖父母が同居していることによって、ひとり親になった前後で生活面・経済面で大きな変化を経験せずに暮らすことができたケースがあった。

◆ケース2：婚姻時より祖父母と同居

Bさんは、妻の病死によって父子世帯になっている。婚姻時より祖母（Bさんの母親）と同居していたため、妻が闘病している時期から祖母が家事や子育てをサポートしてくれていたという。そのため、「優先順位はもちろん家庭が一番なんですけど、中小企業なので仕事一番に考えていました」と、仕事を重視した暮らしを継続してきた。会社創設時から常務として働いており、帰宅時間は20時半から21時くらいである。2年間続けて会社が赤字になり、経営陣として責任をとるために給料が半分くらいになったことはあるものの、ふたりの子どもとも大学に進学させることができた。借り入れした妻の治療費は、2年前に完済し、現在は借入金もなく「ぎりぎりなんとかなっている」という。

祖父母が遠方に居住していることも多い。そのような場合、祖母が泊まり込みでサポートしているケースもあった。

◆ケース3：祖母の通い宿泊型のサポート

正社員で働くCさんは、妻が病気になり、幼児の世話と仕事の両立を余儀なくされた経験をもつ。そこで、妻が入院した当時より、双方の祖父母に支援してもらい、幼稚園の送迎も祖父母が担ってくれていた。妻が死亡し、父子世帯になって以降は、平日には他県に住む祖母（Cさんの実母）がCさん宅に宿泊する形態をとって連日サポートしてもらってきた。父子世帯になった2か月後には、営業職から開発・企画職に社内で異動したものの、収入は徐々に上がり、ふたりの子どもには習い事もさせている。Cさん自身が子どもと一緒に過ごす時間は、平日は朝10分間、帰宅後は30分から1時間程度である。このような暮らしの形態をとって、すでに2年以上が経過している。

一方、他県に住む祖父（Cさんの実父）の世話も必要だ。そこで、平日の祖父の世話は実家近くに住む弟が見てくれており、将来も弟が「祖父母の世話はする」と言ってくれているという。

祖父母自身が就労している場合もあり、祖父母のサポートを得ようとしても、全面的に頼ることが難しいケースもある。

◆ケース4：実家に預けて深夜勤務・二重生活

契約社員として施設のフロント業務をしているDさんは、子どもが5か月のときに妻と死別している。父子世帯になる前から完全夜勤のフロント業務であり、19時15分に出社し翌朝の9時15分までの勤務を週に2~3日連続でこなしていた。インタビュー当時には、父子世帯になって4か月目であったが、同様の時間帯で働き続けている。そこで、夕方16時頃に自宅を出て実家に行き、実家に0歳児の子どもを預けてから出勤している。夜勤が続く期間は、実家で寝泊まりをする二重生活のような形態になっているという。しかし、祖父・祖母が共働きであるため、夜勤あけの日中は、自分が子どもの世話をしている。このような生活では寝不足になるものの、「日勤は選択しない」とDさんは言う。夜日勤になると、保育所の送迎や子どもの病気による早退などによって「稼ぎが減る」ためである。夜勤手当が付かなくなると生活自体が厳しいことから、今のままの勤務形態を望んでいるものの、現在の年収は「250万─300万円」である。

Cさんと同様に、祖父母が遠方に住んでいるケースでは、自分の祖父母からのサポートを得られず、勤務時間の変更によって対処している場合もある。

◆ケース5：勤務時間変更による対処

Eさんは、高校卒業後、製造業に継続して勤務しており、3交代勤務をこなしつつ、管理職になっていた。子どもが小・中学生の時期に離婚となったものの、祖父母は遠方であることからサポートを得られず、離婚直後には昼間の勤務に交代してもらうことで両立を図った。そのため、一時は減収となった。第1子は公立高校に進学したものの学校の継続が難しく、通信制に転校したため、教育費の負担が大きくなったという。現在は、元の勤務形態に戻り3交代制で働いているため、20時半に出勤して翌朝7時半に退勤となる夜勤もこなしている。そのような暮らしのなか、今度は第2子が高校を不登校となり、中退を予定しているという。しかし、仕事が忙しいために、中退の手続きも進められず、子育てとの両立に苦心している。

なかには、祖父母（父親の親）が死亡していることから、サポートを得られない場合もある。

◆ケース6：祖父母による支援がまったく得られない場合

妻と死別したFさんは、自分の祖父母（Fさんの親）を早い時期に亡くしていることから、まったくサポートを得ることができなかった。そこで、妻の闘病中には、結婚してすでに離家していた娘が、3か月の間、同居する形態をとってサポートしてくれていたという。現在、5人の子どもを育てており、そのうちのひとりは障がいをもっている。しかし、Fさんの仕事は教員であることから始業時間も早く、朝は6時か6時半には出勤している。そのため、家をでたのち、電話を2回かけて、子どもたちを起こす毎日である。

Fさんは、「2年間必死にやってきた」ものの、「今年3年目で体にきた」と語っており、頸椎ヘルニアが悪化している。「中学3年生の子どもが受験になるが、私学は今の家計状況からは行かせられない」「塾に行かせてあげていたときも、月3万円の塾代。それ、すごく厳しい。結局、毎月マイナスで、ボーナスで埋め合わせる状況」であったという。「何がつらいってね、お金。精神的に一番辛いのはそこ」と経済的困窮を実感している。

(4) 異動・転職型のシングルファーザー

次に、職場内で異動したり、他に転職したりすることによって、父子世帯の暮らしを維持してきたケースをとりあげ、職業役割とケアの遂行の実情を見ていこう。

まず、父子世帯になって以降に、会社から異動を言い渡されたケースから見ていこう。

◆ケース7：職場内での異動

港湾関係に従事していたGさんは、父子世帯になったのちに、会社の都合で事務職から現場の部署に移動になったという。それまでは残業があったが、異動したことによって、朝6時に出勤し、夕方17時から17時半には退社できる働き方になり、残業がない面では助かっている。しかしながら、経済面では「常に困っていますね。キツキツですね」と語っている。祖父母が徒歩圏に居住しているため、これまで、保育所と学童保育のお迎えは祖父が担ってきてくれた。中学生になるまでは、子どもたちは祖父母宅に帰宅して、祖父母宅で過ごす形態をとっていた。しかしながら、先頃、祖父が救急搬送され、現在は高齢者福祉施設に入所している。これまで子育てを一手に引き受けてくれたものの、子どもが中学生になり、「孫の手が離れたとたんに倒れた」とGさんは感じているという。現在は、祖父の面倒を見るため、仕事の合間に施設を訪ねている。子育てと介護のダブル・ケア生活である。

転職を希望し、父子世帯になって以降、就職活動をしたケースもある。

◆ケース8：転職したものの低収入

営業職の正社員として勤務していたHさんは、離婚前に勤めていた会社が吸収合併になり、勤務条件が「全国転勤あり」に変更になってしまった。父子世帯になって家事の時間が足りないことから、土曜・日曜には休みがとれ、残業の少ない会社に転職をした。しかしながら、収入の増加にはつながらず、月7万～8万円の保育料や家賃の負担が家計を圧迫していた。そこで、家賃の半分と保育料を祖父母（Hさんの両親）に負担してもらうことで乗り切ってきた。その後、児童扶養手当が父子世帯も対象とするように制度変更したことから、Hさんも受給できるようになり、家賃を自分で支払えるようになったという。

収入のアップを目指して、父子世帯になったのちにタクシー運転手に転職したケースが2件あった。

◆ケース9・ケース10：タクシー運転手に転職

正社員で働いてきたIさんは、住宅ローンの返済があるため、父子世帯になって以降、収入増を目指してタクシー運転手に転職した。朝6時半には営業所に着き、翌日朝4時半頃まで勤務というシフトを基本的に2回繰り返すと休日がとれる、という勤務形態である。そのため、労働時間は長くなった。しかし、ボーナスもなく、収入は低いままであるという。「もっと稼げると思ってこの業界に入ったんだけど、そんなに稼げない」「今、不安でいっぱいなんだよ」と語っている。年収は「250万—300万円」である。

同じく転職してタクシー運転手になったJさんは、朝7時前には営業所に着き、翌日朝4時位に帰宅というシフトを3日繰り返し、週に1回、勤務明けに休日がある。意識を失って救急搬送をされたこともあり、「健康面が、結構きつい」と語っている。日勤だけの勤務に変更も可能だが、給料が下がるために現状を維持しているものの、年収は「300万—350万円」である。

障がいをもつ子どもの子育てをするために、正社員から降りる選択をしたケースもある。

◆ケース11：派遣・契約社員として転職

Kさんは、父子世帯になる前には、正社員の営業職として働き、役職も担っていたためにサービス残業も当たり前の生活であった。10年以上継続就労するなかで体調を壊してしまい、休職を余儀なくされた経験をもつ。その頃に生まれた子どもに障がいがあったため、その職場を退職する決意したという。そして、退職後に離婚となった。

Kさんは、「正社員ではもうだめだと思っていた」ので、始業時間が遅く残業もない、コールセンターに就職した。初めは派遣で就職し、のちに契約社員に変更になった。「もちろん収入というのも非常に大切ですけど、やはり家のことをしっかりやらないといけないので、労働時間を削って収入を削って、まあなんとか今やっている現実ですね」と語る。現在の年収は、「100万―150万円」である。

父子世帯になって以降も夜勤を続けていたものの立ち行かなくなり、自営業をしている実家に戻るという選択をしたケースもある。

◆ケース12：実家に戻る選択

Lさんは、乳幼児2人を引き取って離婚。その当時、居酒屋に勤めており、700万円以上の収入があったものの、勤務時間が不規則で、深夜12時位に終業となることもあった。乳幼児の世話と仕事の両立が困難な状況に直面したLさんは、1時間ほどの距離にある実家に子どもを預ける選択をした。子どもたちはLさんの実家で暮らし、Lさんが週に1～2回ほど実家に行くというスタイルである。そのため、子どもとは、日常的にほとんど会えないような生活となる。

保育所も待機状態であったことから、1年過ぎた頃には実家近くの幼稚園に入園させることにした。そこで、Lさんは、始発の電車に乗って幼稚園に登園させ、午後には仕事の合間に子どもを迎えに行って実家に預け、その後、仕事に向かうようになった。翌日の早朝には、再び実家に行くという繰り返しの生活をするなか、Lさんは「死んじゃうな」と思うようになり、居酒屋を辞める決意をするに至る。Lさんの実家は自営業であり、そこに就職させてもらうかたちで「実家に戻る」選択をしたものの、年収は、「100万―150万円」である。今の状態では、「大学に行かせるのは絶対無理」と語っている。

（5）シングルファーザーの労働と子育てを支える条件

このように、シングルファーザーの労働と子育ての態様を見ていくと、そもそも父子世帯を形成すること自体に一定の条件が必要であり、父子世帯を維持するにも一定の条件が必要である、という状況が把握される。なかには、子どもを児童相談所に預けざるをえなかった父親も見られた。

では、その一定の条件とはどのようなものだろうか。調査対象となったシングルファーザーは、行政の制度などフォーマルなサポートを活用しているケースは少なく、いずれもインフォーマルなサポートによって、暮らしを維持しているケースが大半であった。その多くが、祖父母をはじめとする実家のサポートであるが、どのような実家であるかによって、得られるサポートの内容に差異が見られた。具体的には、同居か近居で祖父母がおり、その祖父母自身の経済基盤や生活基盤が安定的であるという条件が必要とされていた。また、「祖父母が定年退職していて時間がある」「祖父母が健康である」「親子関係（シングルファーザーとその親）が良好である」などの条件も重要であった。祖父に比べ、祖母のサポートの比重が大きいのも特徴である。祖父母のサポートが得られない場合には、シングルファーザー自身の兄弟姉妹のサポートを得ている場合が見られた。その場合にも、姉や妹が専業主婦であったり、子どもがいなかったりすることが条件になっていた。つまり、男親が仕事に邁進するには、なんらかのケア提供者（おもに女性）の存在が不可欠であった。

しかしながら、「祖父母頼み」の生活には、リスクや限界が伴うことも、インタビューから把握された。父子世帯形成期から祖父母の介護が必要であったケースや、Gさんのように子どもが中学生になったとたんに疲労から祖父母が倒れて要介護状況になったケースがあり、いずれも子どもの世話と親の介護というダブル・ケア状態に置かれていた。平日は宿泊に来てくれる祖母がいることによって仕事を継続できたBさんも、祖父の介護という問題を抱えており、そのような祖父母頼みの暮らしの限界を語っていた。

インフォーマルサポートのもう一つの要素が、子どもであった。インタビュー対象者の中では、子どもが複数おり、そのいずれかが中学生以上などの場合には、夜間勤務や土日出勤があっても暮らしを維持できていた。あるいは、女児が家事を担うことによって生活を維持できていたケースもある。ケア提供者としての女児という家族的条件が、男親が労働者であることを支えているのである。

さらに重要な点は、いくらインフォーマルサポートを確保できたとしても、長時間労働や不規則勤務が常態化していたままでは、親子が共に過ごす時間が奪われ、男親が育児の主体者になりえない、という点である。また、そのような時間の貧困は、男親が自分自身の人生を生きるゆとりを奪い、心身が追い込まれていくことになりかねない。「いつも余裕がない。ときどきリフレッシュする時間や期間がほしい」というシングルファーザーの声は、長時間・不規則労働による雇用社会化が進む日本社会への警鐘といえよう。言い換えれば、シングルファーザーが、インフォーマルなサポートを頼らなくとも、自分で子どもを育てていける社会システムを整備することは、ワーク・ライフ・バランスを保障する基盤になりうるであろう。

(6) 発想の転換と生き方の創造

次に、労働と子育ての両立に困難を抱えながらも、子育てを通して気づきや発想の転換を得て、新たな生き方を創造しているシングルファーザーの声をインタビューから見ていこう。

はじめに、子育ての行き詰まりから「発想の転換」につながったケースから紹介したい。複数の乳幼児を抱えて父子世帯となったある男性は、当初、祖母の助けを得ながら仕事と子育ての両立を果たしていたものの、暮らしの維持が困難になり、児童相談所に相談している。そのときの心境に関する語りを見てみよう。

「よく無理心中って話聞きますよね。俺、そういう気持ちが若干わかるのは、この先、たとえば、自分のおばあちゃんが死んじゃったらどうしようとか、いろんなこと考えて1回相談してすごく吹っ切れたというか、担当だった人の一言で救われたのが、「一人で絶対悩まないでください」と。何かあったら私たちがいます、と。（略）どうしても育てられないんだったら、里親とかそういう人が大事に育ててくれるので、頭の片隅に入れておいてください、みたいなことを言われたとき、すごい吹っ切れたっていうか、悩みは飛びましたね。」

このように、相談員の言葉を聞いたときに、「子どもを殺してしまうよりも、誰かに育ててもらえば、自分も生きていられるし、子どもも幸せな生活を送れる」という逆転の発想ができ、「選択肢があることを知ったことで心配がなくなった」と、この父親は語っている。これは、男親が「育児参加」者ではなく「育児の主体」者になるプロセスで、いかに心理的に追いつめられたのかが見て取れるエピソードである。一方、子育てを通して、「男性＝強くあらねばならない」というジェンダー規範を超えて、「弱さ」を根拠に他者とつながる感覚を醸成する感覚を得ているといえよう。

第2に、「完璧な親像」から「子育ての割り切り」という気づきを得たケースが見られた。まだ子どもが幼児であったある父親は、子どもにお弁当をもたせなければならず、自分なりに努力を積み重ねようとしていた。その当時を振り返り、次のように語っている。

「子どものお弁当ってキャラクター弁当とかお母さんたちは皆ちょっと凝ってるじゃないですか、幼稚園のときに。あれをこう真似て、いろいろ頑張って作っていたんですけど。ある日、母（子の祖母）が僕が仕事で次の日遅くて、母が作ってくれるっていうことになり、1回それをやってもらったら、子どもはどっちがおいしいかは正直なので、気を遣うんですよ。」「どっちのほうがおいしいっていうときに、こっち（注：父親の作ったお弁当）のほうがおいしいってなったんで。笑いながら、じゃあ、そうなったらこんなに頑張らなくても、できることと、得手不得手がある」と思ったという。

この父親は、このような子どもとの関わりの中から、「楽しんでやらないとできない。できないものはあるが、できないものはできないし、やれることはやれる」という「割り切り」ができるようになったという。ある意味で、「完璧な親像」から「自分流」になっていい、という子育ての割り切りに気づくことによって、「親規範＝母性規範」からの自由を獲得していったといえよう。

第3に、地域でのつながりが醸成されることによって、体調を回復していった父親がいた。父子世帯になった当初、体調を崩し、人間関係からも疎遠になっていたある父親は、次第に「ひとりでいると、どんどんどん悪い方向にいってしまうのではないか」と思ったという。「普通に結婚していたら、こういう地域のつながりにも入らなかったでしょうし。子どもたちのために地域で何か役に立ちたいって気持ちがやっぱり出てきました」と、その実感を次のように語っている。

「本当にひとりになってどうなるかとは思ったんですけれども、家事をやったり子育てをしたり、地域のためにボランティア（クラス委員やおやじの会）をすることが、逆に体の調子が。本当は疲れるんでしょうけど、多分自分の中でそれをやることが逆に免疫になってよくなっている。」

この男性は、父子世帯になる以前から過重労働によって体調を崩しており、まさに、企業社会の労働規範によって「免疫力を奪われてきた自分自身」に気づく契機を得たといえよう。

5　家族の制度化とジェンダー構造

（1）女性の主婦化による性別役割分業体制の定式化

父子世帯の暮らしを概観すると、家族というシステムがいかに制度化されているのか、とりわけ家族的責任と職業的責任がいかにジェンダーに偏在して配置されているのか、という社会状況が見て取れる。そこで、家族がいかに制度化されてきたのか、近代家族という視角から見ていこう。

第二次世界大戦後に日本で成立した近代家族システムを、落合恵美子は「家族の戦後体制」と位置づけて論じている。落合は、近代家族の特徴を、①家内領域と公共領域の分離、②家族成員相互の強い情緒的関係、③子ども中心主義、④男は公共領域・女は家内領域という性別分業、⑤家族の集団性の強化、⑥社交の衰退、⑦非親族の排除、⑧核家族、の8点に整理した。そして、近代社会は、「市場、家族、国家の三者の連関として構成されている」として、近代家族は、「市場にその参加者である近代的個人（「人間」）を供給する装置」であり、近代国家の役割は、「市場と家族の分離を保持し、それぞれの機能が十全に遂行されるように規制する」ことであるとする。それゆえ、「「人間」供給のために必要なシャドウ・ワークを遂行する仕組みとして成立したのが、性別分業」である（落合1989）。

「男性は仕事、女性は家事・育児」という性別を基軸にした役割分担は、一見、それぞれの夫婦の意向によって選択されている事象のように捉えられる。しかしながら、近代家族に要請された労働力供給システムとして、家族が制度化されている側面を見ておかねばならない。すなわち「成人男性の賃金は家族（妻子）を養うに足るものでなければならない」という考え方をもとに、戦後の資本蓄積過程で拡がった「家族賃金思想」が、性別役割分業を支えるイデオロギーとして高度経済成長期以降の日本社会に広く浸透した。家族賃金思想は、「女性の賃金は単身を養うかまたは家計を補助する程度でよい」という賃金思想のダブル・スタンダードをもたらし、「長時間労働や重層的な下請制度とならんで日本企業の資本蓄積の重要な源泉の一つ」になってきたのである（中川2014）。

１９７０年代には、経済成長を背景に若年層の雇用環境も安定するなか、日本は驚異的な皆婚制の国になり、サラリーマン世帯の専業主婦化がピークを迎えている（水無田2014）。１９８０年代には、夫を主たる稼ぎ手（扶養者）とし妻を被扶養の立場におく「男性稼ぎ手モデル」が、「日本型福祉社会」をめざす政策によって強化されていく。すなわち、夫に扶養される範囲内で妻が働くほうが世帯として有利に機能するような税制や社会保険制度改革が進められた（大沢1993）。そのような制度改革は、夫婦単位を標準モデル化する推進力となり、ジェンダー化された家族が広範に普及されていった。

性別役割分業夫婦制家族は、長時間働き、出張や転勤も自由にできる柔軟な労働力供給システムとして、雇用労働市場のジェンダー構造を下支えしてきた。労働時間規制では、法定労働時間は定められていても、労使が36協定（労働基準法36条に基づく労使協定。残業や休日労働を行う場合に必要な手続）を結べば、特別条項付き協定などによって事実上、無制限に残業が可能になるシステムが温存されている。また、育児休業制度が導入されても、男性の取得率は上がらないどころか、政府の数値目標は10％前半どまりであり、ジェンダー格差が大きい。総じて、日本社会では、子どもをもつ男性に要請されているのはあくまでも「育児参加」であり、養育の第一義的責任者として「女性／母親」をモデルとする家族規範が社会的に支持されてきた。

(2) 家族の序列化とマイノリティ家族への負のサンクション

日本社会においては、ひとり親世帯を支える所得保障制度や社会福祉政策においても、父子世帯を周縁化するジェンダー規範が存在してきた点もおさえておかねばならない。

まず、法的対応から見ると、ひとり親世帯への政策対応は、基本立法として母子及び寡婦福祉法のもとに講じられ、父子世帯を政策対象とする根拠法は存在しなかった経緯がある。２００２年に母子及び寡婦福祉法が改正された際、はじめて法律の対象が「母子世帯等」であることが明記され、この「等」にあたるものとして、父子世帯が位置づけられるようになったばかりである。現在は、「母子及び父子並びに寡婦福祉法」に改称されている。

次に、所得保障政策を見ると、戦後のひとり親世帯への政策対応は、「戦争未亡人」への所得保障を起点として、遺族年金・児童扶養手当の給付額を連動させながら推移してきた。しかしながら、

1985年の国民年金法および児童扶養手当法改正に伴い、児童扶養手当を年金制度から切り離し、自立促進のための独自の福祉制度へと転換させたことを契機に、母子世帯の形成理由による制度対応の差異が明確になっていく。その背後には、1980年代以降、死別による母子世帯数が減少し、離婚等による母子世帯の出現が顕著になったことにより、離別を「自己責任」とみなす風潮が強まる傾向があった。そこで、緊縮財政を理由に、児童扶養手当の支給方法の重点化や効率化の必要性が強調され、給付額が抑制されていく。2000年代以降には、就労促進による自立が強調され、2008年には、手当を5年間継続して受給している場合には、一部支給を停止できる措置が導入された。夫のいる妻（母親）や夫と死別した妻（母親）には、政策的に就労自立が要請されないのに対し、離婚や非婚の母親には、母親役割よりも就労自立が要請される制度運用が強化されている。そのような流れと並行して、シングルファーザー当事者からは、父子世帯にも児童扶養手当の適用を求める運動が起こされ、ようやく2010年の法改正により実現した。しかし、母子寡婦福祉貸付金については、いまだ父子世帯は対象外である。

また、遺族年金については、死別母子世帯は「遺族基礎年金」「遺族厚生年金」の双方が対象である一方、父子世帯では遺族基礎年金は対象外であり、かつ、夫への遺族厚生年金は55歳以上に限定されてきた。子どもについては18歳の年度末まで遺族厚生年金が対象となるが、低額な支給水準であった。2011年の東日本大震災により、妻を亡くした多くの父子世帯が出現したことを契機に、「子のある妻、または子」に限定されてきた遺族基礎年金について、ようやく「子のある夫」も支給対象とするようになり、2014年度から適用されている。

そのほか、税制上の寡婦／寡夫控除にも性別条項があり、父子世帯が適用となる寡父控除には、寡婦控除にはない所得金額要件が課せられている。また、留意すべき点として、寡婦／寡夫控除が制度対象としているのは、死別や離婚を経験し、かつ、新たな婚姻をしていない者であるという点がある。非婚の親は制度対象とならないものの、離婚や死別後に非婚出産によりひとり親となった場合には適用対象となる仕組みである。同じ非婚の親であっても、かつて婚姻経験があるかないかで適用が差別化されているのである。このように見ると、寡婦／寡夫控除制度が重視するのは、少なくとも一度は届出による法律婚を経験していることであり、徹底した法律婚主義が貫かれている制度設計であることがわかる。届出による法律婚に依拠せず独立した存在として生き抜くと、いかに社会的制裁に晒されるのかを如実に示している。

6　おわりに――「男と親の間」をいかに越境するか

最後に、本章の知見をもとに、子育て世帯をめぐる標準家族モデルが内包する諸課題を整理し、いかなる政策転換が求められているか、その糸口を検討していきたい。

第1に、標準家族モデルの転換の必要性についてである。本章の知見からは、日本の社会政策には、ふたり親家族を標準として、非標準家族を差異化するシステムが輻輳的に組み込まれていることが確認された。1点目は、ふたり親を標準としてひとり親を差異化するシステムであり、2点目は、法律婚家族を標準として非法律婚家族を差異化するシステムであり、3点目は母子を標準として父子を差異化するシステムである。総じて、婚姻状態（結婚・死別・離婚・非婚等）によって政策的に家族が序列化され、マイノリティ家族が周縁化されている。しかしながら、先進諸国の家族をめぐる動向を見てもわかるように、ひとり親や非法律婚カップルの増加など、人々が営む家族形態の多様化が進み、家族の変化に合わせて家族法を変更する国家の対応がとられている。今後の日本においても、多様なバリエーションをもった家族が増えていくことが想定される。実際、多発する自然災害は多くの家族の離散を生み出し、企業の経営基盤の揺らぎは、リストラ等による家族の生活基盤を脆弱化させている。また、労働市場の需要状況の悪化が失業率を上昇させ、夫の失業経験が離婚を引き起こす原因の一つになっているという知見もある（佐藤 2015）。そのような現代社会の動向に即して、標準家族モデルを転換させる必要があろう。

第2に、マイノリティな位置に置かれている家族を基準にして制度を組み替え、制度を構想する必要がある。たとえば、ひとり親世帯の福祉ニーズから創設された制度として、「トワイライトステイ」「ショートステイ」がある。前者は親が仕事で遅くなる際に子どもを夜間等にケアする制度であり、後者は親が一時的に子どもを養育できない場合に短期間子どもを預かる制度である。これらの制度は、ひとり親のニーズから創設されたものの、制度の対象を共働き家庭をはじめとするふたり親世帯へと拡大して現在に至っている。その経緯からは、ひとり親世帯が生きやすい社会を創ることは、すべての子育て世帯が生きやすい社会となる方向を指し示したものと捉えられる。社会的にマイノリティの位置にある家族の現実のなかには、「社会の豊かさの構築に向けた普遍性をもった価値」がある。その価値を共有していくことが、分断から共生への道筋となっていくであろう（湯澤 2008）。

第3に、人間の生存に不可避なケアをいかに再定位するか、ケアの社会化を「男性とケア」という視角から問い直す必要がある。近年、子育てに積極的な男性を「イクメン」と表象し、仕事と育児・家事を両立させる男性／父親像が広がりつつある。同時に、両立に伴う切実な悩みを抱え、心理的にも追い込まれ、「イクメンブルー」に陥る男性／父親が増えているとも指摘されている。では、この隘路をいかに潜り抜けることができるのだろうか。この点について、平山亮は、男性性から進んで降りる実践を提起している。すなわち、「男性とケアという問題系は、男性がいかにしてジェンダー関係の変革に携わるかを考えるために必ず取り組むべきものである」として、「男は稼ぐもの」という稼得役割に男性が強迫されたり固執したりするような男性性を問い直し、稼得役割志向から撤退するベクトルを提示するのである。すなわち、「男性に求められ、男性が求める〝自立し自律した男性像〟というのは、公的領域における（男性どうしの）社会関係において（のみ）自立的・自律的に振る舞う男性」であり、「私的なもの／内なるものへの依存はその自立・自律には抵触しない」、として生の基盤であるケアから切断された性別カテゴリーとして「男性性」が配置されてきた。そのような稼得役割への固執は、夫婦関係においては「女性への支配志向」となり、日本各地で「誰のおかげで食べられていると思っているんだ」という言動から妻への暴力が発現している。

日常における暴力を排除し、対等で民主的な家族関係を樹立していく上でも、男性が「支配としての地位を降りる実践」が必要であり、「男性性からおりてもペナルティを課さずに生きられる仕組み」こそが「次世代の発達環境」に変化をもたらすという（平山 2017）。本章で見てきたシングルファーザーの暮らしを、その先駆的実践の萌芽として制度の転換軸にすえる営為が求められよう。

参考文献

平山亮（2017）『介護する息子たち─男性性の死角とケアのジェンダー分析』勁草書房。

春日キスヨ（1989）『父子家庭を生きる─男と親の間』勁草書房。

水無田気流（2014）『シングルマザーの貧困』光文社。

中川スミ（2014）『資本主義と女性労働』桜井書店。

落合恵美子（1989）『近代家族とフェミニズム』勁草書房
OECD（2012）Income distribution questionnaire, version January 2012.

大沢真理（1993）『企業中心社会を超えて：現代日本を〈ジェンダー〉で読む』時事通信社。

佐藤一磨（2014）「夫の失業が離婚に及ぼす影響」『経済分析』188号、内閣府経済社会総合研究所。

山口昌男（1975）『文化と両義性』岩波書店。

湯澤直美（2008）「現代家族と子どもの貧困─「孤立のなかにある家族」から「つながり合う家族」へ」浅井春夫・松本伊智朗・湯澤直美編『子どもの貧困─子ども時代のしあわせ平等のために』明石書店。

湯澤直美（2012）「「平成23年度全国母子世帯等調査」にみるひとり親世帯の動向：学歴指標の導入に焦点をあてて」『貧困研究』No. 9、126─138ページ。

湯澤直美（2014）「母子世帯の貧困と社会政策」『教育と医学』62（1）、74─81ページ。

X市男女共同参画センターシングルファーザー生活実態インタビュー調査プロジェクト（2016）『シングルファーザー生活実態インタビュー調査報告書』

第2章　新しい居住のかたちと政策展開

白川泰之

1　問題の背景

わが国において、どのような居を構えるかは、戦後長らく「個人の甲斐性」とされてきた。これは政策と無関係ではなく、政府も旧・住宅金融公庫をはじめとする公的な住宅融資を用意し、また、住宅ローン減税を行うことによって持ち家の取得を推進してきた。こうした「持ち家政策」は、経済の好循環の中に組み込まれることによって効果を発揮してきたと言える。後述する「住宅すごろく」を順調に進み、持ち家の取得という「あがり」にたどり着くことこそが「標準型」であった。こうした住宅取得の「標準型」は、他方で、結婚、子どもの誕生といったライフステージとも連動し、暮らしの「標準型」をも規定するものであった。現在でも住宅販売のテレビコマーシャルでは、社会的に一定以上の立場にあるであろう父親、温かく家庭を守る母親、礼儀正しく知性漂う娘という昭和的でどこか出来過ぎた家庭の光景が映し出されている。そこには、かつての住まいと暮らしの「標準型」モデルの典型的なイメージが投影されているのである。

しかし、昨今、住まいを確保し、そこで日々の暮らしを送るという一見当たり前に思えることに対し、改めて目を向ける必要に迫られている。持ち家政策を支えた経済成長や安定的な雇用と賃金、そして、暮らしを支えた結婚、女性を主体とした家庭内労働といった「標準型」の土台は過去のものとなっている。もはや「標準型」が標準的ではないことを受け入れ、新しい選択肢を模索していくことが求められる。

そこで、本章では、住宅確保というハードの側面とそこでの暮らしというソフトの側面の双方を含んだ概念として「居住」を捉え、生活の基盤となる居住の新しいかたちを実現するための政策展開について考察・提言を行うこととする。

2 すすむ居住の貧困化

(1) 前提条件の変化

「住宅すごろく」に明確な定義はないが、単身者用の小さな賃貸アパートからスタートし、その後、結婚や子どもの誕生につれて大きめの賃貸アパート・マンションに引っ越し、やがて分譲マンションを購入、最終的にその分譲マンションを売却して郊外の「庭付き一戸建て」にたどり着くというのが一般的な理解である。ここで、「住宅すごろく」とそれを支えるさまざまな要素についてまとめたも

図表2-1 「住宅すごろく」の構図（イメージ）

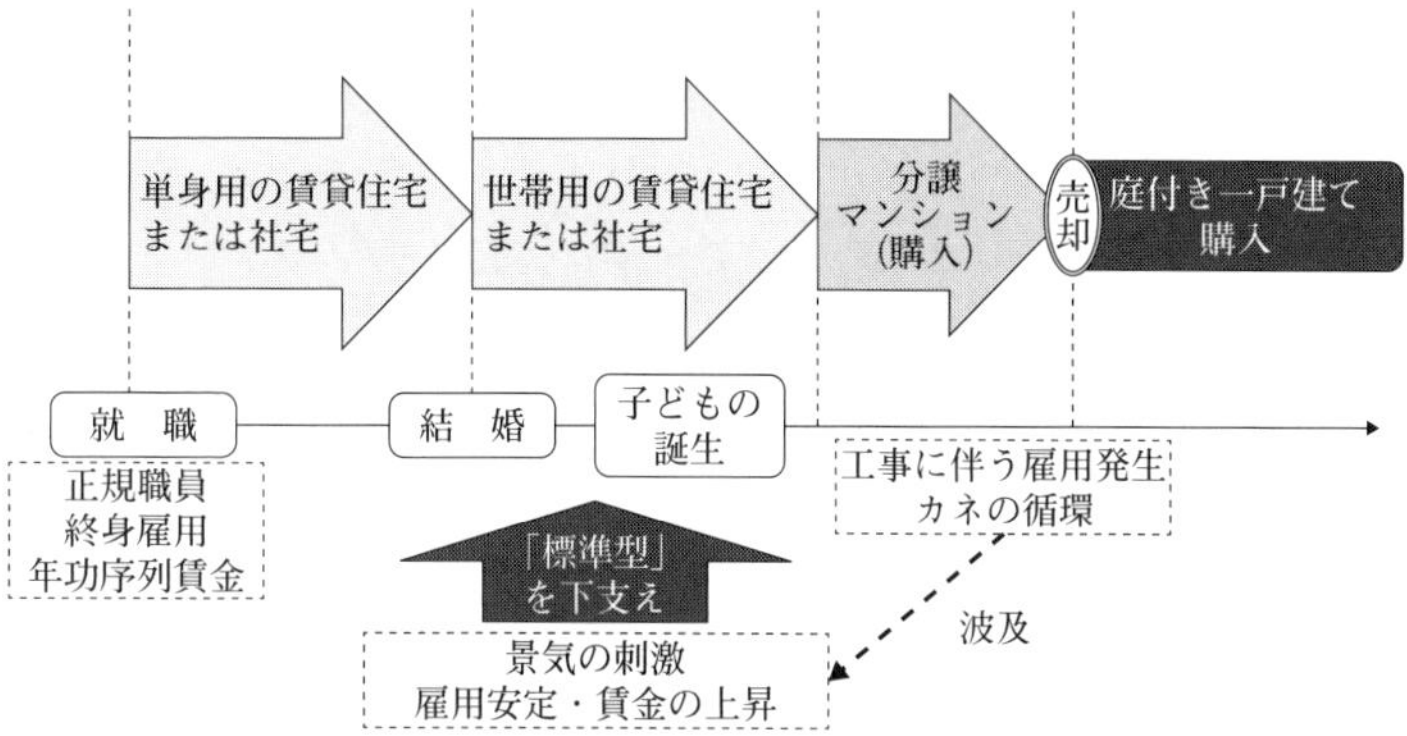

（出典） 筆者作成。

のが図表2-1であるが、一見して現在の社会の状況とのかい離が見て取れる。まず、持ち家の購入には長期にわたる住宅ローンの負担を要するが、これを正規雇用、終身雇用、年功序列賃金が支えてきた。一方、建設業者、資材の販売業者、住宅販売業者などに仕事、雇用、カネをもたらし、その波及効果として、景気の刺激、雇用の安定、賃金の上昇につながってきた。事実、政府も景気対策として、持ち家購入を促進するような施策を打ち出してきた。このように、持ち家購入、経済成長、雇用環境は、かつては「好循環」にあったものの、今やこの循環は不全状態に陥っている。さらに、分譲マンションを売却した資金を元手に庭付き一戸建てという「あがり」にたどり着く前提は、不動産価格の上昇にあったが、これも今や期待薄である。結果、分譲マンションの購入どまりですごろくから降りるのが現実的だが、これは、景気の側面からいえば、従来、1世帯2回（分譲マンション購入、庭付き一戸建て購入）であった住宅需要の半減であり、さきほど述べた「好循環」に冷や水を浴びせる

図表2-2　持ち家率と勤労世帯における住宅ローンの返済支出割合（対可処分所得）

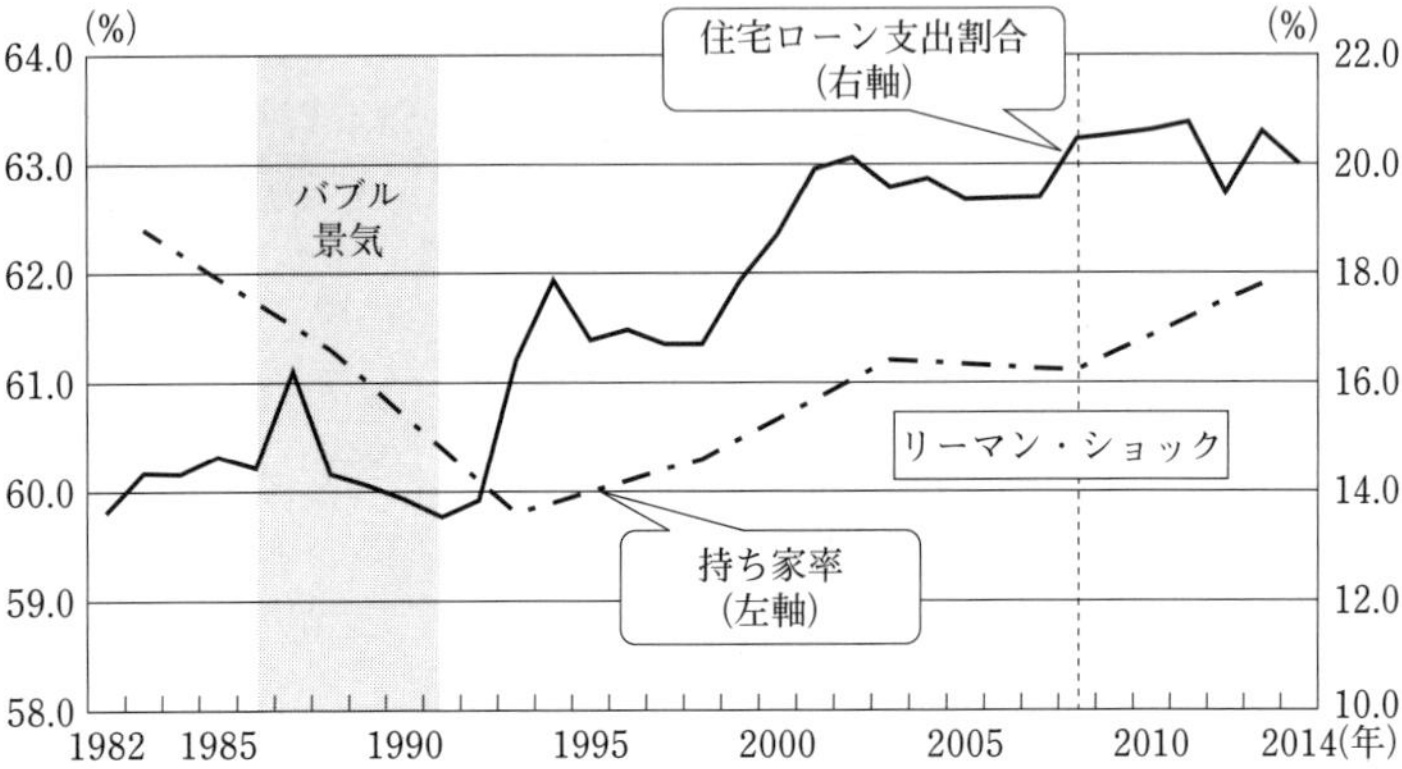

（出典）　総務省「住宅・土地統計調査」、国土交通省「平成26年度　住宅経済関連データ」より筆者作成。

ことになる。

（2）持ち家層は安泰なのか

以上のとおり、持ち家政策を支えてきた諸条件がすでに大きく様変わりをしている一方で、持ち家率は一定の水準を維持している。総務省の「住宅・土地統計調査」を経年で追ってみると、1973年以降では、1983年の62・4％をピークに減少傾向となり、1993年には59・8％まで下落したものの、その後持ち直して1998年以降は概ね上昇のトレンドにある。こうしたデータだけを見れば、持ち家政策は未だ健在の感もある。ここで、図表2-2により、持ち家率と勤労世帯における可処分所得に占める住宅ローンの返済支出割合の推移を見てみたい。1998年以降、持ち家率の上昇傾向の一方で、住宅ローン返済にあてる支出割合もまた上昇傾向にある。つまり、持ち家率上昇の裏で、持ち家の購入がより困難を増しているという現実にも目

図表２－３　新築購入者、相続等による持ち家取得者、民間給与の収入階層別割合（2013年）

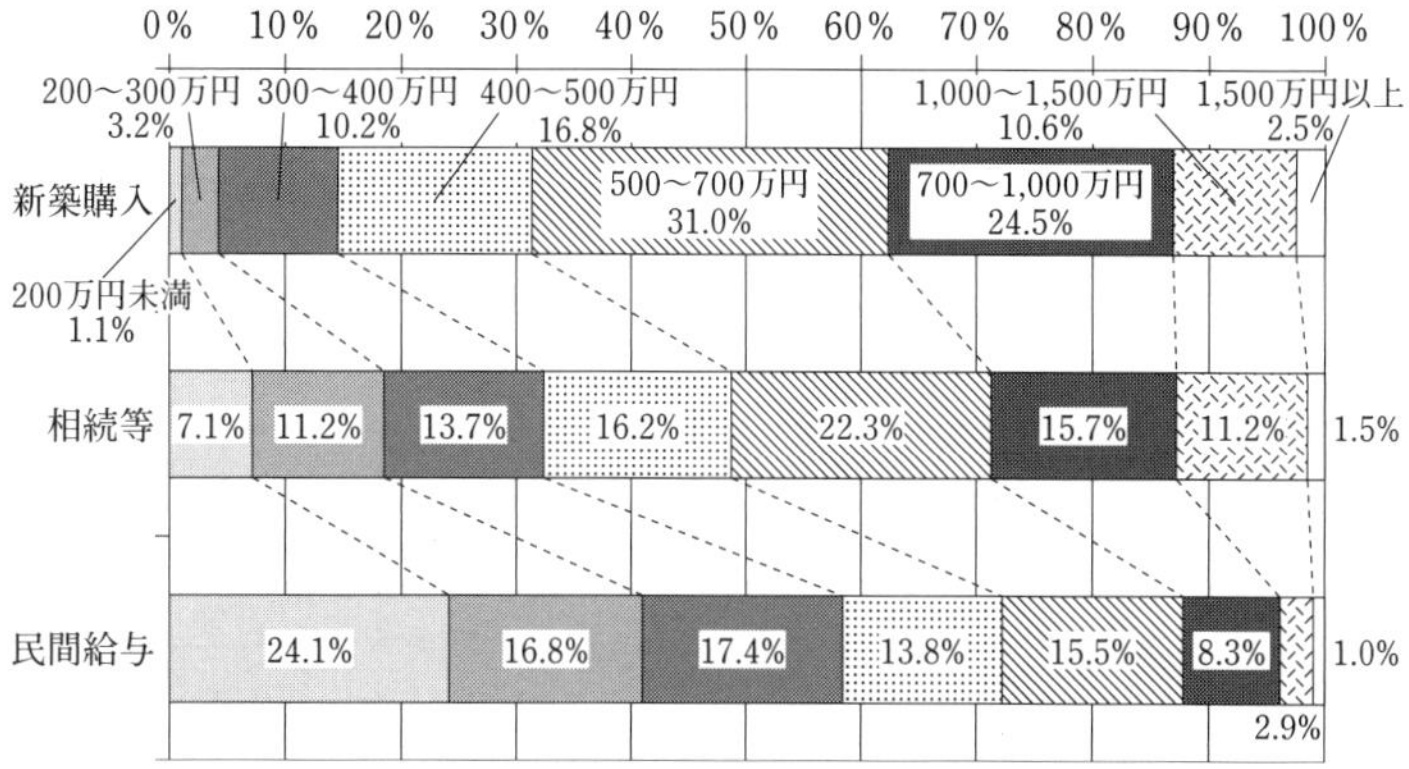

（出典）　総務省「住宅・土地統計調査」、国税庁「民間給与実態統計調査」より筆者作成。

を向ける必要がある。

持ち家の取得には、購入のほかに相続または贈与（以下「相続等」という）によって取得する方法もある。２０１３年における新築購入者、相続等による持ち家取得者、民間給与所得者の平均給与額のそれぞれの収入階層別割合を示したものが図表２－３である。民間給与所得者全体の構成に比べて新築購入者の収入階層が高いことは想像がつくが、相続等による持ち家取得者にも同じことが言える。つまり、収入階層が比較的高い層は、新築購入と相続等の両面において持ち家取得に有利なのである。相続等により持ち家を取得する場合、被相続人（一般的には親と想定される）が現役時代に比較的収入が高かったため持ち家を取得できたと推察されるが、相続人（取得する側）は相続税の負担能力を別にすれば、必ずしも収入が比較的高い理論的な必然性はない。昨今、「貧困の連鎖」が大きな社会問題としてクローズアップされているが、相続等による持ち家取得

図表 2－4　専用住宅の畳数別平均家賃・国民年金平均受給額・平均民間給与額の推移（対 1998 年）

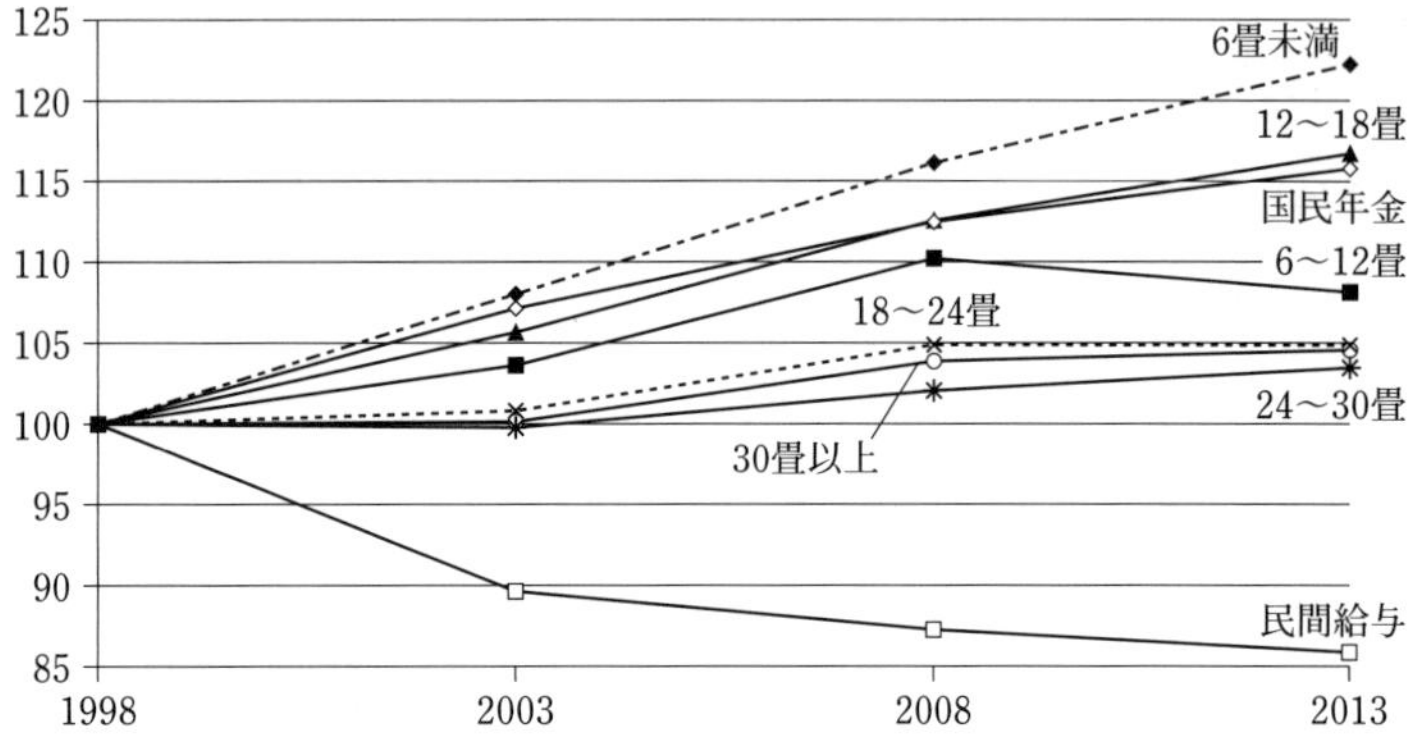

（出典）　総務省「住宅・土地統計調査」、国税庁「民間給与実態統計調査」、社会保険庁「社会保険事業の概況」、厚生労働省「厚生年金保険・国民年金事業年報」より筆者作成。

についても、収入階層の連鎖が生じている可能性がある。

(3) 借家世帯の抱える問題

「自宅」は持ち家に限らず、借家という形態をとる場合もある。それでは、借家世帯はどのような問題を抱えているだろうか。

図表2－4は、家賃の負担感がどのように変化しているかを見るために、専用住宅の畳数別平均家賃、国民年金の平均受給額（老齢基礎年金のみの者）、民間給与所得者の平均給与額について、1998年を「100」としてこれらの推移を見たものである。まず、畳数別平均家賃額は、全体的に概ね上昇の傾向にあるといえる。国民年金の平均受給額も上昇はしているが、「6畳未満」や「12～18畳」といった比較的狭い専用住宅の家賃額の方が上昇の幅は大きい。このことは、狭い住宅を選択するであろう単身かつ比較的受給額が低い国民年金受給者にとって、

家賃の負担感が上昇していることを意味する。一方、複数人世帯に適している比較的広い専用住宅についていては、狭い住宅に比べて家賃の上昇が緩やかであるが、家賃負担の元手となる給与額が大幅に減少している。やはり、この場合も家賃の負担感は上昇しているのである。

(4) 世帯の変化と暮らしへの影響

前項までは、居住のハード面である住宅の確保に注目してきたが、ソフト面である暮らしの「標準型」についても考えてみたい。すでに述べたとおり、「住宅すごろく」は結婚、子どもの誕生、女性の家事労働といった暮らしの「標準型」とも一体化していた。こうした家族の形態は、暮らしのさまざまな局面での福祉サービスの調達と切り離せない関係にある。

福祉サービスは公的制度だけから調達するものではなく、民間の家事サービスのような市場からの調達、ご近所同士の支え合いといった地域からの調達、これに加えて家庭内の調達がある。たとえば、育児は家庭内の保育サービスであるし、家族介護は家庭内の介護サービスである。このほかにも、家族の健康に注意を払うこと、家族の外側にある社会との関係構築の基盤となることといった目に見えないものまで含めると家族が暮らしの中で実にさまざまな機能を有していることがわかる。

一方で、単身高齢者世帯の増加、「未婚化」による現役世代の単身化、ひとり親家庭の増加などにより、家庭内の福祉サービスを当てにした、暮らしの「標準型」を再考すべき状況に立ち至っている。なお、未婚者の生活上の課題と高齢期のあり方は本書第9章で、ひとり親家庭への支援や「家族」という枠組みへの問題提起は第1章で、それぞれ新たな戦略を提示されているので、そちらを参照いただきたい。
いずれにしても、家族の機能を前提とした「標準型」の暮らしとは異なる選択肢を用意していくことが、現在、そして今後の社会において必要とされている。

(5) 無理のない住宅確保と家族を必須としない居住へ

以上のとおり、住宅確保の面からは、持ち家政策の前提となる雇用・経済情勢が様変わりするなか、持ち家の取得にかかる経済的負担が増加傾向にある。また、新築購入だけでなく相続等による取得においても比較的収入階層が高い階層に有利であり、世代を超えた有利/不利の継承の可能性がある。一方、借家世帯においても、特に民間給与の推移と比べて家賃負担が重くなってきている。さらに、暮らしの面でも未婚化やひとり親家庭の増加などにより、家庭内での福祉サービスの調達を当てにした生活モデルも限界を迎えつつある。

このことは、無理のない金銭的負担で住宅の確保ができること、そして、家族の存在を前提とせずとも高齢期までの暮らしの見通しが立てられること、という脱・「標準型」を模索する必要性を強く示唆するものといえる。

3 「第三領域」の設定

(1) 「第三領域」の必要性

前節で述べた問題意識をもとに、今後、いかなる居住のあり方を考えていくべきであろうか。本節では、その基本的なコンセプトについて考察していくこととする。

人々が「標準型」から逸脱した場合に考えられる支援のアプローチには、大きく2つの選択肢がある。一つは、「標準型」を望ましいものとして、その「標準型」に帰属できるように人々を誘導していく方法である。しかし、「標準型」は、その時々の経済や社会の在り様、人々の意識や選択によって形成されるものである。しかも、われわれの目の前に提示されている「標準型」は、もはや「標準型」たりえていない。また、「標準型」をアップデートしたとしても、それがかつてのように多くの人々を飲み込むだけの普遍性を持ちうるか、さらには、「標準型」への誘導・帰属を目指すという画一的な支援のベクトルで人々が描く暮らしの多様性に応えられるかという根本的な疑問がある。

もう一つは、「標準型」に戻すという方法自体をとらないことである。つまり、「標準型」でもなく「逸脱」でもないが、それでも暮らしていける新しい居住のかたちを模索するのである。そのためには、これまで「標準型」を前提としていたさまざまな二項対立にくさびを打ち込んでいくことが必要になる。そのくさびを打ち込んだ狭間に拓くものが、ここでいう「第三領域」である。これは、今までの「標準型」から見れば、政策論的には曖昧な領域ということもできる。

（2）居住確保に向けた4つの「第三領域」

新しい居住のかたちをつくりあげていく上で必要になる「第三領域」は、以下の4つが柱となる。

①住宅の第三領域

持ち家として取得された住宅は、居住世帯が私的に使用する個人資産である。一方、賃貸用の住宅は、所有者（貸し手）側から見ると、賃貸住宅経営という営利事業用の資産と言うことができる。

このように、持ち家＝私的使用の個人資産、賃貸用の住宅＝営利事業用資産という二択ではなく、第三領域として、「社会的資産」としての住宅を設定することが考えられる。これは、社会的に居住の確保に配慮を要する者に対し、手ごろな家賃で住宅を提供するものであり、そうした社会貢献的な活用を条件として一定の公的な金銭的支援を可能にすることを想定している。私的使用の個人資産でもなければ、収益性を主体とした営利事業用資産でもないという第三領域である。

②支援対象者の第三領域

居住を支える制度にはさまざまなものが存在するが、通常、そうした制度の対象者となるには、それぞれの制度が定める定型的な要件に該当することが必要となる。具体的には、年齢、心身の状態、所得が代表的である。しかし、実態として何らかの支援を必要としているとしても、こうした定型的な要件に該当しない場合には、対象者として支援を受けることができない。

このように定型的な要件に該当しない場合には、あくまで個人の問題にとどまり、社会的な支援を要しない、またはそれに適さないというケースもあるだろう。しかし、居住に関して言えば、野宿生活、いわゆる悪質な「貧困ビジネス」、孤独死など、単に本人や当事者間の問題にとどまらず、外部不経済をもたらすこともある。こうした場合については、定型的な要件への該当性によってのみ支援の要否を判断するのではなく、制度の「すき間」に落ちないような対応を行うことが必要となる。

③居住の関係性の第三領域

持ち家における暮らしの「標準型」は、家族の形成とそれによりもたらされる家庭内での福祉サービスの調達を想定していた。一方、そこからの「逸脱」は、独り身ゆえにこうした福祉サービスの調達ができない生活を意味する。しかし、そもそも人間同士の関係は家族に限られるものではなく、家族以外にもさまざまな人との関係を有しており、かつ、新たに構築することもできる。家で暮らす場合にも、家族との居住でもなく独居でもない第三領域として「疑似家族的居住」があってもよいのではないか。この場合、家族間のような扶養義務は存在しないが、同居者間で可能な範囲での「緩い」協力的な居住関係を結ぶことを想定している。こうした居住関係を実現するには、住まい方としては、いわゆる「シェア居住」が適していると考えられる。

④ケア・サポートの第三領域

心身の衰えや障害に対応する場合、公的な在宅福祉サービスと家族による介護・支援を組み合わせて自宅で暮らすか、施設に入所するかという大きく2つの選択肢がある。家庭内での福祉サービスの調達ができない単身者の場合には、「標準型」の人々に比べると自宅での生活継続は難しいと言える。

ケア・サポートについても、家庭内での福祉サービスの調達を前提とした在宅生活でもなく、施設入所でもない「第二の在宅」という第三領域が考えられる。これは、③で挙げた疑似家族的な緩い協力関係や近隣住民との互助などさまざまな資源を活用しつつ、それらには委ねられない生活支援や専門的な介護サービスは、福祉事業所など外部から調達するものである。

4 「第三領域」の可能性——実践から見えてきたもの

（1）「地域善隣事業」と厚生労働省のモデル事業

「地域善隣事業」は、筆者も委員を務めた高齢者住宅財団の一連の研究事業の成果として提唱されたものである。この事業は、低所得、低資産、社会関係資本の乏しさなどから地域での居住の継続が困難な者を対象に、ハードとしての「住まいの確保」とソフトとしての「住まい方の支援」を一体的に提供するものである。このうち、住まいの確保は、空き家を地域の既存資源として活用することとし、また、住まい方の支援は、入居者同士や地域住民との互助の醸成に留意しつつ、個々の対象者に応じた生活支援を実施することとしている。事業実施に当たっては、住宅、福祉の垣根を越えて関係者の協力・連携体制（プラットフォーム機能）を構築する（図表2－5）。

この地域善隣事業の構想を参考に、厚生労働省は「低所得高齢者等住まい・生活支援モデル事業」を2014年度から開始した。事業内容は、地域善隣事業とほぼ同様である。当初は全国8自治体（北海道本別町、岩手県雫石町、川崎市、横浜市、京都市、奈良県天理市、福岡市、大分県豊後大野市）からスタートし、2016年度には全国15自治体に広がっている。当初よりモデル事業を実施した8自治体は、2017年3月末をもってモデル事業期間を終了するが、その成果をまとめた高齢者住宅財団（2017）の報告書から前節で掲げた「第三領域」の可能性を考えてみたい。

図表2－5　地域善隣事業の事業イメージ

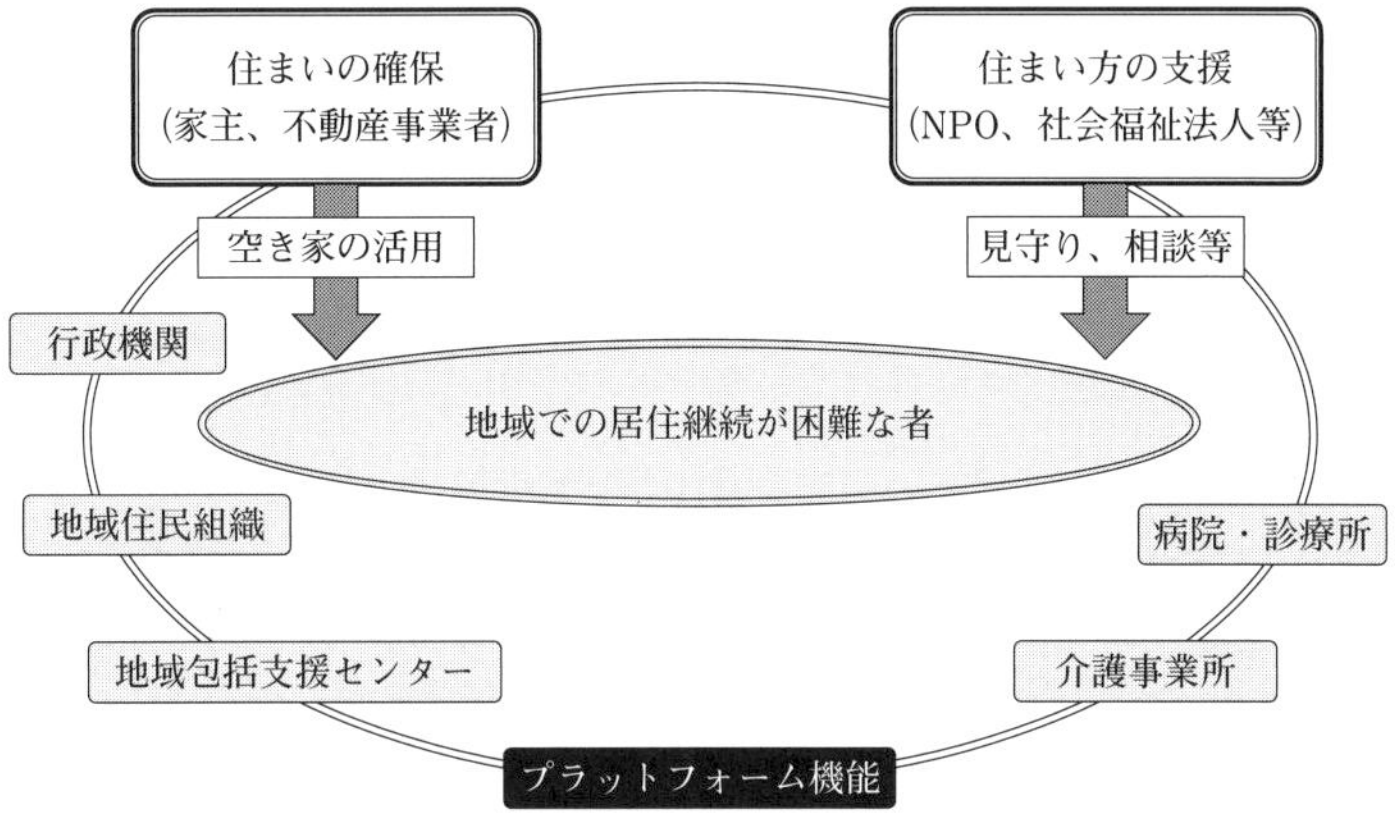

（出典）　筆者作成。

（2）「住宅の第三領域」の可能性

モデル事業の主な対象である高齢者は、家主から見ると、空き家が増加するなかにあっても積極的に賃貸したい相手ではない。これは、心身の状態の低下に伴う事故、特に単身の場合には孤独死に至る可能性もあるなどリスクが高いと見られているからである。モデル事業においては、訪問による安否確認も含め入居した高齢者の生活状況を定期的に把握し、さまざまな生活支援につなげることにより、こうしたリスクの軽減を図っている。モデル事業では、8自治体合わせて246世帯、282人の入居が実現している。当然、これは入居先となる住宅が確保できたことが前提である。アパートの空室などの賃貸用の空き家については、通常の住宅の賃貸借と同様に不動産店の仲介によるが、その場合、事業に理解を示し協力いただいた家主、不動産店の存在が欠かせない。また、もともと持ち家だったが相続等によって空き家になったという戸建住宅を借り受けたケースもある。この場合も家主の理解と協力が重要な鍵となっている。

いずれのパターンも、住宅の賃貸借であり家賃が発生しているため、不動産「事業」という見方もできる。しかし、行き先が見つからない者の住宅確保に対する理解・協力が不可欠であることから、社会貢献的な要素も強い。さらに、入居先となった住宅の家賃は、おおむね生活保護の住宅扶助費以下に収まるような低廉なものが多数を占めている。

福祉関係団体が、入居先への訪問等により孤独死等の事故リスクを低減させていることが重要な前提条件ではあるが、社会貢献的な住宅活用に家主、不動産店が動き出したことは、「住宅の第三領域」の実現可能性を示すものといえる。

(3)「支援対象者の第三領域」の可能性

モデル事業において、対象者の要件をどう設定するかは、各モデル自治体の判断に委ねられているが、実態としては、あまり厳格なものではなく、かつ、柔軟に運用されている。その意味で、既存の制度では対応しづらい「制度のすき間」を埋めることが重視されている。

モデル事業で入居した者の年齢を見ると、主な対象者を高齢者と設定しつつも38人は65歳未満であった。一方で、80歳以上の者も102人となっており、かなり高い年齢層でも入居に至っている。また、住宅確保を必要とした主な理由を複数回答で見たところ、最多が「家賃負担等の経済的問題」(68世帯)、以下、「立ち退き・住居喪失」(63世帯)、「家族不和等の家庭内の問題」(45世帯)となっている。なおかつ、1世帯で複数の理由に該当することも珍しくなく、一つの事業の枠組みの中で、住まいと暮らしの両面にわたって実にさまざまな課題に対応している。

こうした実績を「支援対象者の第三領域」という視点から考察すると、対象者の要件設定や運用を厳格化しなかったことにより、さまざまな対象者を取り込むことが可能であったと見ることができる。そして、間口を広げたことにより、多岐にわたる対象者の課題に柔軟、かつ、総合的に対応することにつながったと言うことができる。

(4)「居住の関係性の第三領域」の可能性

モデル事業による入居者の多くは、アパート等の賃貸用の空き家に単身で入居している。その一方で、豊後大野市では、戸建ての空き家を活用したシェア居住に取り組んでいる。入居者同士の関係は、かねてからの友人である場合もあれば、これまで接点のなかった者同士の場合もある。

モデル事業で確保した戸建住宅の一つでは、3DKの住宅にもともと友人であった2人の入居者が暮らしている。それぞれが自分の部屋を持ちつつも食事を共にするほか、外出や家事についてもできる限り自分たちで力を合わせるという共同生活を送っている。そのうちの1人は、心身の状態が低下してきているが、事業を受託している社会福祉法人が2人の生活全般に目配りをしていることや、入居者同士がもともとの友人であったという基盤もあって2人の共同生活が成り立っている。また、老人クラブ活動のような地域の行事に参加して、「地域住民」としての暮らしも両立している。

入居者同士の相性など難しい問題もあるが、高齢になってもこうした「疑似家族的」に緩く支え合う居住が実現したことは、今後の単身化する社会にとって大きな可能性を示すものといえる。これは、高齢期に限らず、緩やかな支え合いを必要とする他の世代にとっても一つの選択肢となりうるだろう。

(5)「ケア・サポートの第三領域」の可能性

モデル事業による入居者の心身の状況を要介護度で見ると、半数以上の183人が「自立」である一方、要支援1、2がそれぞれ14人、要介護1が24人、要介護2が17人、要介護3が10人など、予防や介護を要する者も決して少なくはない。

モデル事業で入居者に提供されている支援内容を複数回答で具体的に見てみると、最多は「定期または随時の訪問」の181人である。これは、入居者の生活状況の把握や相談に応じるといった支援のベースになる活動といえる。以下、「緊急通報・対応」(128人)、通院や買物等の「移動支援」(65人)、「家事支援」(59人)の順になっている。介護保険サービスの利用状況や病院の受診状況のデータがないが、暮らしの基盤を整えるという意味では、こうした生活支援が住宅での暮らしを可能にしているということができる。同じ要介護・要支援区分に該当しても心身の状態に個人差があることに留意する必要があるが、福祉施設やサービス付きの住宅への入所(入居)ではなく、かつ、家庭内での福祉サービスを前提とした生活でもないという「第二の在宅」にも、一定の対応力があることが明らかになっている。

5　第三領域を実現するために——提言

(1) 前提としての「居住セーフティネット」法制

本節では、住宅確保要配慮者に対する賃貸住宅の供給の促進に関する法律（いわゆる「住宅セーフティネット法」）の2017年改正法を踏まえつつ、4つの「第三領域」を展開していくための新たな居住政策のあり方について提示していきたい。

まずは、政策展開の大前提となる法制度の整備である。住宅政策は国土交通省、福祉政策は厚生労働省がそれぞれ所管しつつ、最近では、両者の連携関係は緊密化している。ここからさらに、住宅確保というハードの側面と、そこでの暮らしというソフトの側面を一体化し、現状の「連携」から「相乗り」へと政策の設計思想をステップアップさせる必要がある。つまり、住宅セーフティネットと福祉政策が混然一体となった「居住セーフティネット政策」の確立である。

そのために、根幹となる法制度について、住宅セーフティネット法をベースとしつつ、国土交通省、厚生労働省、さらには法務省を加えた新たな共管法としての居住セーフティネット法へと発展させていくのである。法務省を加えた理由は、更生保護事業の対象となる元受刑者等もまた、居住セーフティネットの主要な対象者と考えられるためである。

法制度の整備が、ただちに現場レベルにおける実効性の高い統合的な居住支援体制の構築や実践につながるものではない。しかし、住宅確保は住宅単体の問題ではなく、複合的な生活課題の一つの現れである。こうした複合的課題の解決を図る上での政策当事者を改めて整理しなおし、「居住セーフティネット」という新たな政策の枠組みを創出するのである。

こうした居住セーフティネット法に規定すべき内容のエッセンスについて、先に述べた4つの第三領域の視点から以下に示していきたい。

(2)「住宅の第三領域」への対応

一般の賃貸住宅に入居する場合に家賃負担を軽減する金銭給付としては、生活保護法の住宅扶助と生活困窮者自立支援法の住居確保給付金(有期)がある。これらは経済的な困窮の度合いが高い者に対する限定的な制度であり、より広い層に対する何らかの家賃低廉化の方策が望まれていた。

この点について、改正法第4章では「住宅確保要配慮者円滑入居賃貸住宅事業」の制度を設けており、家主が家賃低廉化を行う場合にその費用に対して一定の補助を行うという、いわば間接的な家賃補助の仕組みを導入することとなっている。この事業で使用する住宅は都道府県知事への登録が必要であり、登録にあたっては、床面積、構造・設備、家賃等の賃貸の条件等について一定の基準を満たす必要がある。つまり、家賃低廉化と住宅の質の確保を両立させる基準設定となっている。

また、登録事業者に対しては、先に述べた家賃低廉化に関する補助のほか、登録住宅の改良に必要な資金についての補助や住宅金融支援機構の融資が可能となっている。これは、単に住宅を「私財」と見るのではなく、社会貢献的な役割を担うという観点からの公費の使用と考えられる。

この事業によって、「住宅の第三領域」の前進が期待されるが、その一方で、今後、登録住宅の戸数をいかに伸ばしていけるかが重要な鍵となる。家主としては、入居者の孤独死などのリスクを抱えてまで事業に参入しようという意識は持ちづらい。このため、（4）で述べる居住支援体制の構築が不可欠となる。また、「居住の関係性の第三領域」との関係では、単身者向け住宅だけではなく、シェア居住が可能な物件の掘り起こしを進めていくことが求められる。

（3）「支援対象者の第三領域」への対応

「住宅確保要配慮者」は、改正前の住宅セーフティネット法では「低額所得者、被災者、高齢者、障害者、子どもを育成する家庭その他住宅の確保に特に配慮を要する者」と規定されていた。改正法では定義規定を置き、低所得者の所得水準の設定など基準の明確化が図られている（国土交通省 2017）。いずれにしても、住宅確保要配慮者を定型的に捉えている点では、改正前後で発想に違いはない。

こうした定型的規定は、要件への該当性を明確に判断できる点でメリットがあるものの、支援ニーズがありながらも基準に該当しない者を排除する方向に働くというデメリットもある。支援対象者にすき間をつくらないという「支援対象者の第三領域」に対応するには、対象者を定型的基準から捉えるのではなく、ニーズの要否から捉えることが必要になる。たとえば、住宅確保のニーズと支援のニーズから、次のように対象者を規定することが考えられる。

次の（ア）および（イ）に該当することにより、住宅の確保と生活の安定を一体的に支援する必要がある者を「居住確保要配慮者」とする。
（ア）現に住宅を喪失しているかそのおそれがあること、または現に居住する住宅からの転居を要すること。
（イ）次のいずれかまたは複数に該当すること、またはそのおそれがあること。
・家賃債務保証その他住宅の賃貸借契約に関し支援を要すること
・低所得、負債、金銭管理その他の経済的課題を有すること
・日常生活上の支援を要する心身の状態にあること
・家族や地域社会などの社会関係資本から孤立した状態にあること
・更生その他の生活再建を要する状態にあること
・以上のほか、日常生活面、社会生活面、経済面での自立の支援を要すること

（4）「居住の関係性」と「ケア・サポート」の第三領域への対応（体制面）

①改正法における新たな居住支援体制

改正法第40条では、「住宅確保要配慮者居住支援法人」（以下「居住支援法人」という）の制度を新設している。これは、NPO法人等の非営利団体や住宅確保要配慮者への居住支援を行う会社のうち、一定の基準を満たすものを都道府県知事が指定するものである。その業務内容は、先に述べた登録住宅の入居者に対する家賃債務保証、住宅確保要配慮者の賃貸住宅への入居や生活の安定に関する相談、情報提供等である。

また、地方公共団体、居住支援法人、宅建業者、賃貸住宅の管理業者などは、住宅確保要配慮者の

賃貸住宅への円滑な入居の促進に関する協議体として、「住宅確保要配慮者居住支援協議会」（以下「居住支援協議会」という）を設置することができる（改正法第51条）。これは、改正前の居住支援協議会から特段の変更はない。

②役割分担とコンパクト化

居住支援法人制度の新設により、住宅確保要配慮者に対する支援体制の充実が図られることになる。特に家賃債務保証の実施は、低所得者などが入居を実現する際の大きな障壁となっているという現場のニーズに対応したものである。ただし、改正法における居住支援法人制度は、いわば過渡期の姿として捉え、さらに居住支援体制の充実を図っていく必要がある。その場合のキーワードは、「役割分担とコンパクト化」である。

たとえば、家賃債務保証については、市町村単位で実施するよりも都道府県のような広域で実施するほうが、保険集団の規模の確保とリスク分散の面で大きなメリットがある。一方で、個別の事例に対応するには、市町村単位での体制構築のほか、日常生活圏域のようなコンパクトなエリア単位できめ細かく対応することが求められる。

改正法の運用は執筆時点では明らかでない面もあるが、「広域」と「コンパクト」をいかに両立させるかが今後の課題となる。そのためには、まず、都道府県と市町村とで居住支援法人や居住支援協議会の役割分担を次のとおり明確化する必要がある（図表2‐6）。

(ア) 都道府県

都道府県居住支援法人は、家賃債務保証に関する業務、市町村の居住支援法人相互間の連携の推進、

図表2-6　居住支援の役割分担・コンパクト化

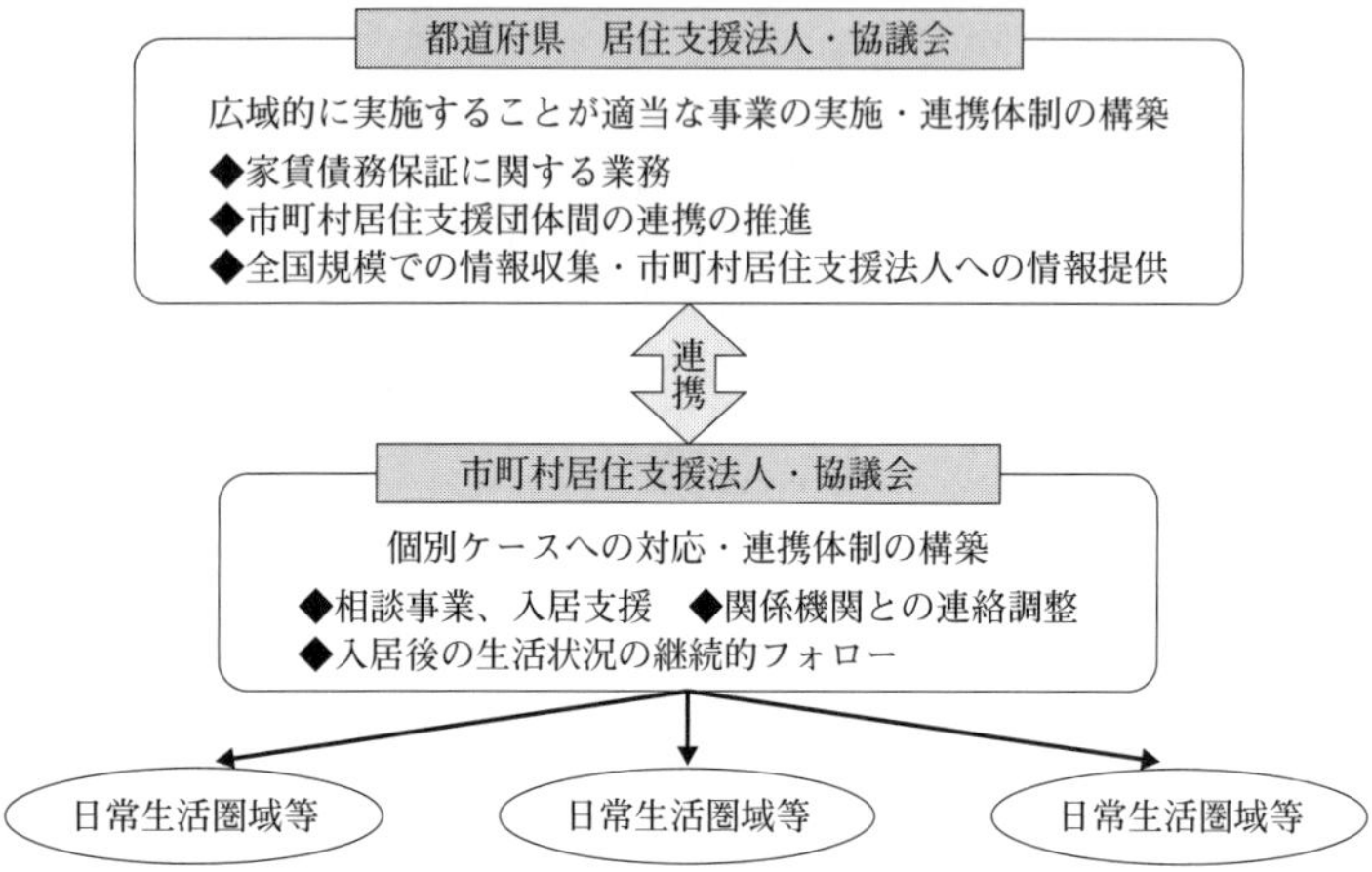

（出典）筆者作成。

全国の居住支援法人の先進的取組に関する情報収集と市町村居住支援法人への情報提供といった広域的実施に適したものとする。

都道府県居住支援協議会は、都道府県居住支援法人の業務の推進方策やそのための連携体制の構築に関する協議を主な役割とする。

(イ) 市町村

市町村居住支援法人は、居住確保要配慮者の個別ケースへの対応を中心とし、相談、入居前後を通じた支援に加え、医療・介護・福祉サービス、更生・生活再建などを担う多様な関係者との連絡調整を実施する。

市町村居住支援協議会は、市町村居住支援法人の業務の推進方策やそのための連携体制の構築のほか、必要に応じて困難事例への対応についても協議する。

③コンパクトなエリアへの落とし込み

コンパクトなエリアで個別ケースへの対応を可

能とするためには、2つの方法が考えられる。一つは、市町村の居住支援法人は1団体としつつも、地域包括支援センターなどと連携しながら日常生活圏域における相談、支援実施体制をサブシステムとして構築する方法である。もう一つは、居住支援法人を市町村内に複数団体指定する方法である。いずれが適当かはそれぞれの市町村の状況によるが、一般的には、人口規模が大きく面積が広い場合には、後者が適していると考えられる。

こうしたコンパクトなエリアでの対応は、福祉行政全般の動向とも一致する。厚生労働省（2017a）は、「包括的な支援体制の整備」として、地域住民および支援関係機関が相互に協力し、地域生活上の課題解決に資する支援が包括的に提供される体制整備に努めるべき規定を社会福祉法に新設した（改正後の第106条の3）。この体制は、「住民に身近な圏域」、つまりコンパクトなエリアで整備することを意図している。こうした包括的かつコンパクトな支援体制は、福祉関係の事業だけに閉じるのではなく、住宅確保も含めた居住セーフティネットをも組み込んでいくべきである。

（5）「居住の関係性」と「ケア・サポート」の第三領域への対応（実施面）

①福祉関係団体を「当事者」に

改正法において、居住支援法人の指定要件は条文上あまり厳格ではなく、幅広い団体の参入が可能になっている。これにより、居住支援法人の設置促進が期待される。前項で述べた都道府県と市町村の居住支援法人の役割分担を前提にすると、市町村をベースに活動する居住支援法人は、個別事例に対応するノウハウを有する団体が指定を受けることが適当である。その意味では、福祉関係の団体が本格的に参入していくことが必要である。具体的には、福祉サービス事業を経営する社会福祉法人やNPO法人、社会福祉協議会などが挙げられる。居住セーフティネット法を共管法として構想する最大の理由は、福祉関係団体が居住支援法人に積極的に参入し、対人支援のノウハウを存分に発揮できるようにすることにある。つまり、居住セーフティネット法のもとでは、福祉関係団体は、住宅政策の「連携先」ではなく「当事者」なのである。

②「時間軸」という視点

住宅セーフティネット法は、住宅供給サイドの視点から、供給すなわち入居をいかに促進するかが主眼となっている。この場合、対象者の「入居まで」が重視される。しかし、家主の不安材料はむしろ「入居後」のことであり、入居後の対応体制が整備されないと、入居そのもののハードルは下がらない。一方、当の居住確保要配慮者本人にしてみれば、「入居まで」と「入居後」を通じた支援を必要としている。よって、支援のあり方としては、この連続性を本人と居住支援法人などの支援する側がどの程度共有できるか、換言すれば、できるだけ初期の段階から支援を開始し、その後連続性を持たせられるかが一つの鍵となる。このため、入居前後を通じて一貫した支援体制の構築が求められる。

そのためには、居住確保要配慮者の生活状況を継続的にフォローしつつ、必要に応じて他の支援団体との調整を行うといったハブの役割を担う団体を設定することが必要である。具体的には、市町村居住支援法人自身が入居前後を通じて継続的にこのハブの役割を担う方法が考えられる。このほか、市町村居住支援法人が、入居前後を通じてハブとなる他の支援団体へ初期段階で個別ケースをつなぐ方法がある（図表２－７）。

図表2－7　入居前後を通じた支援のあり方

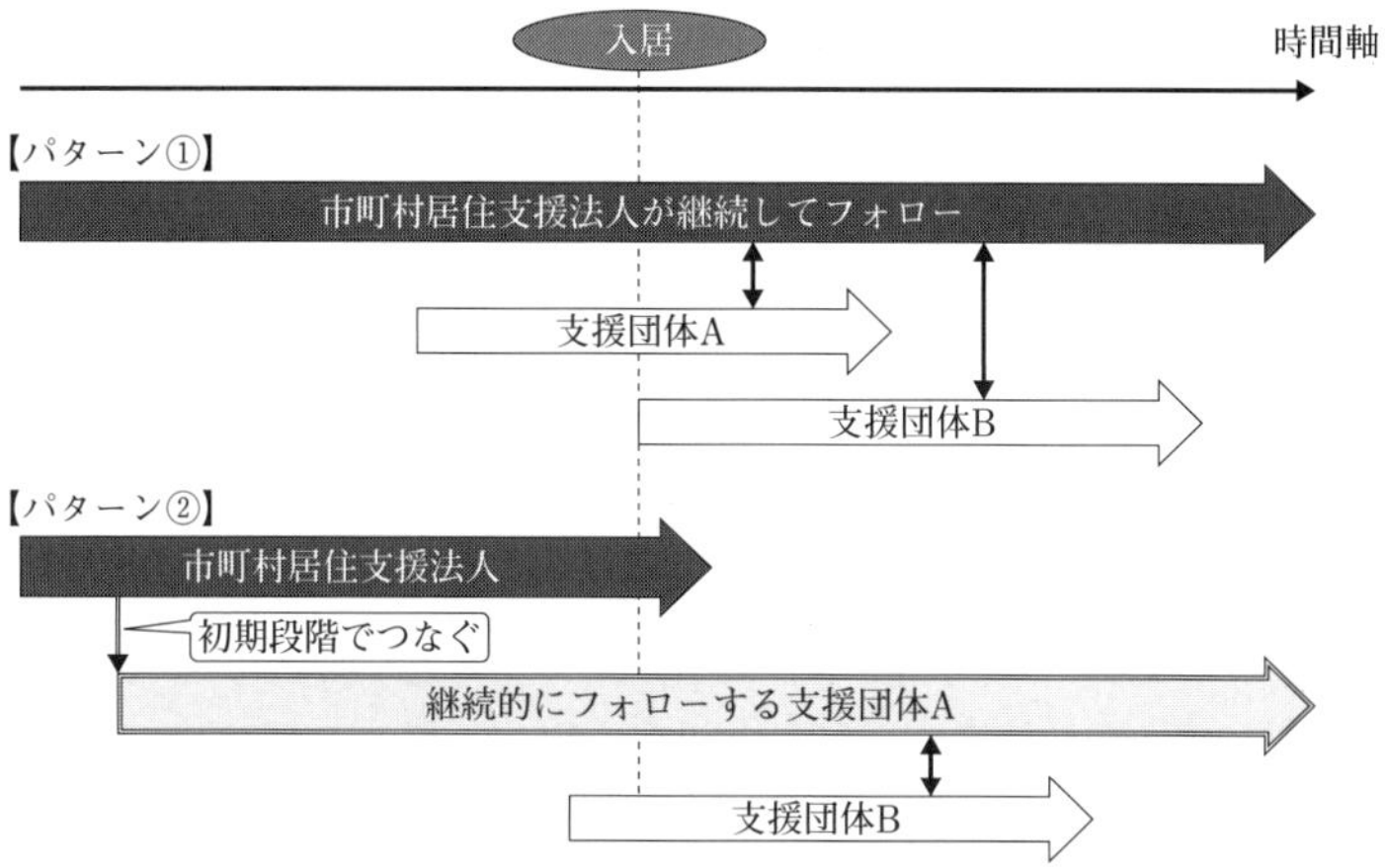

（出典）　筆者作成。

③何を・どのように支援するのか

「居住支援」の具体的内容については、第4節のモデル事業の成果で示したとおりであるが、2つのポイントを確認しておきたい。

一つめは、入居者の自立支援と入居者間の協力関係の構築についてである。「居住の関係性の第三領域」における入居者間の疑似家族的な緩い協力関係は、決して強制されるものではないが、自然発生的に組みあがっていく保証もない。まず、ベースになるのは、居住確保要配慮者個々人に対する自立支援である。自らの生活をできるだけ主体的につくりあげるという自助があって、はじめて他者との協力関係を構築することができる。居住確保要配慮者を福祉サービスの「お客さま」ではなく、あくまで地域で暮らす1人の自立した個人として捉えることが前提である。これは、「ケア・サポートの第三領域」についても重要な意味を持つ。「生活支援」は足りないもの、できないことを補完する意味もあるが、それが依存を生む方向で提供されるのか、自立を育む方向で提供されるのかによって、「第二の在宅」で生活を継続できる限界点に大きな違いをもたらすことになる。

二つめは、当面の居住の安定の先にある自立支援である。住宅の確保を含む複合的な課題解決の道筋が見えてきた段階で、ようやく生活に落ち着きを取り戻すことができる。そうした当面の生活の足場が固まった後で、中長期的にどのような生活を組み立てていくかにも目を向ける必要がある。居住支援法人等が居住確保要配慮者を継続的にフォローするのは、入居して終わり、ひとまず暮らせるようになれば終わり、ではなく、その先にある「日常生活自立」、「社会生活自立」、「経済的自立」も含めた対応を可能にする意味もある。モデル事業でも、ひとまず生活が安定したのちに、地域住民との交流や就労に対して意欲的になった者もいた。あらゆる世代を対象に、地域との関係づくりへの支援、一般就労が困難であっても支援を受けながら可能な範囲で就労できる仕組みを模索していくことも必要になってくる。こうした居住と地域における相互扶助については第3章で、支援付き就労については第4章で提示されている構想を参照していただきたい。

6　おわりに

本章では、生活の基盤となる居住の確保について、実践や制度改正の動向もふまえつつ今後の政策を展望した。現在、居住をめぐる政策は、進化を続けながらも未だ過渡期にあると考えている。いま一歩踏み込むためには、「住まい」の持つ意味を再考することが求められる。住まいは、その内部での暮らしに閉じた無機的な構造物でなく、人間関係、社会関係、就労、再起など人生のさまざまな起点となる役割を有している。居住政策の核心は、住まいが持つこうした「生活臭」を再認識し、政策としてどう向き合っていくのかに尽きるのではないだろうか。そのためには、これまでの政策の垣根を越えた新たな「統合」が求められる。

参考文献

厚生労働省（2017a）「地域包括ケアシステムの強化のための介護保険法等の一部を改正する法律案　新旧対照条文」http://www.mhlw.go.jp/topics/bukyoku/soumu/houritu/dl/193-09.pdf（閲覧日：２０１７年２月19日）。

厚生労働省（2017b）「地域包括ケアシステムの強化のための介護保険法等の一部を改正する法律案のポイント」http://www.mhlw.go.jp/topics/bukyoku/soumu/houritu/dl/193-06.pdf（閲覧日：２０１７年２月19日）。

高齢者住宅財団（2014）「低所得・低資産高齢者の住まいと生活支援のあり方に関する調査研究事業報告書」２０１３年度厚生労働省老人保健事業推進費等補助金研究事業。

高齢者住宅財団（2017）「低所得・低資産高齢者の住まいと生活支援の効果的な対応方策に関する調査研究事業報告書」２０１６年度厚生労働省老人保健事業推進費等補助金研究事業。

国土交通省（2017）「住宅確保要配慮者に対する賃貸住宅の供給の促進に関する法律の一部を改正する法律案　新旧対照表」http://www.mlit.go.jp/common/001171615.pdf（閲覧日：２０１７年２月14日）。

白川泰之（2014）『空き家と生活支援でつくる「地域善隣事業」――「住まい」と連動した地域包括ケア』

中央法規。

平山洋介（2009）『住宅政策のどこが問題か――〈持家社会〉の次を展望する』光文社。

第3章　住宅とコミュニティの関係を編み直す

祐成保志

1　住宅政策における選別主義

(1) 住宅政策への関心の弱さ

現在の日本で、住まいの貧困を政府の責任で解決すべきだと考える人は少数にとどまる。2000年、05年、10年に実施された、社会政策に関する全国規模の意識調査によれば、医療の提供や高齢者の生活保障については、一貫して8割前後の人が「政府の責任」であると答えている。また、失業者の生活保障や育児・子育ての支援は、2000年代を通じて政府の責任だと考える人が増えてきた。しかし、「家の持てない人びとに世間並みの住居を提供すること」という項目に肯定的な回答をした人は4割前後にとどまる（武川 2012）。

日本社会では、住宅政策が産業の活性化や経済の成長という目的とともに語られることはあっても、社会政策のなかに明確に位置づけられているとは言えない。すでに住宅を所有している人や、購入を望む人のための政策が優先され、住まいに困難をかかえ、住宅を確保できない人に向けた政策は貧弱なままである。このような住宅政策の性格は、基本的には有権者の選択によって支えられているが、逆に、政策の乏しさや偏りが、そうした世論を補強してきた面もある。

一つの具体例を挙げてみよう。公営住宅は、不人気な政策であるという以前に、多くの人々にとってなじみの薄い政策であろう。住宅という最も身近な財に関わる政策でありながら、日常から遠く離れている。この「遠さ」は、結局のところ、公営住宅の本質が建設費の補助であることに由来する。それは、所得を直接に保障する年金や雇用保険、あるいは、日々利用するサービスの料金に即座に影響を与える医療・介護保険、保育などとは大きく異なる点である。

公営住宅という枠組みの基本は、住宅の供給者（地方自治体）に対して補助が行われ、家賃（使用料）が建設時の原価を基準に設定される、というものである。建設費の2分の1または3分の2が国庫補助の対象となり、物価上昇の影響を受けにくいとなれば、公営住宅の家賃は相場よりもかなり安くなる（築年数が古い物件ではとくに顕著である）。公営住宅では、形式上は居住者に対して現金が給付されているわけではないが、実質的には家賃補助と同じ効果がある。

民間の賃貸住宅の場合、家賃は原価ではなく市場での取引によって決まる。建設時の原価が安く、償却が終わった物件でも家賃が下がりにくい。このため、公営住宅の入居資格を満たす人が、公営住宅よりも質の悪い住宅に、公営住宅よりも高い家賃で住むことは珍しくない。民間賃貸住宅の入居の際には家賃

入居や住み続けるための条件も民間賃貸住宅の方が不利である。民間賃貸住宅の入居の際には家賃

支払い能力の審査があり、連帯保証人の確保や家賃債務保証会社との契約を要求されるのが一般的である。入居後に家賃を支払えない状況に陥っても、公営住宅のように減免を受けられる仕組みがあるわけではない。家賃の支払い延期や減額を希望するときには、個別に家主と交渉しなければならない。失業した人やそのおそれがある人は「住居確保給付金」を利用できるものの、支払い不能が長期にわたる場合は生活保護に頼るか、退去するしかない。

(2) 公営住宅と他の住宅の不公平

こうした現実を前に、「公営住宅の戸数を増やせ」という声が挙がるのは当然である。これに対して政府は、判で押したように「財源に限りがあるから戸数は増やせない」という回答を繰り返してきた。財源が多少増えたところで、建設できる住宅の数には限りがあるため、他の政策を差し置いてまで公営住宅に財源を振り向けるべきだと主張する人は少ない。

問われるべきは、「なぜ公営住宅の戸数を増やせないのか」ではなく、「なぜ公営住宅に住む人だけが(実質的)家賃補助の対象になるのか」である。ただし、この問いは諸刃の剣である。公営住宅と民間賃貸住宅のあいだにある不公平を明るみに出すことは、公営住宅の存在そのものを否定する根拠にもなるからだ。そして、不公平が公営住宅と民間賃貸住宅の間にとどまらないことにも注意しなければならない。持ち家のローンや維持費に悩む人は、家賃が安く、自治体が管理や改修を行う公営住宅に複雑な感情を向ける。この不公平を直視しなければ、公営住宅を正当化することもできない。

公営住宅の戸数を増やすことなく不公平を解消するには、公営住宅に住んでいない人のうち、公営住宅の入居条件を満たしている人に、公営住宅に住んでいる人と同等の家賃補助を給付するという方法がある（「民間賃貸住宅を公営住宅並みに」）。たまたま公営住宅に住めることになった人だけが受けている恩恵を、たまたま住めないだけの人にも提供するのである。しかし、「財源がない」という理由を持ち出されてしまえば、この提案の実現は、公営住宅の増設以上に困難である。

2017年通常国会で成立した改正「住宅セーフティネット法」は、公営住宅の枠組みを、民間賃貸住宅の空き家にまで拡大しようとする。具体的には、一定の条件をみたす物件の改修費用や家賃の一部を国と地方自治体が補助する仕組みが導入される。それは、「民間賃貸住宅を公営住宅並みに」するための重要な一歩と言える。

しかし、アプローチが選別主義的であることには変わりない。（実質的）家賃補助の恩恵にあずかれるのは、これから空き家に入居する人だけだからだ。同じ物件でも、すでに住んでいる人は対象にならない。この制度は、空き家を解消したい家主と、住宅に困窮する人の利害の「和集合」のみに光をあてている。影響を受ける人がごく少数にとどまるために関心は高まらず、根本的な不公平が持ち越されているために支持も集まりにくいだろう。

公営住宅の戸数が増やせず、幅広い民間賃貸住宅の居住者を対象とする公的家賃補助が導入できないとすれば、不公平を解消する手段はおよそ2つに絞られる。1つめは、公営住宅への補助を削減することである（「公営住宅を民間賃貸住宅並みに」）。具体的には、家賃を市場家賃まで引き上げたり、質を家賃に見合ったものに引き下げたりする。2つめは、公営住宅に住んでいる人のうち、民間賃貸住宅の家賃が払えるだけの収入がある人から順に退去してもらい、生活に困窮している人から順に入居してもらうことである（「公営住宅と民間賃貸住宅の完全分離」）。この入れ替えが完了すれば、公営住宅の戸数分、必要度の高い順に入居しているという状態が実現される。

1990年代以降の公営住宅に関わる制度改定は、基本的にこの路線を歩んできたといえる。それは不公平を是正する妥当な政策のようにも見える。しかし、こうした形式的な公平性は、果たして社会的な公正に資すると言えるのか。筆者が関わった現地調査をもとに考えてみたい。

2 公営住宅団地に暮らす

(1) ニーズをもつ人の集中

公営住宅法（第1条）は、「国及び地方公共団体が協力して、健康で文化的な生活を営むに足りる住宅を整備し、これを住宅に困窮する低額所得者に対して低廉な家賃で賃貸し、又は転貸することにより、国民生活の安定と社会福祉の増進に寄与することを目的とする」と謳っている。ただし、「困窮」「低額所得」「低廉な家賃」の具体的な内容は時期によって異なる。近年では公営住宅の増設は抑制され、入居のための基準はより厳しくなり、より困窮の度合いの高い人しか入居できなくなっている。住宅・土地統計調査によれば、公営住宅居住者の高齢化は他の住宅タイプよりも早く進んでおり、高齢単独世帯が4分の1を占める（図表3－1）。

筆者が調査の機会を得たA団地は、高度経済成長期に開発された郊外型の公営住宅である。首都圏の政令指定都市X市の縁辺部に位置し、市中心部より電車で約20分の最寄り駅から、さらにバスで10

図表3－1　住宅所有形態別の高齢単独世帯率

（単位：％）

年	全普通世帯	持家	公的賃貸住宅		民間賃貸住宅		給与住宅
			公営	公団・公社	木造	非木造	
1998	5.5	6.0	10.7	5.9	7.6	2.1	0.5
2003	7.2	7.7	15.3	10.3	9.9	3.3	0.5
2008	8.3	8.8	19.4	13.3	10.8	4.4	0.8
2013	10.6	11.3	24.5	20.0	12.9	6.3	1.2

（出典）住宅・土地統計調査。

分ほどの場所にある。A団地は、南北に細長い敷地に5階建て階段室型の南向き住棟が42棟配置され、2K、2DKタイプ（約40㎡）を中心とする約1400戸から構成される。1965年前後に入居が始まり、2005年頃にはエレベーターの設置、間取りの変更、水回り設備の更新などの大規模改修が行われた。

A団地の人口構成（図表3－2）を見ると、若年層が極端に少なく、居住者約1900名のうち60歳以上が7割近く（68・2％）を占める（なお65歳以上は60・5％、75歳以上は31・8％）。60歳以上の単身世帯は800世帯近くで、全世帯数の6割に迫る。こうした人口データは、この地域に生活支援に対する大きなニーズが存在することを示唆している。

(2) 住民の対応能力

2015年、筆者は東京大学文学部社会学研究室の学生らと、A団地で60～84歳（2015年9月1日現在）のすべての方を対象とするアンケート調査（郵送形式）を実施した。住民基本台帳から1198名を抽出し、転居先・宛名不明等の46名を除く1152名にアンケート調査票を発送した。回収数は最終的に452通となった。受け取り拒否を除く1149通を基準とすると、回収率は39・3%である。

この種のアンケートは、住民の中でもとくに地域活動に積極的な人が回答する傾向がある。とはいえ、その回答からも、団地住民の多様性を把握することは可能である。その中でもとくに重要と思われるのは、年齢や世帯人員といった外形的な指標では把握しにくい「孤立」の状況である。アンケートの結果からは、独居世帯で孤立状態の人の年齢が比較的低く、独居ではないが世帯外の社会関係が乏しい人の健康状態が悪いことがわかった。

図表3-2 A団地入居者の年齢構成（2016年1月現在）

年齢層	人数	%
0～ 9歳	37	2.0
10～19歳	59	3.1
20～29歳	72	3.8
30～39歳	80	4.2
40～49歳	182	9.6
50～59歳	174	9.2
60～69歳	387	20.5
70～79歳	601	31.8
80～89歳	264	14.0
90歳～	35	1.9
合計	1,891	100.0

（出典） X市建築局市営住宅課提供資料。

住民の中には、このような状況を把握し、対策に取り組む人びとがいる。自治会、民生委員、地区社会福祉協議会は、見守り活動や交流のためのサロンを運営したり、地域包括支援センターや行政職員が参加する会議を定期的に開催したりして、孤立の予防に注意を払ってきた。A団地は、単に高齢化と独居化が進んだ地域であるだけでなく、地域住民が問題意識を共有し、ニーズへの一定の対応能力を蓄積してきた地域でもある。

A団地では、狭い意味での地域福祉に関わる活動だけでなく、運動会、スポーツ大会、春と秋の祭りのようなイベントが、役員を中心として組織的に運営されている。また、草刈り、植栽、集会場の管理も生活環境の維持に欠かせない仕事である。長年にわたる社会関係と知識の蓄積のもと、相当な労力を伴う作業の分担と協力が行われている。これほど高齢化が進んだ公営住宅で、住民自身の手で地域生活を支える活動が展開されていることは注目すべき事実である。

（3）住民組織のリーダー層はどのような人々か

A団地では、3～4棟ごとに「単位自治会」（以下「単位会」）が設けられ、11の単位会が「A団地地区連合自治会」（以下「連合会」）を形成している。単位会、連合会の周辺にもさまざまな団体・役職があるが、後述のように主要なメンバーが重なっている。ここではまず、アンケート調査から、地域の役員層がどのような人たちから構成されているのかを定量的に概観してみたい。

「A団地内でついたことのある役職」をたずねた問いのうち、「単位会長・副会長」と「連合会役員」の回答を組み合わせると、「両方経験あり」は34名（7・5％）、「連合会の役員のみ経験あり」は44名（9・7％）、「単位会長・副会長のみ経験あり」は51名（11・3％）、「両方経験なし・無回答」は323名（71・5％）に分類できる。どちらか、または両方を経験した人は回答者の約3割を占めている。

性別については、男性の割合を見ると、「単位会のみ」（31名、63・3％）＞「両方あり」（15名、44・1％）＞「連合会のみ」（16名、38・1％）＞「両方なし」（120名、37・7％）の順に高い。平均年齢は、どのカテゴリーでも70歳代前半である（図表3－3）。ただし居住年数には大きな違いがある。「両方あり」が最も長く40・0年、「両方なし」が最も短く18・8年。交友関係を示す「よく話

図表3－3　役職経験カテゴリー別：年齢・居住年数・交友関係

		年齢	居住年数	話す人数（団地内）	話す人数（団地外）
両方あり	平均値	73.4	40.0	15.1	9.3
	N	34	33	33	32
連合会のみ	平均値	72.3	22.0	7.2	5.4
	N	43	43	38	39
単位会のみ	平均値	73.5	28.5	6.0	3.9
	N	51	51	49	46
両方なし	平均値	73.0	18.8	3.4	3.9
	N	321	318	306	291
全体	平均値	73.0	21.8	4.9	4.5
	N	449	445	426	408

をする相手の人数」は、「両方あり」が最も多く（15・1人、9・3人）、「両方なし」が最も少ない（3・4人、3・9人）。

子どもがいる人の割合は、「両方あり」（28名、84・8％）＞「単位会のみ」（37名、80・4％）＞「連合会のみ」（29名、72・5％）＞「両方なし」（200名、69・2％）の順に高い。子どもの居住地（時間距離）と人数について、役員経験カテゴリー別の平均値を算出したところ、それらの合計（「子ども総数」）には大きな差がないが、「連合会のみ」と「両方あり」は、同居・団地内・30分未満の場所に住んでいる子どもの数（「同居・近居子ども数」）が比較的多い（図表3－4）。

3　支え合いの持続可能性

（1）公営住宅における「資産保有層」？

2016年には20数名のA団地住民にインタビュー調査を行った。そのデータから、さらに具体的に役員層のプロ

図表3－4　役職経験カテゴリー別：居住地ごとの子ども数（平均値）

		同居・団地内	30分未満	30分～1時間	1時間以上	子ども総数	同居・近居子ども数
両方あり	(N=28)	0.36	0.61	0.71	0.75	2.43	0.96
連合会のみ	(N=28)	0.43	0.68	0.54	0.68	2.32	1.11
単位会のみ	(N=37)	0.16	0.24	0.84	0.95	2.19	0.41
両方なし	(N=191)	0.35	0.41	0.49	1.01	2.25	0.75
全体	(N=284)	0.33	0.43	0.56	0.94	2.27	0.76

フィールを描いてみよう。

長年にわたり自治会役員をつとめたBさん（70歳代、男性、居住年数30～39年）は、民生委員として住民のさまざまな相談に乗っている。基本的には専門機関とのつなぎ役であるが、ときには入院の付き添い、金銭の管理や鍵の預かりにまで及ぶことがあるという。

Bさんが自治会活動に関わるようになったきっかけは駐車場の自主管理である。A団地は敷地内に駐車場がない。しかし郊外での生活に自動車は欠かせない。そこで、自動車を所有する住民有志がC会という団体を作って、周辺の土地所有者が農地をつぶして開いた駐車場を団体契約することにした。Bさんは事務担当として、利用者から代金を収集し、土地所有者に送金する業務に長年携わっている。C会の事務所は団地に隣接する公有地に建つ簡素な小屋に置かれている。その隣にもプレハブ小屋があるが、ここでは、かつて自治会による学童保育が行われていたという。現在の自治会活動の基底には、こうした長年にわたる積み重ねがある。

同じく民生委員のDさん（70歳代、女性、居住年数30～39年）は、保健活動推進員を兼務し、更生保護女性会にも関わり、団地内の体操教室、手芸サロンの代表をつとめ、週末は近隣の知的障害者グループホームで働いている。Dさんは言う。「大きな老人ホームみたいな感じなのよ。A団地そのものが。」むろん、老人ホームと公営住宅には決定的な違いがある。「(団地の場合は) 職員がいるわけじゃないですしね。民生(委員)の方たちがサポートして成り立ってる。」孤独死と隣り合わせの日常の中で、見守りの責任も重くなる。「だからね、逆に入院してくれたほうが安心なの。」

すでに述べたように、公営住宅は「住宅に困窮する低額所得者」を対象としている。しかし、そこで暮らす住民は決して均質ではない。A団地の役員層には、居住年数が長く、団地内外に豊富な交友関係をもち、同居・近居の子どもが比較的多く、大企業の常勤職についていた人が目立つ。かれらを、地域における一種の「資産保有層」とみなすことができる。注目すべきは、制度についての知識やトラブル対応についての経験が豊富な人々が、支援を必要とする人と、サービスを提供する専門職・機関のあいだを媒介する役割を担っているという点である(堀江 2017)。かれらが身につけた「素人専門性」(本多 2016) は地域生活にとって貴重な資源である。

都市社会学の重要な論点の一つに、日本の大都市インナーシティが決定的な社会的荒廃を免れてきたのはなぜか、という問いがある。R・ドーア (Dore 1958=1962) は、町内会のような隣人間のフォーマルな人間関係が、流動的な社会層が都市に定着するにあたって果たした役割の大きさを挙げた。今野裕昭は、「自営業での成功者が地域の役職を引き受けることによって小地域のなかでの自己の信用を位置づける、職工、零細自営業者もこうした成功をめざすというエートス」(今野 2001: 178) の働きに着目した。ドーアも今野も、住宅と商店や工場が雑然と建ち並び、さまざまな職業、居住年数、所得、資産の住民が混在する地域を念頭に置いていた。しかし、物的環境の面でも住民の階層の面でも均質であるはずのA団地においても、「下町」で観察されてきたのと同じような現象が見いだせるのである。

（2）再生産の困難

もっとも、A団地の「資産保有層」の多くが、1990年代以前に入居していることは、かれらの地域貢献や、フォーマルな人間関係の再生産が今後難しくなることを暗示している。実際、Dさんが「これやんなきゃあれやんなきゃって、なんか特別余分なものを考えてるひまがない」「追いまくられてる感じ」と言うように、すでに精神的、身体的な負担は限界に近づいている。

A団地で生まれ育ったEさん（40歳代、男性、居住年数40年以上）は、自治会役員を長くつとめた父親の死去をきっかけに、自治会活動に参加するようになった。自宅を拠点とする自営業に従事していることも、活動への継続的な関与を可能にしている。彼は、一部の住民に役職や業務が集中する状況を「タコ足配線」という巧みな比喩で表現する。そこには、担い手に過剰な負荷がかかっており、いつ危険な状態に陥ってもおかしくないという含みがある。

Fさん（70歳代、男性、居住年数10年未満）は、数ヶ月、路上生活を余儀なくされた時期がある。自立支援施設に入所しているときに職をさがし、民間アパートに転居、家賃負担が重いことから公営住宅に繰り返し応募し、ようやくA団地に当選した。入居早々に自治会の役員となったが、その理由として、他の役員からの熱心な勧めがあったこと、他に引き受ける人がいなかったことを挙げている。Fさんは自治会の将来について、きわめて悲観的である。「私は（自治会活動は）もうやりきれないと思いますよ。だから今、私やってるけど来年どうなるかわかんないし。（団地内の）他の自治会も全部そうじゃないですか。」

前出のBさんはわれわれに次のように語った。「（公営住宅の管理者と住民との協議の場で）入居する方の面接させてほしいって言ったんですよ。」そして、「自治会運営に協力していただける人だったらハンコを押しますけど、嫌だって言うんだったら入れて欲しくないって、私、はっきり言ったんですよ」と言葉を継いだ。同じような意見はBさんだけでなく、他の人からも聞かれた。

言うまでもないことだが、隣人や自治会の同意は公営住宅の入居要件ではない。Bさん自身、それが荒唐無稽な要望だということは十分に承知している。それでもなお、そうした提案を持ち出したのは、Bさんに、地域を自分たちで運営しているという強い自負があり、これに参加できない隣人が増えれば地域社会の秩序が維持できないという強い危機感をもっているからである。

自分たちの努力で住まいを守るという気概は、その場にふさわしくないと判断された人々の排斥につながりうる。それは、あからさまな態度や言動というよりも、近寄りがたい雰囲気として感じ取られている。Gさん（80歳代、男性、居住年数10年未満）は、40歳代の頃にX市内に持ち家を購入した。そのちに自宅は手放し、A団地に移る直前は民間アパートで単身生活をしていた。A団地では、同じ階段の世帯以外とは付き合いがない。「昔からの古い団地ですからね、僕なんかが入ってくると、違和感がすごいんですよね。ということは、一口で言えばまとまっているのかなという。また一口で言えば排他的ということですね。」

A団地では、かろうじて「支え合い」が維持されているように見える。しかし、その持続可能性を考えた場合、複合的な困難が存在する。まず、住民の自発的な活動では対処しきれない、専門的な介入を要する問題が増えている。たとえば、住民間のトラブルの中に、精神疾患や認知症が関わっていると思われるケースが散見される。Bさんの「入居時の面接」という提案も、新規入居者が抱える障害や疾病についてあらかじめ知っておきたい、という要望に端を発する。福祉サービスが対象ごとに個別化され、住宅管理や地域運営と切り離されていることが、事態を複雑にしている。

住民が見守るべき領域が拡大しているのに、対応能力を有する住民自身が高齢化しており、新たな担い手の確保が難航するなかで、いたる所に死角が生じている。公営住宅の入居要件の厳格化、すなわち、入居者を困窮度の高い人に絞るという方針が、こうした問題を解消するどころか、ますます深刻化させることは言うまでもない。

4 日本型ハウジング・レジームの特質

(1) 特異なデュアリズム？

公営住宅という政策は袋小路に入り込んでいる。そこから抜け出すには、いま動いているシステムから、いったん距離を取り、ここに至るまでの経路を明らかにする必要がある。一つの有力な方法は、異なるシステムをもつ社会を参照することである。

それぞれの社会が住宅を供給する仕組みを「ハウジング・レジーム」という。ハウジング・レジームの国際比較は、ここ30年ほどで急速に進展した研究分野である。その画期をなしたのが、英国出身の社会学者J・ケメニーによる業績である。彼の慧眼は、賃貸住宅に各国のハウジング・レジームの特徴が現れると考えた点にある。そして、欧州諸国の中に、「二元的賃貸システム」（デュアリズム）と「統合的賃貸市場」（ユニタリズム）という対照的な類型を見出した（Kemeny 1995）。

デュアリズムのもとでは、賃貸住宅の中に、民間・営利と公共・非営利という、まったく異質な方式が併存している。公共・非営利の賃貸住宅（公営住宅など）は家賃が市場価格より安価である代わりに、入居にはきびしい必要審査が課せられ、対象は困窮層に限定される。一方、民間賃貸住宅は営利を目的としているので、価格は需給関係で決まる。購買力や信用力が乏しい人は不利な立場に置かれる。

これに対してユニタリズムでは、民間かつ非営利の供給者が大きな位置を占めている。さまざまな供給者が、政府からの補助や規制を受けながら、営利目的の民間事業者とともに一つの住宅市場に参入する。結果として、全体の家賃水準が引き下げられ、多様な利用者に向けた住宅が確保されるのだという。

私たちにとってどちらがなじみ深いかといえば、デュアリズムである。それは、日本のハウジング・レジームがデュアリズムの特徴を有しているからである。大都市圏では公営住宅の戸数が足りず、高倍率が常態化している。これまで述べてきたように、乏しい供給量を固定したまま対象者を絞り込むため、公営住宅には、より困窮の度合いの高い人しか入居できなくなっている。それはまさに公営住宅の残余化にほかならない（平山 2009）。そして、民間賃貸住宅のほとんどは営利目的で建設されており、非営利の供給はきわめて例外的である。

さて、ケメニーのハウジング・レジーム論を発展させたのが、シュウォーツとシーブルックによる

「居住資本主義の類型」である。かれらは〈GDPに占める住宅ローン債務割合〉と〈持ち家率〉という指標に着目した。そして、両者を組み合わせることにより、先進資本主義諸国の中に、「コーポラティズム的市場」「自由主義的市場」「政府主導の開発主義」「家族主義」という類型を設定した（Schwartz and Seabrooke 2008: 256）（図表3－5）。

この中で、日本は「政府主導の開発主義」に分類されている。意外なことに、OECD諸国内の中では、日本は持ち家率も、GDPに占める住宅ローン残高も低い。同じグループには、オーストリア、フランス、スウェーデンなどが含まれる。シュウォーツらによれば、これらの国々では住宅は「商品」というより「社会権」として扱われ、賃貸市場は政府によってきびしく管理されるという。そうした特徴は、ケメニーの類型ではユニタリズムに合致する。デュアリズムに分類されるはずの日本が、なぜこのレジームに位置づけられるのだろうか。

(2) 私人間の保護／被保護関係

どうやら、日本のハウジング・レジームは国際的に見て特異な性質をもっているようだ。この点について考える上で、法社会学者・佐藤岩夫による分析（佐藤 1999）がきわめて示唆的である。佐藤は、ケメニー（Kemeny 1995）の枠組みにもとづいて日・英・独の借家法の歴史的展開を詳細に比較し、次のように指摘する。

「日本は、デュアリズムの住宅政策に立脚しつつも、――イギリスとは異なり――住宅問題を緩和

図表3－5　「居住資本主義」の類型

		持ち家率：低	持ち家率：高
対 GDP の住宅ローン債務残高割合	高	コーポラティズム的市場（デンマーク、オランダ、ドイツ）	自由主義的市場（イギリス、アメリカ、オーストラリア）
	低	政府主導の開発主義（フランス、オーストリア、スウェーデン）	家族主義（イタリア、スペイン、ロシア）

（出典）　Schwartz and Seabrooke (2008).

するために強い借家規制を維持し、しかし、――ドイツとは異なり――借家建設援助や住居費援助、あるいは行政的な土地利用規制制度などが未整備であるがゆえに、本来それらの制度のなかで処理されるべき問題をも借家規制のなかで扱わざるをえなくなった。」（佐藤 1999: 310）

ドイツ（ユニタリズム）は、民間賃貸住宅への建設費の助成、利害関係者が参加する適正家賃水準の決定、住居費負担能力の乏しい世帯への公的家賃補助、効率的な土地利用をうながす都市計画制度などを整備してきた。住宅の公正な分配――「社会権」としての住宅――を実現するための負担を社会全体で共有する仕組みと言ってもよい。これに対してイギリス（デュアリズム）では、借家に関する規制を緩和し、住宅を「商品」として流通させやすくする。その代わりに、所得保障の一環として公的家賃補助を充実させてきた。

日本のハウジング・レジームは、英独のどちらにも似ているようで、どちらとも違う。佐藤によれば、その要となるのが借家法である。現行の借地借家法（1991年）にも引き継がれているように、日本の借家法には、契約の更新は「正当の事由」がなければ拒絶できない、家賃の増額についての協議が成立しないときには「相当と認める額」を支払えばよい、といった借り手に有利な規定が設けられている。

重要なのは、「正当事由」や「相当賃料」が内容のはっきりしない概念であるという点である。このため、その解釈をめぐっては、家主（賃貸人）と借家人（賃借人）の立場が分かれやすく、両者の交渉が決裂すれば裁判に持ち込まれることになる。佐藤は、裁判所がどのような判断を下してきたかを検討し、家主ではなく借家人に有利な運用が行われてきたことを明らかにした。

たとえば裁判所は、借家人の事情と家主のそれを比較して、家主の方が住宅に困窮している場合にのみ「正当」な事由であると認定したり、借家人の支払い能力が低い場合には「相当」の家賃を相場より安く設定したりしてきた。日本では、借家法の規定と、司法の判断の積みかさねによって借家人の居住権が守られている。ただし、注意しなければならないのは、日本の借家法では、居住権が社会権として確立されているわけではなく、家主と借家人という私人間の契約関係の中で保護される点である。要するに、家主に借家人を保護する義務を負わせているのである。

（3）潜在的・偶発的・選別的な再分配

借りる側の権利が、貸す側の権利を制限することによって保障される。こうした特徴は、敗戦直後に制定された罹災都市借地借家臨時処理法（1946年）に、やや極端なかたちで現れている。同法により、戦災等によって消滅した建物に住んでいた借家人には、その建物が建っていた土地を優先的に借りる権利が与えられた。「この法律により、戦災後にバラックが数多く建築され、都市の中心部に新たに借地が設定されることになった」（稲本・小柳・周藤 2016: 55）。いわば、罹災者を救済するため、借家権が借地権に格上げされたのである。

資産を所有する恵まれた者に、資産をもたない者を保護させるのは、一種の富の再分配とも言える。しかし、それはかなりいびつな再分配である。まず、政府が税を集めたり現金や現物を給付したりしているわけではないので、その規模は測定できない（潜在的）。また、家主は、自らの権利に対して、いつ、どの程度の制限が加えられるのか予測できない（偶発的）。そして、借家法による保護の対象はすでに住んでいる人であり、これから借りようとする人や、住宅の質には及ばない（限定的）。

このような制度のもとでは、経済合理性を優先する家主は、新規の借家人に対して、きびしい入居審査を行ったり、リスクを織り込んだ割高の家賃を要求したり、住宅の質を切り下げたりといった自衛策をとるだろう。家主の道徳心に期待するだけでは、こうした行動は抑制できない。

5　日本型ハウジング・レジームの源流

（1）治安維持の手段としての住宅

ハウジング・レジームが各国で違った姿を見せるのは、住まいに関わる諸勢力の衝突や連携のありさまを反映しているからである。その過程はゆっくりと進むので、やや長い時間幅で事態の推移を眺めること、そして、制度の草創期に着目することが重要である（Lowe 2011＝2017）。

およそ100年前の日本では、持てる者と持たざる者のあいだで紛争が頻発していた。1920年、小作人と地主、労働者と経営者、そして借家人と家主の対立が深まった。こうした情勢のもとで内務省に設置されたのが社会局である。このとき日本で初めて「社会政策」という言葉が一般化する。1921年には、民法の特別法として借地法・借家法が成立し、宅地・建物の賃借人の権利が、一般の賃借権よりも強化された。さらに、22年の借地借家調停法にもとづき、調停委員制度が導入される。

それまで衛生問題として語られる傾向の強かった住宅問題は、治安の悪化と結びつけられた。社会政策学者で1923年から35年まで大阪市長をつとめた関一は、都市貧困層の劣悪な居住環境と民衆騒擾を関連づけ、「恒産なく恒心なき貧民窟住民こそ、異日万一米騒動の如き不祥事の突発する時は忽ち暴民化する階級である」（関 1923：22）と警告を発した。大阪市をはじめ、大都市の自治体は社会局や社会部といった部署を設け、労働者の生活実態を把握するための社会調査を実施し、小規模ながら公営住宅の供給を始める。

関東大震災の翌年（1924年）、内務省社会局は義捐金をもとに財団法人同潤会を設立した。同潤会は震災復興を主目的としつつ、鉄筋コンクリート造集合住宅の建設、不良住宅地区の改良、分譲住宅地の開発などを行った。同潤会の宣伝パンフレット『時局と住宅』（1939年）は、分譲住宅の利点として、労働者の「思想の安定」という効果を強調している（祐成 2008）。

（2）労働力確保の手段としての住宅

戦争は、社会のあらゆる資源を根こそぎ動員しようとする。それまで社会の中で分散し、潜在していた動きを統合し、加速させる（祐成 2016a）。軍需工業が集中する都市部では猛烈な住宅不足が発生した。1939年、家賃の高騰をくいとめるため、国家総動員法にもとづく地代家賃統制令が施行された。1941年には借家法が大幅に改正され、正当な事由なく家主が借家人に解約を求めたり更新を拒んだりできなくなった。先に述べた、所有者の財産権を制限する代わりに借家人の居住権を強化する仕組みは、総動員体制の産物と言っても過言ではない。

こうした措置には、貸家業の採算を悪化させ、賃貸住宅の供給を停滞させる副作用がある。労務者住宅供給3ヵ年計画（1939年）による従業員向け住宅の建設奨励、厚生省住宅課の設置（同年）、地域の家主が構成員となって借家の紹介・斡旋を行う「貸家組合」の設立（1941年）、労働者のための住宅供給を目的とする特殊法人「住宅営団」の創設（同年）などが進められたのは、この空白を埋めるためであった。

当時の住宅政策は、労働政策という性格をもっていた。住宅政策の整備は、総力戦のもとで労働力の希少性が高まり、その目的に沿う限りにおいて、労働者の交渉力が向上したことを物語っている。それが、軍需生産に従事する労働者の住宅確保にとどまらず、「住まい方」に対する新しい視点を含んでいたことは注意されてよい。その名も『新生活と住まひ方』（大政翼賛会文化部編 1942）という書物がある。住宅営団の発足を記念して、当時の指導的な知識人や技術者を集結して開催された座談会の記録である。

この座談会の中で、経済学者・大河内一男は、労働力不足を克服するには女性の活用が不可欠であると述べ、「共同保育や共同炊事をはじめとする、消費生活あるいは家庭生活の協同化」（大政翼賛会文化部編 1942: 19）を提唱した。興味深いのは、家事の削減が「積極的な生産的な任務を帯び始めている」（大政翼賛会文化部編 1942: 20）との指摘である。ただし、大河内は家事をあくまでも「消費」生活として位置づけていた。さらに踏み込んで、家事もまた「労働」であるとの見方を示したのは、住宅営団で研究員をつとめていた建築学者・西山夘三である。

「ここでもっとも中心となる課題は、日々の労働力の再生産場所である住居を経営運行するための家事労働である。そして、国家的・世代的な労働力の拡大再生産を遂行する次代国民の育成過程である。又、家事労働に附随して、住居にまだ残されている余剰労働力を最大限に社会の発展のために動員することが考えられねばならぬ。」（西山 1942: 247）

西山は、労働力の再生産こそが住宅の機能であり、家事はそのための労働であると規定した。つまり彼の考えでは、住まい方とは、住宅における働き方でもあった。そして、国民の限られた労働力を職場と住宅にどのように割り当てるか、という問いを立てた。さらに、住宅内での労働力の浪費を食い止め、その生産性を向上させるための手段として、住宅の質や居住状態についての規制や、政府による良質な住宅の直接供給を正当化した。

大河内と西山の主張は当時としては急進的なものであったが、異端であったわけではない。かれらはそろって、「労働力」の保全・培養という機能によって社会政策を基礎づけ、その一翼を担う住宅政策を擁護した。雇用労働（職場での生産）を最大化するために、家事労働（住宅での生産）の効率化が図られた。家事はひとつの労働として、ただし雇用に従属する労働として扱われたのである。

（3）産業育成の手段としての住宅

戦前と戦後の住宅政策には大きな断絶がある。住宅政策は、1945年11月、厚生省から戦災復興院に移管された。住宅営団は、GHQの指令により閉鎖された（1946年12月）。住宅政策の担当部局は、建設院（1948年1月）、建設省（同7月）へと継承された。住宅政策は、同じく内務省社会局に源流をもつ福祉政策や労働政策から遠ざかり、むしろ金融政策や産業政策としての性格を強めた。

復興が進むなかで新たに設置された建設省は、本格的な住宅立法の検討を始めた。まず、1950年5月に住宅金融公庫法が成立する。政府は、持ち家の建設を促進するため、個人に対する長期・低利融資に消極的だった民間銀行に代わり、住宅資金の直接供給に乗り出した。翌1951年6月には公営住宅法が成立した。手つかずのまま残されたのは、住宅金融公庫の対象と公営住宅の対象の中間に位置する層に向けた政策である。

住宅を求める中間層の要求が強まり、住宅問題は1955年2月の第27回総選挙の大きな争点となった。鳩山一郎内閣は選挙後、住宅建設10ヵ年計画を策定し、7月には日本住宅公団法を成立させた。1966年には、住宅建設計画法に基づき、居住水準と供給戸数の目標を掲げた住宅建設5ヵ年計画が開始される。もっとも、公的資金による住宅は4割にとどまり、しかもその大半は住宅金融公庫による融資だった。

こうした民間中心の体制を支えた条件は住宅の建設に向けた世帯の旺盛な意欲である。これには2

つの側面がある。一つは、世帯が自分で手に入れて自分で住む「持ち家」である。もう一つは、自分で住まずに他人に貸す「貸家」である。地代家賃統制令が段階的に解除されると貸家経営は息を吹き返し、近郊農家や自営業者の副業として定着した。ただ、先に述べたような理由で、家賃に見合った質は期待しがたい。このことも持ち家への願望をかき立てる一因となった。

世帯と並んで重要なのが企業の役割である。まず、雇用主としての企業が、従業員の持ち家取得への意欲を加熱した。戦後の労働争議を経験した大企業は、賃金や年金制度とともに、社宅の整備や持ち家取得支援など、住宅確保のための社内制度を整えることで労使の融和を図った（大本 1996）。住宅市場の拡大は生産者としての企業にとっても魅力的だった。政府は宅地造成や都市再開発のための法整備を進め、住宅産業の育成に力を注いだ。こうして、世帯が持ち家を求め、企業が世帯を支え、政府が産業を育成するという、住宅政策のメインストリームが形成された。

6　おわりに——住宅政策における普遍主義

(1)「褒賞」と「救済」

日本型ハウジング・レジームは、治安維持・労働力確保・産業育成という論理の重なり合いによって形成された。いずれにしても住宅政策は手段であり、より高次の目的に従うものとされた。この過程で、住宅は、労働者・国民が企業・国家に貢献した見返りとして位置づけられ、一種の「褒賞」の意味をもつようになった。誰にどのような褒賞を与えるかは、与える側の裁量である。一方、貢献度に連動しない給付は例外的であり、いわば「救済」と見なされた。この場合も本当に救済に値するのかが厳しく判定される。

住まいの権利が褒賞と救済に二分されている社会には、普遍主義的な住宅政策という発想は根づきようがない。社会が成長している限りは褒賞、救済ともに対象が拡大するので、このことの弊害は見えにくい。しかし、社会が停滞・縮小する局面では、むしろ評価・授与者の権威や裁量が強化され、授与されるもの／されない者の分断が深まる（祐成 2016a）。

一見すると、「まち」（コミュニティ）の中に住宅がある。しかし、住宅の外にまちがあるように、まちの外に住宅があると考えることもできる。そもそも住宅は、空間を内と外に区切ることによってつくられる。住宅に住むことが、「まち」に住むことと直結するとは限らない。この意味で、住宅はコミュニティと対立しやすい性質をもっている。住宅にかかわる制度は、注意深く設計しなければ、このような性質を助長する可能性がある。

(2) テニュア中立的な制度に向けて

住宅政策を、褒賞や救済にとどまらない、普遍的な住まいの権利を保障する社会政策として構築しなおすことは可能だろうか。まず、住宅政策は、他の政策の手段としてではなく、尊厳をもって暮らせるかけがえのない価値をもった場所としての住まいを獲得・維持する権利を保障する政策として、正当化されなければならない。ただし、この条件がみたされたとしても、すべての人に政府が住宅を供給することや、あらゆる民間賃貸住宅の公営住宅化を目指すことは、おそらく現実的ではない。ありうるとすれば、テニュア（住宅の保有形態）によって生活費負担の有利不利が生じにくい制度、すなわち「テニュア中立」の制度を確立することであろう。

やや突飛な発想かもしれないが、「すべての人は誰かから住まいを借りている」という仮定を置いてみよう。持ち家に住む人の場合は、自分から家を借りていると考えればよい。賃貸住宅に住む人が家主に家賃を払うのに対して、持ち家に住む人は自分に家賃を払う。実際には自分に家賃を払っていないとすれば、本来払うべき家賃から必要経費（ローンの利子や維持費など）を差し引いた金額が所得になっているわけだ。所得である以上、他の所得と合わせて課税の対象となりうる。

これは、住宅政策を、公平に「住まいを借りる」ための保障として位置づけなおすことにほかならない。この転換を進める上で、「本来払うべき家賃」をどのように算定するかが最大の難関である。それをクリアできれば、①本来払うべき家賃より安い家賃を払っている人に対して、払わずにすんでいる部分を課税所得に加算する、②本来払うべき家賃より高い家賃を払っている人に対しては、払いすぎている部分を課税所得から差し引く、③差し引いた後の所得がマイナスになれば不足分を給付する、といった展開が可能である。

(3) 住まい方の支援

住むことは、住宅という商品の消費にとどまらない。それは、環境に働きかける能動的な行為である。住むことは消費と生産の両面を含んでいる。住まいと関わるとき、ひとは消費者であると同時に生産者でもある（祐成 2016b）。そこで、「すべての人は自ら住まいをつくっている」という、もう一つの仮定を置く必要がある。

この点は、医療と対比させるとわかりやすい。医療では、患者は医療従事者が提供するサービスを受け取る消費者の立場にとどまる。医療をモデルとして制度がつくられた分野では、サービスを提供する専門職が確立してきた。そして、専門職によるサービスと建造物や設備の関係が厳格に規定されている。利用者の必要の度合いもまた、専門職によって判定される。これに対して、住まいに関わるサービスは、さまざまな主体によって多様な方法で提供される。その中で大きな部分を占めるのが、居住者自身によるセルフサービスである。A団地の事例が示すように、それが共同的に遂行される場合もある。住むことは、隣り合って暮らす他者との相互協力を通じて住まいを維持することであり、世帯・世代をこえた住まいの生産である。

住まいをめぐる問題は、さまざまな主体によって多様な方法で解消されている。多くの人々は、問題を私的に解決する自らの能力を高く見積もってきた。同質的な地域社会の中で、持てる者が持たざる者を保護するという借家法の枠組み——そしてこれを支えた「下町」のエートス——は、そうした楽観と表裏一体の関係にある。これこそが、住宅問題が社会問題とみなされにくい理由である。

戦時下で「住まい方」が問題とされたのは、住まいをつくるための労力を職場での生産に振り向けようとしたからである。そこには、住宅に豊富な労働力が埋蔵されているという想定があった。戦後の住宅政策もまた、同様の前提を共有していたと言える。しかし、いまやこうした想定は非現実的である。われわれは住まいをつくる労力の枯渇や知識・技能の断絶に直面しつつある。住宅政策を、「褒賞」と「救済」の二分法をこえた、住まい方の支援として再編成すべき時期が迫っている。

参考文献

同潤会（1939）『時局と住宅』同潤会。

Dore, R.（1958）*City Life in Japan*, Routledge & K. Paul.（＝青井和夫・塚本哲人訳『都市の日本人』岩波書店、1962年。）

平山洋介（2009）『住宅政策のどこが問題か』光文社新書。

本多康生（2016）「東日本大震災被災地の民生委員活動から浮かび上がる民生委員の『専門性』」『福岡大学人文論叢』48(1)。

堀江和正（2017）「相互扶助による住民と専門機関・専門家の媒介」祐成保志・三浦倫平・清水亮・麦山亮太編『都市的居住環境とコミュニティ形成Ⅱ』、東京大学大学院人文社会系研究科・文学部社会学研究室。

稲本洋之助・小柳春一郎・周藤利一（2016）『日本の土地法　第3版』成文堂。

Kemeny, J.（1992）*Housing and Social Theory*, Routledge.（＝祐成保志訳『ハウジングと福祉国家』新曜社、2014年。）

Kemeny, J.（1995）*From Public Housing to the Social Market*, Routledge.

今野裕昭（2001）『インナーシティのコミュニティ形成』東信堂。

Lowe, S.（2011）*The Housing Debate*, Policy Press.（＝祐成保志訳『イギリスはいかにして持ち家社会となったか』ミネルヴァ書房、2017年。）

西山夘三（1942）『住宅問題』相模書房。

大本圭野（1996）「居住政策の現代史」大本・戒能通厚編『講座現代居住1歴史と思想』東京大学出版会。

佐藤岩夫（1999）『現代国家と一般条項』創文社。

Schwartz, H. and Seabrooke, L.（2008）Varieties of Residential Capitalism in the International Political Economy, *Comparative European Politics*, 6, pp. 237–261.

関一（1923）『住宅問題と都市計画』弘文堂書房。

祐成保志（2008）『〈住宅〉の歴史社会学』新曜社。

祐成保志（2016a）「住宅がもたらす分断をこえて」井手英策・松沢裕作編『分断社会・日本』岩波書店。

祐成保志（2016b）「ハウジングとホーム——住宅政策は何に照準を合わせるべきか」日本住宅会議編『深化する居住の危機：住宅白書 2014-2016』ドメス出版。

大政翼賛会文化部編（1942）『新生活と住まひ方』翼賛図書刊行会。

武川正吾（2012）「2000年代の社会意識の変化」武川・白波瀬佐和子編『格差社会の福祉と意識』東京大学出版会。

第4章　相談支援を利用して「働く」「働き続ける」
——中間的なワーク・スタイルの可能性と課題——

西岡正次

1　はじめに

雇用の仕組みの不全感は広がりこそすれ、現状ではそれらが払拭される見通しは感じられない。人手不足が深刻化する一方で、思い描く就労が実現できずに就労等の相談を利用する人が増えている。福祉サービス等の利用に合わせて行われる就労支援も拡大している。就労支援とは一体何なのか、わかりやすい言葉のニュアンスとは裏腹に、その内容や政策は決して定まっているわけではない。この論考では、就労支援の担い手として期待される自治体や地域に注目して、就労支援と呼ばれる政策の可能性と課題を整理してみたい。

2 「働く」「働き続ける」を支える仕組みの不全感

「働く」「働き続ける」を支える仕組みというと、雇用システムであろう。誰もが身近なハローワーク（職業安定所）を、そして求人情報誌や就職活動支援、人材派遣などで馴染みの人材サービス事業（所）などを思い起こすだろう。しかし、雇用システム自体も上昇しない賃金や増える非正規雇用、一向に短縮しない労働時間、若年層や高齢者層での失業率の高止まりなど、山積する問題を抱えている。こうした懸案が解決され改善されれば、私たちはそのシステムを利用して、それぞれの職業キャリアを実現し生活を再生、向上させることができるのだろうか。雇用システムの問題が焦点化される一方で、雇用システムを自力では利用できない状況、あるいは利用しても思い描く「働く」「働き続ける」を実現できない状況が蔓延している、雇用システムから排除されている人が増えていると聞いて読者はどのように感じるだろうか。実は「就労支援」という取り組みは、この現実から生まれている。

「就労支援」が一般に注目されたのは、それほど古いことではない。筆者が就労支援という業務に出会ったのは、大阪府が主導した「地域就労支援事業」（田端編著 2006、埋橋 2007、櫻井 2009、西岡 2017）であったが、一般には、2008年12月1日から翌2009年1月5日まで日比谷公園に開設された「年越し派遣村」の取り組みなどを思いだすのではないだろうか。「働く」「働き続ける」をめぐる困難や生活保障の問題、貧困や格差の拡大を広く知らしめる出来事となった。同時に「就労支援」という言葉を普及させる契機にもなった。その後、失業の増加、非正規雇用の広がり、生活保護受給者の増加、その中でも「その他」世帯と区分される稼働年齢層の生活保護利用が増加した。離職とともに発生する「居住の不安」に対応する住宅手当も生まれた。さらに緊急の失業対策・雇用対策が矢継ぎ早に実施されたことを覚えている方も多いだろう。生活困窮者自立支援制度が誕生する契機となった「パーソナルサポートサービス・モデル事業」（内閣府）も展開され、自立支援や就労支援の議論、取り組みが広がった。それら対策の中で、常に就労支援とその強化が話題になってきた。地域や自治体の現場では、長らく障がい者支援やひとり親支援、高齢者福祉等の分野をはじめ、多重債務の解決支援や自殺対策、若者対策などにおいても、就労支援に関する施策や事業が広がっている。

果たして、就労支援とは、どのような政策で、また雇用労働分野に分類される政策なのか、福祉分野か、教育分野か、どの分野の政策だろうか。

3　就労の相談・支援を利用する

労働トラブルに関する相談や解決支援は古くから行われているが、就労に関する相談・支援となると、その理解は行政や支援団体等の実務者あるいは研究者の間でも理解は多様で、定まったテキストやイメージがあるわけではない。そこで、ある自治体の就労支援の取り組み事例から、その対象や内容を検討してみたい。

取り上げる自治体は、わが国では一般的な年代別・対象別の就労支援をつなぎ、包括的な相談窓口

図表4－1　自治体の就労相談・支援の仕組み（事例）

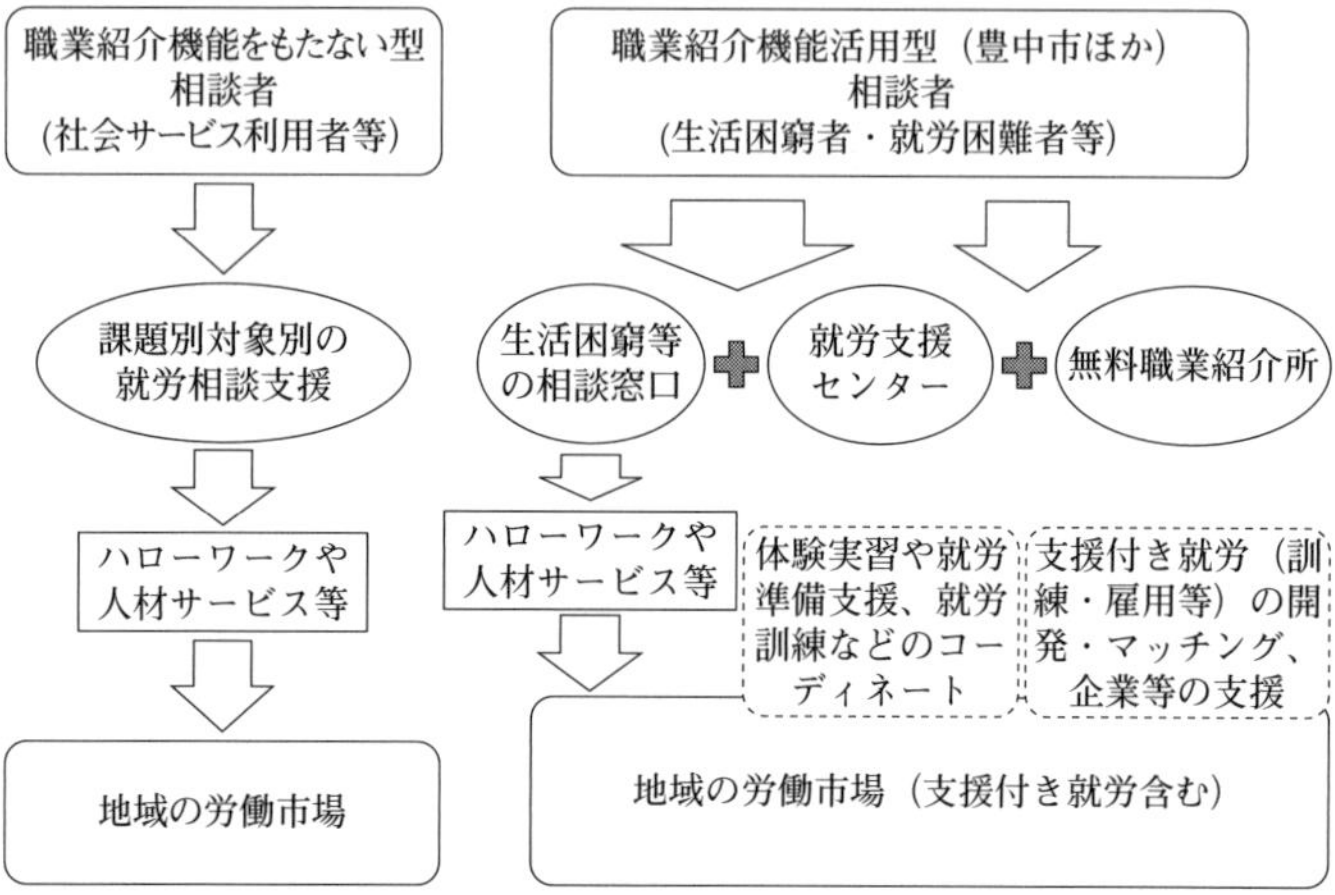

（以下「就労支援センター」という）を開設し、さらに就労準備を応援する教育訓練メニューのほか、無料職業紹介（職業紹介事業の一つ。職業安定法第33条の規定により厚生労働大臣の許可を受けて、また同法第33条の2、3または4の規定により厚生労働大臣に届け出ることによりを行うことができる。平成28年の同法改正により自治体の場合、届出も廃止された）も行っている自治体現場である（図表4－1）。

事例1　税等の滞納対応や生活保護受給等と一体となった就労支援

この就労支援センターを利用する相談者は電話等で面接の予約をとり相談が始まる場合が多いが、他の相談窓口から案内されてくる場合もある。相談窓口をつなぐネットワークも広く、福祉や保健、子育て・教育など「タテ型」の社会サービスの窓口のほかに、税や保険などの納付窓口からも相談者が案内される仕組みになっている。

事例1は、公共料金の納付窓口ネットワークからつながった相談である。Aさんは60歳代の専業主婦で、税や保険の滞納の督促がきっかけとなった。滞納が始まった背景は夫が疾病で失業したこと、同居の子が腰痛をきっかけに離職し10年以上働いていないなどの事情が重なって、家庭の収入が断たれて生活再生の見通しがつかなくなった。就労支援センターの相談支援員は、Aさんの就労の相談と、当面の生活を守るため生活保護の利用を検討し、その相談と申請に同行している。同時に就労支援を含む生活再生の見通しを税等の関係窓口に同行し伝えて、滞納の分納手続きなどを進める。そして、Aさんの就労意向や「就労の基礎」スキル（後述）の特性、課題を聞き取り、早期の就労（継続）が実現できるように支援プランを検討する。職業経験が少なく、専門スキルの課題や可能性、目標を整理したり、適性やめざす業種などを絞り込む段階ではないと判断。収入の希望もあるが、働き続けることそして収入やキャリアの向上が図れることを重視する支援プランがまとまっていった。

この事例のように職業キャリアをスタートさせる、あるいは就労を継続させる上では、専門スキルだけでなく、「人間関係を作るスキルや特性」「課題を見つけ取り組む（作業の段取りや時間管理など）スキルや特性」「ストレスマネジメントなどのこころのスキルや特性」といった「就労の基礎」について、経歴や経験、エピソードから分析・評価し、支援メニューや就労の目標などを検討することが多い。この事例でも就労の目標のほか、「就労の基礎」スキルの特性や専門スキルの可能性を確かめる目的も兼ねて、まず働く現場に入ることが優先された。無料職業紹介所が管理する清掃職の求人から相談者にあった事業所をすぐに選び提案する。面接同行も行い就職を実現している。就労継続にむけて、とくに就労の基礎である「人間関係スキル」「課題対応スキル」などをフォローアップする。状況にあわせてパソコンスキルや清掃技術入門などの簡易な教育訓練を組むほか、「対人スキル」ではソーシャルスキルトレーニングなどが個別やグループで行われる。定着に必要な支援も行われる。一方で生活再生を軌道に乗せるため支出項目の見直しなどの家計相談支援を併せて行い、さらに10年の離職ブランクがある子の就労相談にも着手している。

このように就労支援の業務範囲は、雇用システムにおける求人の紹介を中心とした就職支援と比べると、キャリア面以外の社会サービス等の調整や提供はもちろん、家族支援まで多岐にわたっている。

事例2　経済的な困難とメンタルヘルスの課題を抱えて

40歳代男性Bさんは10年前に離職。精神科クリニックへの通院や家族の介護のために就労（準備）や就職活動から遠ざかっていたが、家計が厳しくなり生活不安が募ってきたと相談に訪れた。就労への意向は強いものの、離職期間が長いこと、メンタルヘルスの課題に対応してもらえるのかなどの不安を抱えていた。そこで、職業適性や就労の基礎、自己有用感等に関する聞き取りを進め、就労準備を段階的に行うことを相談しながら、一方で家族の生活維持を考えて生活保護の利用を提案する。しかし、Bさんは家族の同意が得られず、生活保護の利用には至らなかった。そのため、Bさんの就労が最優先となった。まず就労によるメンタルヘルスへの影響と、就労の基礎スキルの特性や専門スキルの可能性などを就業現場で見極めるため、就労準備支援事業の一つ「花づくり体験」（種植えから苗を育てる3か月間のプログラム）への参加を案内する。Bさんはプログラムへの参加が順調に進み、就労を支える生活習慣にも不安が少ないとの判断から、継続した生活相談や日常活動への配慮が期待できる障害者就労継続支援A型事業所での就労を提案し、事業所の見学への同行と就労体験を経て、就業時間を調整しながら通所する（雇用される）こととなる。

利用した支援メニュー「花づくり体験」は、この自治体が「緑化リーダー会」という市民ボランティアがつくる任意団体に依頼して、花の苗を育てる工程を若年無業者や生活保護利用者等の就労困難者が参加する就労準備支援メニューに仕立てて、就労の基礎スキルを観たり生活習慣を整える契機にしようと開発された。環境をテーマに活動する同会にとって、生活や就労で困難を抱える人材の受け入れに当初戸惑ったが、試行して体験者への関わり方や支援への理解が進み、今では就労準備支援事業は同会の重要な活動の一つになっている。

事例3　企業と連携した伴走型支援

就労希望で訪れた20歳代の女性Cさんは家族と同居で、メンタルヘルス面の困難を抱え、離職転職を繰り返していた。経験やエピソード等を聞き取りながら、就労の基礎スキルの特性や課題を見極めつつ、職種や業種の選択肢、あるいは職場やその人間関係に期待したい配慮や環境等について相談を重ねた。相談の過程で「手芸が得意である」という手先の器用さに相談者の「強み・持ち味」を発見し、ものづくり分野での支援メニューが検討された。そして就労準備支援事業（カバン縫製会社）での就労体験が提案、実施された。プログラムが始まると、Cさんは声も出せないほどの緊張状態となり、受け入れ企業も当初困惑したが、周りの視線等を気にせず一人で作業できる環境を整備するなど、プログラムは継続された。Cさんと受け入れ企業、就労支援センターの3者で体験過程を振り返り、

「就労訓練事業（中間的就労）」（非雇用型。3時間／日、週3日）にステップアップし、従事する時間を徐々に伸ばしていった。その後「就労訓練事業」（雇用型）に移行している。

カバン縫製会社での就労準備支援事業の開発は、熟練職人の確保・育成がますます困難になる業界にあって、事業の継続を模索する経営者と就労支援センターとの出会いから始まった。これまで常識だった縫製工程や人材配置の考え方を変え、新しい工程をめざそうと検討された。職人が担ってきた作業工程をスキルの難易度などを考えて細分化し、また縫製の質や正確さを保つため、ミシン工程の前に革に折り目や針目の印をつけるなどの新たな工程を工夫して、さまざまなスキルレベルの人材が縫製工程に親しめる就労体験を可能にした。ものづくり分野に関心がなかった相談者も就労体験に参加することを想定して、従業員向けに職場の環境整備や人間関係づくりのトレーニングなどの研修も行われた。

事例4　就労訓練で就労イメージを取り戻し、就労から生活保護脱出へ

長期化した生活保護受給から脱却した40歳代男性Dさん。大学卒業と同時に数年働いたのち離職、10年余り仲間と音楽活動をしていたが、グループの解散を契機に、家業の手伝いともっぱら親の介護に携わる生活になる。その後家業が廃業となり、同時に家族は生活保護受給に至る。受給期間中にケースワーカーの指示にしたがって200社余りの就職活動を行った。しかし就労には至らず、親の介護中心の生活を続けていた。Dさんは親の死亡を契機に就労の相談に訪れた。職業経験が少なく、また離職期間も長く、職業イメージや目標が描けないまま自己有用感を失くしていた。就労の基礎スキ

ルを聞き取る過程で「ものづくりの職人への夢」をつぶやいていたのを手掛かりに、就労体験（カバン縫製会社）の支援メニューを提案し、体験後も6か月間、同じ会社で就労準備支援事業としてカバン縫製に従事する。離職期間が長かったが、親の介護をはじめ日常生活面の不安は少なく、就労の基礎に関する訓練の必要もないことや専門スキルの習得可能性について、就労準備の過程を3者で振り返るなかで社長から「あと1年経験を積めば一人前の職人になれる」と評価された。その言葉を受けDさんは引き続き就労訓練事業（雇用型）に移行した。収入も安定し生活再生のめどもたち、事業所の近くに転居し、長期の生活保護利用から脱却した。Dさんは40歳代と遅咲きながらカバン縫製の職人としてキャリアを開くことになった。

事例5　「子育て」と「働く」、並行した相談支援

母子家庭の母親Eさんは、「発達の課題」等で不安な子の子育てと、就労準備が思うように進められなかった。まず市保健所の精神保健の相談支援を調整し、子育ての不安に対応しながら、保育所等の利用と就労を同時に進められるようにEさんが希望する介護職をめざして、保育の確保ができ、職業キャリアの形成が見通せるように支援プランが検討された。就労の基礎スキルは「仕事に従事しながら」継続して評価することとし、無料職業紹介所が管理する託児が可能な介護施設の求人からEさんには短時間の就労を調整して紹介された。「人間関係を作るスキルや特性」や「課題を見つけ取り組むスキルや特性」、「ストレスマネジメントなどのこころの特性」などについて、介護施設の仕事帰りに振り返り相談を通して行われた。従事した仕事を振り返りながら「就労の基礎」や専門スキルに

関する自己理解などを進めながら、就労継続への強み・持ち味や課題を相談員と共有していく。また子育てとの両立を図りながら、就業日数を週3日からさらに延長すること、資格取得を目標にして支援が継続された。

事例6　発達障害を受容し手帳取得。主治医と連携した包括的な支援へ

40歳代男性で、発達面の課題に気づき、改めて「職業キャリアを開く」一歩を踏みだした相談である。Fさんは手先の動作のほか、ものごとの優先付けなどの判断が苦手であった。また人間関係をつくるのが不得手で、大学時代も単位取得等の手続きや相談ができないままに退学してしまっていた。その後は短期間のアルバイトを繰り返し、前職のアルバイトは10年余続いたが離職している。相談の過程で、学生時代からの自閉傾向等を振り返る一方、はじめて適性検査を利用して発達障害の傾向を理解し受け止めていった。支援プランは、障害者手帳を申請・取得することと並行して、生活再生の見通しをつけながら、就労をめざすことになる。しかし、生活の困難や就労への意欲などを主治医に伝えられず手帳申請の手続きが止まってしまった。そのため相談支援員が主治医との調整に入る。就労の基礎に関する課題や特性、就業現場で想定される困難さや生活機能の障がいの状況、そして手帳を取得した後の就労支援の方針を主治医に伝えたところ、一気に手帳取得の手続きが進んだ。併せてFさんは専門の職業訓練機関を受講できることになり、新たなキャリアの一歩を踏み出した。

事例7　「転職カフェ」で、身近なキャリア・モデルを発見

非正規雇用などの不安定な就労からキャリア・アップをめざす人のサロン「転職カフェ」は、悩みなどを安心して語り合える環境と、就労の情報や体験等を交流できる。「アラサー、アラフォー」の女性に限定した転職カフェが定期的に開催されている。カフェでは必要ならすぐに就労支援センターの相談支援が利用できた。カフェから相談に至った40歳代女性Gさんは長らく販売部門で働きながら、子育てに追われてきた。子の成長を機にGさん自身の職業キャリアを見直し始めたが目標やイメージの見通しがつかないと転職カフェに参加した。介護などの対人援助の仕事に関心があったが、40歳を超えた転職は難しいのではという不安があった。カフェでは、就労に関する悩みや話題のほか、夫や子育ての問題、職場の話題など、同じ女性の視点で自由に語り合えた。Gさんは介護職にキャリア・チェンジした女性に出会い、身近なモデルとして刺激となって、就労支援センターの個別相談を利用することになった。働きながら資格の取得を応援してくれる事業所を紹介され、転職に踏み切った。安心して語り合えるチャンスと環境、身近なロールモデルがGさんの決断を後押しした。

事例8　大卒後の就活「漂流」から、新しいキャリアを求めて

大卒後の就活で思い描いた就職が実現できず、「漂流」状態だった20歳代男性Hさん。卒業後5年、就職活動の結果が出ずに迷っていたとき、自治体が主催する合同面接会に参加し、「介護事業所はどうか、障がい者の支援事業所はどうか、食品製造は……」と迷っていたところ、就労支援センターの相談支援員に「希望の職種は……、企業は見つかった？」と声をかけられたことがきっかけで、個別

相談を利用することになった。Hさんはこれまでの生活を振り返りながら職業イメージや就労の基礎、職業適性などを改めて見直すなかで、「強み・持ち味」を実際の働く現場で再発見してみようと、就労体験に向けて相談を重ねた。結果、働きながら農業を学ぶというプログラムに進んだ。このプログラムは訓練付き就労で職業経験を積み、就労の基礎を見極めながら、同時に農業の専門スキルを学ぶというものであった（緊急雇用創出事業の一つとして実施された）。1年後、Hさんは農業分野で働く自信ができたと、「雇用による農業に就くこと」をめざすことになった。求人情報などを元に適職を絞り込めず模索していたHさんが、体験の中でめざす職業イメージを発見し専門スキルへの理解を深めることで自己肯定感の向上につながった。しかし、農業生産法人の求人は近隣では見当たらず、農業が盛んな他県へも就職活動を行い、農業生産法人の就職を実現した。

事例9　介護職10年。メンタル・ダウンを契機に、キャリア・チェンジへ

30歳代男性Iさんはメンタル・ダウンを契機にキャリアの再構築をめざした。福祉系大学を卒業して高齢者介護施設に就職したIさんは、順調に経験を積み介護福祉士の資格取得を目前に、メンタル・ダウンで離職した。介護職に未練はあるが、「またダウンしたら……」と就労相談に訪れた。医師からは「（病状が）安定してきたので、仕事のことも考えては……」と励まされるが、キャリア・チェンジという局面でめざす職業イメージが見通せないなか、都会で働くことに不安を感じながら悩んできたとき、就労支援センターが案内する「高知県の生産法人で農業インターンシップ」の新聞記事を見て、相談の利用を思い立った。3週間の農業インターンシップに参加したIさんは農業の現場は初めて、専門スキルも知識も経験もなかったが、従事した作業、職場の雰囲気はなにより心身に良い刺激となり、培ってきた就労の基礎スキルも役立ち未知の専門スキルへの対応や初めての地域での生活に安心して進めることができた。生産法人から継続して働かないかと強く誘われ、大阪と高知が想像以上に時間距離が近かったこともあり、農業生産法人への就職を決めた。「農業を一生の仕事にできるかまだわからないが、初めて経験するものづくりの仕事を大事にしたい」と、農業で自分の職業キャリアの将来を見直し始めている。キャリア開発の考え方の一つに、「計画された『偶然』」という考え方があるが、その典型のような事例である。キャリアが個人だけでなく、企業や組織、家族などの関係の中でつくられる。すなわち個人がすべて思い通りにキャリアデザインすることは不可能で、偶然性を積極的に活用すること、偶然を上手く活かし満足するキャリアをつくるための具体的行動(基準)が提唱されている(クランボル＝レヴィン 2005、花田 2013)。

これら事例から、さまざまな背景をもつ相談者が、「働く」「働き続けること」の困難に立ち向かう様子、それに対応する支援の一端が見えただろうか。ここで展開されている取り組みは、後述するようにわが国ではまだ一般的な相談支援のあり方、進め方とはなっていないことを断わっておく。

4 「働く」「働き続ける」を阻む困難は何か

就労支援に関する9つの事例を見たが、相談を利用した契機、その背景やニーズ等はさまざまである。相談者が抱える困難や背景について、4つの角度から考えてみたい。

第1に、就労相談を利用する契機は、収入・所得の不安である。職を失う、店舗や事業所が廃業に追い込まれるなどの事態に直面して、早く生計の見通しを立てたいと必死の思いで相談に訪れたのが、事例1や2、4、5、6であろう。所得が低い、収入が断たれたという困難を抱えながら、「働く」ことによる生活再生を思い描いて就労等の相談につながっている。事例3や8は、家族（親）等の収入・所得に支えられてまだ経済的な困難は現れていないが、本人の将来への不安や経済的な困窮のリスクは高いと言える。事例9も再就職への不安とともに、経済的なリスクが迫ってきている事例であろう。

就労支援につながる背景には、経済的な困難や不安がある。しかし、所得が低いことが直ちに就労相談の利用につながるとは言えない。まずは身近な雇用システムの利用による解決が考えられる。しかし、事例で見たように、雇用システムを利用しても、思うような就労が実現できず、不安な就職活動を繰り返している場合も多い。「働く貧困層」の拡大が話題になり、低所得層が拡大していること（図表4－2）を考えると就労支援の潜在的ニーズはかなり広がっている。

生活不安を抱えながら求人（情報）を手掛かりに厳しい求職活動に挑んでいる人、あるいは非正規雇用に就いているがいつ職を失うかの不安や、何度も繰り返さなければならない求職活動の負担、あるいは低い収入などに耐え将来について悩みつつも現状に我慢あるいは諦めている人、身近に頼れる相談者や窓口が見当たらないと思案している人などは多いだろう。こうした不安定な就労（あるいはキャリアを模索中の）層のほか、低（無）年金という事情を抱える高齢者層なども含め、低所得層の拡大が進んでいる。後述する生活機能等の困難が重なると、自力での（支援が利用できず孤立した）

図表4－2　低所得層の拡大

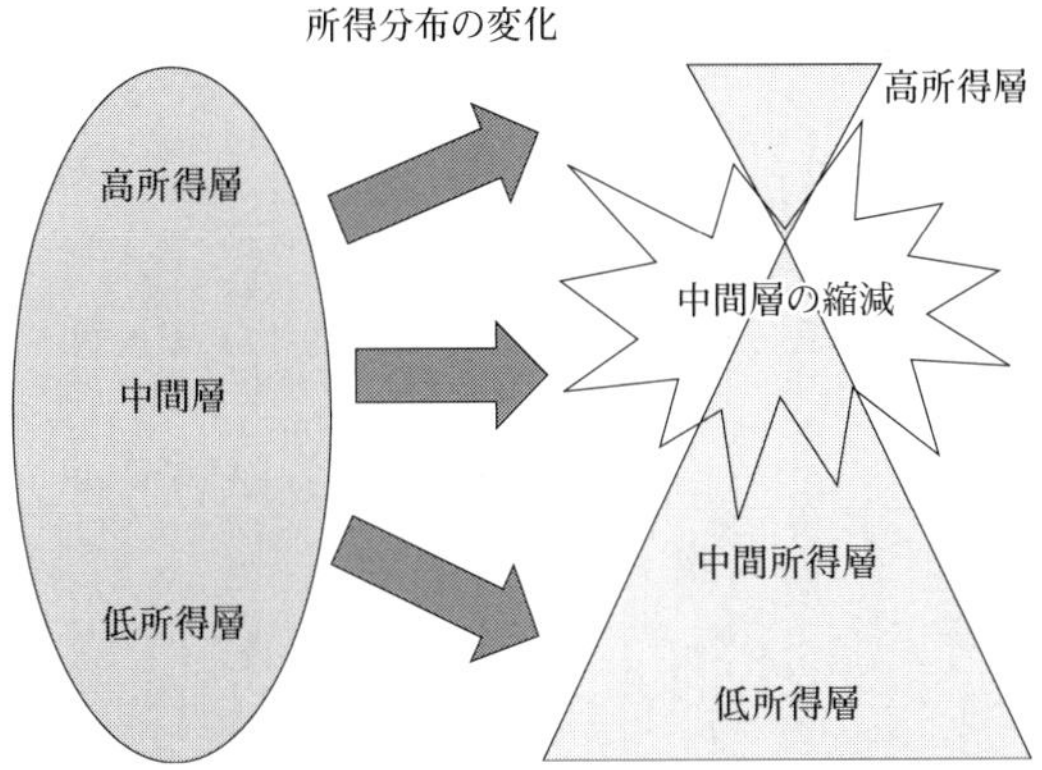

就職活動はさらに困難になる。

わが国の雇用システムの特徴として、非正規雇用からの正規化の途は難しいと言われ、また年齢や性別等による就職や再就職の困難さといった問題は周知のことである。これらの解決に向けた雇用システムへの期待が大きいのは当然であろうが、果たして雇用システムだけの問題であろうか。自治体や地域の支援団体による就労支援の展開を見ると、就労支援という政策のあり方が今まで以上に問われている。

本章では、わが国の就労支援の現状を取り上げ、とくに自治体の政策としての就労支援を検討している。生活保障を議論する上で就労は課題の一つであり、ほかに所得保障などの課題があり、所得保障制度が多くの課題を抱えていること、また就労支援の利用においても財政的支援や訓練給付等が問題となっていることなど、改めて検討する必要がある。

自治体の就労支援を問う上で、まず低所得層の拡大が想像以上に進み、就労支援の対象が広がっていることに注目したい。この対象の拡大に対して「タテ」型と言われる自治体の相談支援が果たして対応できるのか。事例7の「転職カフェ」は従来の窓口にはつながり難い潜在的ニーズを発見する工夫の一つである。

平成25年度から実施されている臨時福祉給付金（消費税率の引き上げ（平成26年4月）による影響を緩和するため、低所得者（市町村民税（均等割）が課税されない人が対象）に対して、制度的な対応を行うまでの間の暫定的・臨時的な措置として支給される）の支給は、「相対的貧困率」の上昇を示す数字以上にわが国の低所得層の広がりを実感させた。自治体間で支給実績に差はあるが、人口の概ね1／5～1／4の規模に上っており、支給対象から、生活保護利用者や家族として扶養になっている若年無業者等が除かれているので、実際はさらに多い。この給付金の支給者数に生活保護利用者などを加えた低所得層の規模が人口の1／3に迫ろうとしている自治体もある。この数字を見ると誰もが驚かざるをえないだろう。収入・所得面から判断して、生活や就労の相談支援が必要になっている、あるいは早期に相談支援を利用してそれぞれの生活再生や就労、職業キャリアの形成に向けたチャンスを見つけてほしい対象がどれほどの規模に上っているか。自治体が行う年代別・対象別の社会サービスの利用者をすべて合わせたとしても、この数字には及ばないであろう。臨時福祉給付金と生活困窮者自立支援は事業化の契機は異なるが、自治体に同じアジェンダを提起しているとも言える。臨時福祉給付金の対象がすべて相談支援の対象となるとは言わないまでも、少なくとも収入・所得面から考えて、相談支援を早く利用してほしい就労困難層、経済的な困窮リスクなどをもっている生活困難層の増加は想像以上に進んでいる。生活保護や児童扶養手当などの現金給付では、給付に合わせて相談支援が提供されているが、臨時福祉給付金では郵送申請が推奨されるなど相談支援ニーズを発見する機会を失くすといった混乱も見られる。

雇用の不安定さや低賃金が指摘される非正規雇用の拡大、高齢者や若年者の失業率の高止まりなどは、地域の雇用労働市場の不全感を端的に示す指標であるが、低所得層の拡大とそれ対応する就労支援の未整備が描き出す世界もまた雇用労働市場のもう一つの不全感につながっているのではないだろうか。

第2に、相談者は、経済的な困難とは別に、複雑に絡み合った背景・要因に直面していることである。

生活困窮者自立支援制度が検討されるなかでも、「生活困窮の要因の多様化と複合化」が指摘された。主な要因として「リストラ・倒産・失業」「不安定就労」「多重債務」「病気や障がい」「住居不安定」「家出」「DV・虐待・親からの分離」「学校中退」「学校や職場でのいじめ」などが議論され、その社会的な孤立状態に注目が集まった。関連する自治体向けアンケートで、支援対象と考えている対象者像として回答が多かったのは、順に「生活保護ボーダー層（保護の要件にあわないなど）」「生活保護受給者のうち就労可能層」「ニート・ひきこもり」「障がいボーダー層」「公共料金滞納者」「ひとり親」「障がい者」「高校中退者・中高不登校者」「就学援助制度における準要保護世帯」「DV」「ホームレス」「依存症」「矯正施設出所者」「外国人」などが挙がっている。

「心身の不調、知識や技能の欠落、家族の問題、家計の破たん、将来展望の喪失など、多様な問題群に包括的に対処する」ため、「いわゆる縦割り行政を超えて、地域において多様なサービスが連携し、できる限り一括して提供される条件が必要である。他方において、自立を困難にしている要因群は、その人ごとに異なったかたちで複合している。……それぞれ事情や想いに寄り添いつつ、問題の打開を図る個別的な支援」（平成25年1月社会保障審議会生活困窮者の生活支援の在り方に関する特別部会報告書）が必要であり、「できるだけ早期に対処することが支援の効果を高める」ことを提起している。さらに従来からの年代別・対象別の相談支援では効果的な支援ができないとして、「包括的・個別的」かつ「早期発見・早期支援」へ、相談支援のあり方を転換することをめざすとされた。言い換えれば、従来の「タテ」型の相談支援もまた、雇用労働市場の不全感をつくりだしていると言える。

第3の要因として、職業キャリアの形成過程に見られる困難や課題に注目したい。

先に見た相談事例に共通していることは、職業経験が少ない、離職期間が長い、離職転職の頻度が高い、職種の転換が問われているなどの事情を抱えながら、孤立した就職活動を強いられている姿である。自らの職業キャリアを模索・検討している姿ではないだろうか。そこには、めざす職業イメージや目標を求めて悩み、揺れ動いている状況や、就労の基礎スキルの特性や課題を受容・理解したり、「強み・持ち味」を発見したりする作業や経験が想像以上に不足していることがうかがえる（図表4-3）。一方で従来の相談・支援側の問題点も感じざるをえない。相談者の職業キャリアの目標を探る過程で、求人情報に対応する主に専門的なスキル、すなわち特定の業種や職務に必要な技能や知識に焦点をあててきた。こうしたキャリア理解を「教育訓練アプローチ」とすると、そこではめざす（希望する）職種や仕事に対応した経験やスキル、資格の有無や取得可能性など、その段階ではもっていない能力・スキルに注目する相談支援のスタイルである。一方、就労の基礎スキルの特性を活かす・伸ばすというキャリア理解を意識的に行うことは少なかった。それを「人材開発アプローチ」と

図表4－3　キャリアの模索・検討中の人材が拡大

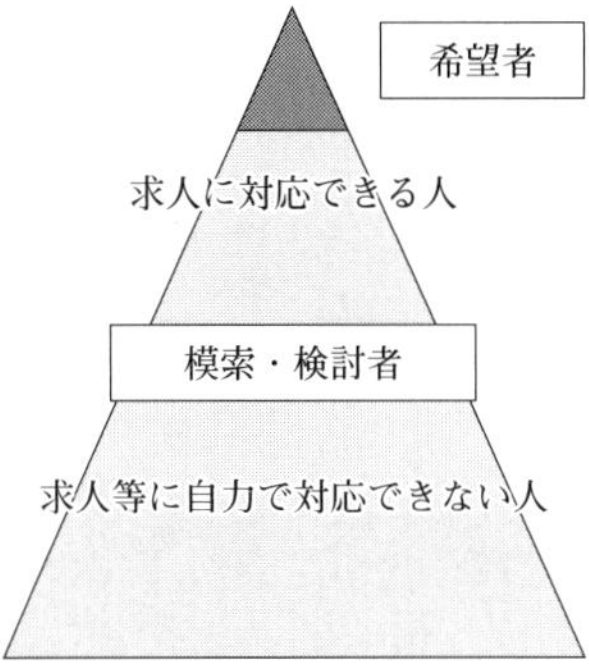

呼ぶと、相談者が現在保有している能力を伸ばす、特性を見直す、相談者が気づいていない「強み・持ち味」の活用を促すといった相談支援のあり方である。「就労の基礎」というと「ビジネス基礎」「自己啓発」などと勘違いされたり、学校教育等で培われるもの、あるいは本人の努力に任されるスキルのように理解されることもある。

学校新卒で就職したが思い描いたように仕事が続けられず離職、その後働きたいという思いをもちつつも5年や10年、親元で暮らし就労準備にすら動き出せないといった相談、また疾病等で離職期間が長くなり、元の職種や仕事への復帰が難しく職種転換が必要な中高年齢者の相談などは珍しくない。ひとり親の相談、非正規雇用を繰り返している相談、生活保護利用が長期化している相談などなど。これらに共通していることは、「求人を探す」というよりは「キャリア形成の道すじを探る」あるいは「模索・検討している」段階にあるといってよい。思い描くキャリアを開くことへの不安とともに、そのきっかけに恵まれなかったといった事情もうかがえる。この段階は、専門的スキルを手掛かりにした就労準備や求職活動などの「教育訓練アプローチ」は有効とは言えない、求人に自信をもって反応し行動していくことが難しい状態である。たとえ求人（票）を選び面接を突破して採用されたとしても、「人材開発アプローチ」による支援が不足していると、働く現場でミスマッチを惹き起こし、「人間関係の問題」といった理由による早期離職という事態にもなりかねない。

したがって「模索・検討」段階では、「就労の基礎」スキルの特性や課題が重要な判断材料の一つとなる。相談者（求職者）と支援者、雇用あるいは就労体験等で受け入れる企業等の3者間でその特性や課題等が十分共有されない状況でマッチングが行われると、ミスマッチ要因の解決は相談者（求職者）と企業等の2者間に委ねられることになる。その職場で大事にされ評価される「就労の基礎」スキル（時間管理や業務の進め方などで重視されるスキル）と相談者（求職者）のそれとがうまく折り合いが付かない事業所、たとえばＯＪＴや対人関係づくりがスムーズに進まない職場や職場文化であったりすると、結果として、相談者（求職者）も職場に馴染めず自己有用感を実感することができずに、たとえば「（上司や同僚から）評価されていない」「役割が認められていない」などと理解して、誰にも相談できないまま離職してしまう、そんなケースも少なくない。

「働く」「働き続ける」ことを阻む要因や困難は、図表４‐４のように職業キャリアの形成に影響する課題も重ねて考えてみると、その中心に、まず職業キャリアを構成する「専門スキル」があり、その周りに、専門スキルの習得・向上のほか、職業能力や適性の発揮、職場の人間関係の形成などに影響する要因として、就労を支える基礎的なスキルが関係していると考えられる。専門スキルは、職業訓練やさまざまな教育訓練メニュー、ＯＪＴなどによって養成される。その目標や内容のイメージは

図表4－4　キャリア形成に影響する課題（就労の基礎スキルほか）

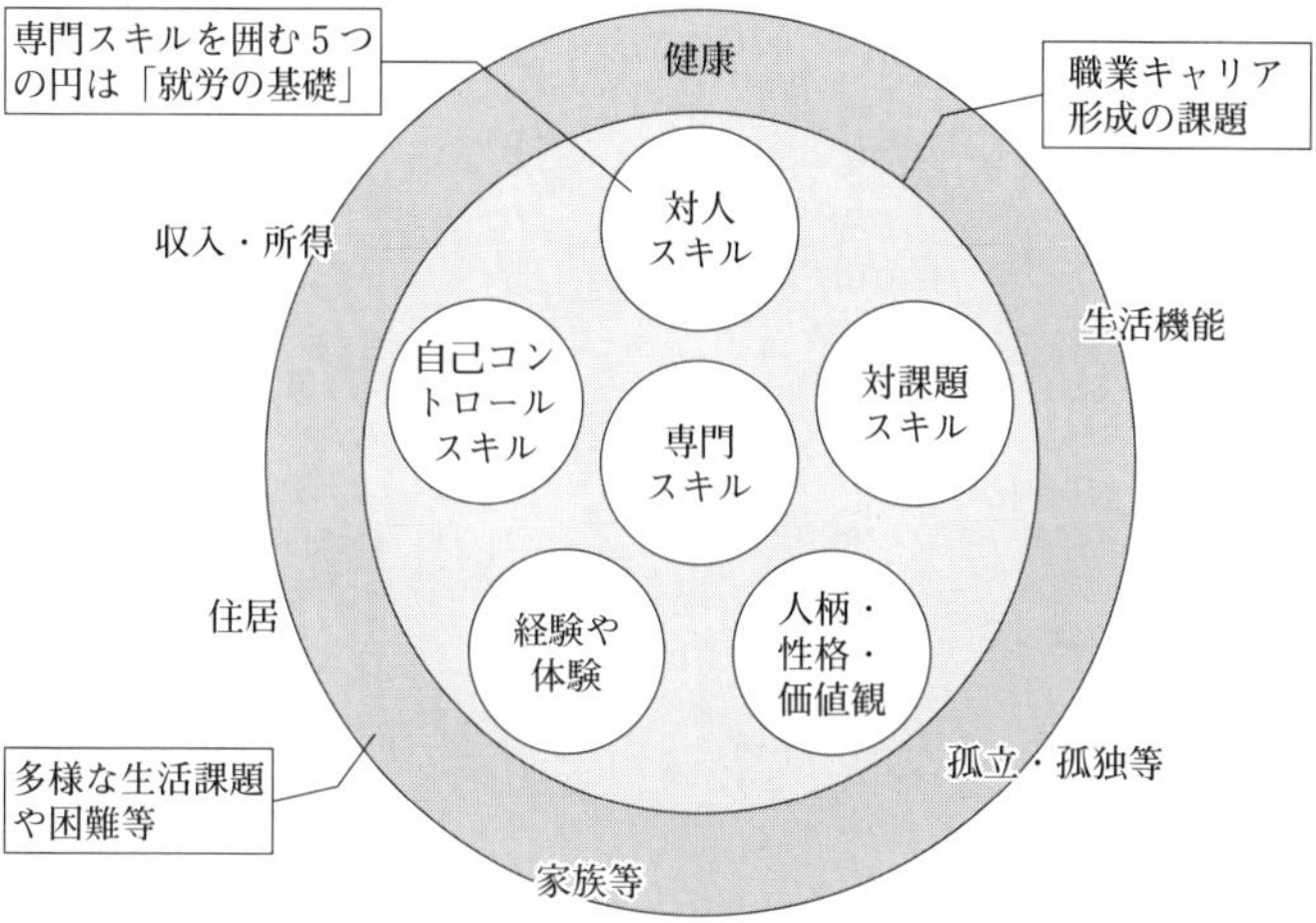

求人票にある業務内容などが典型だろう。就労相談においても「資格をもっているか」「教育訓練を受講、修了したか」などと質問する場合も、支援の手がかりとして専門スキルを探っているのだろう。一方、就労の基礎スキルは「社会人基礎力」「ビジネス基礎力」などと類似した内容であるが、一方的に教授する訓練メニューというより、その自己理解や他者理解（職場等の集団の中での理解）を考えると、相談や支援メニューを通じて、「関係の中」で気づき、伸ばしていくスキルであろう。図のさらに外側に、環境要因と個人要因からなる生活機能に関する背景・要因が考えられる。生活困窮者自立支援制度の検討において挙げられた多様で多重化する生活困難に該当する。「健康」や「生活機能の低下（障がい等）」「経済状況（収入・所得）」「住居」「家族」「孤立・孤独（地域や流域での活動など）」等の課題が相互にからみあい、それぞれの「働く」「働き続ける」に影響しているのである。

従来の年齢別・対象別に行われてきた就労支援の多くは、方法論として「求人（雇用システム）につなぐ」という支援スタイルが主流であった。この方法では、ソーシャルワークをベースにした相談支援の成果がマッチング過程以降に必ずしも継承されないという限界がある。就労支援の「2者間調整モデル」と呼べるものである。一方、障がい者の就労支援や雇用促進などでは、独自に求人を開発する、また「就労の基礎」スキルを本人と支援者、企業等の3者による共有を図るほか、企業等における環境整備なども行われる「3者間で調整する就労支援モデル」となっている。「ジョブ・コーチ」といった「3者間調整」を支える人材も工夫されている。しかし、他の分野では「求人につなぐ」「一般就労がゴール」という「シュウカツ」的内容の準備支援と「クールなマッチング（2者間調整モデル）」という方法論が一般的である。さらに、この2者間調整ではもっぱら本人に対して専門スキルを教育訓練することが重視され、「就労の基礎」スキルに関する調整は採用後に先送りされる。就労体験や面接同行、定着支援などは少なく、マッチング以降では支援者の姿や活動は企業等から見えない。「2者間の調整」は相談者本人にも採用側にも大きな負担を強いることになる。ひとり親等の対象別の相談支援では、職業訓練等の受講助成などの就労準備支援も行われてきたが、マッチング過程以降の支援は結局「求人（雇用システム）につなぐ」支援、2者間調整モデルに委ねられる。雇用システムによる職業相談や失業者対策（公共職業訓練、職業紹介等）は、自立した（就労阻害要因をもたない）求職者を前提とした2者間調整であるが、そこに登場する求職者は、めざす職業イメージや目標、適性等の整理、自己理解がある程度できている「キャリア（形成の）希望者」と考えられている。

事例でみた新しい就労支援の取り組みでは、直ちに求人につなぐ支援＝相談支援と分断された2者間の調整といった荒っぽい支援は行われない。それぞれの「キャリア（形成）を開く」支援として、「実際の働く現場で職業経験、あるいは就労への自信をつける」「働く体験と生活習慣の改善等を一体で進める」「就労の基礎スキルの特性や課題を働く現場で見極める」「自身の強み（ストレングス）等の適性を発見する」「職業イメージや目標を描くために専門スキルを体験し学ぶ」といった支援の目的を明確にし、それら支援のステップを進めながら、一つの節目として職業紹介という過程がある。そこにおいても面接同行や面接後のフォローアップが行われ、さらに雇用された後においても定着過程の支援や見守りなどが行われることが多い。

こうしたキャリア形成のプロセスをカバーする相談支援、すなわち就労支援が問われている。生活困窮者自立支援制度において、就労訓練事業（中間的就労）や就労準備支援事業、就労支援員の配置による支援など、3者間の共有・調整過程（図表4-5）を想定した支援のあり方やメニュー、コンテンツの開発が示され、その開発主体として自治体の役割が位置付けられた意味は大きい。

「キャリアの模索・検討」段階に対応した就労支援が機能していなければ、当然雇用労働市場の不全感を惹き起こすことになる。「学校から仕事へ」のプロセス、離転職に伴う再就職のプロセス、職種転換による再チャレンジのプロセス、そして先に見た経済的な困難や福祉医療等のサービスを利用しながら就労や就労継続をめざすプロセスには、「キャリアの模索・検討」に配慮した相談支援が問われている。年代別・対象別のサービス提供や相談における就労支援は、キャリア形成のプロセス全体に応えるのではなく、「求人につなぐ」支援、「2者間調整」に解消されてきた。その結果、ソーシ

図表4－5　相談者・支援者・企業等の3者間共有・調整モデル

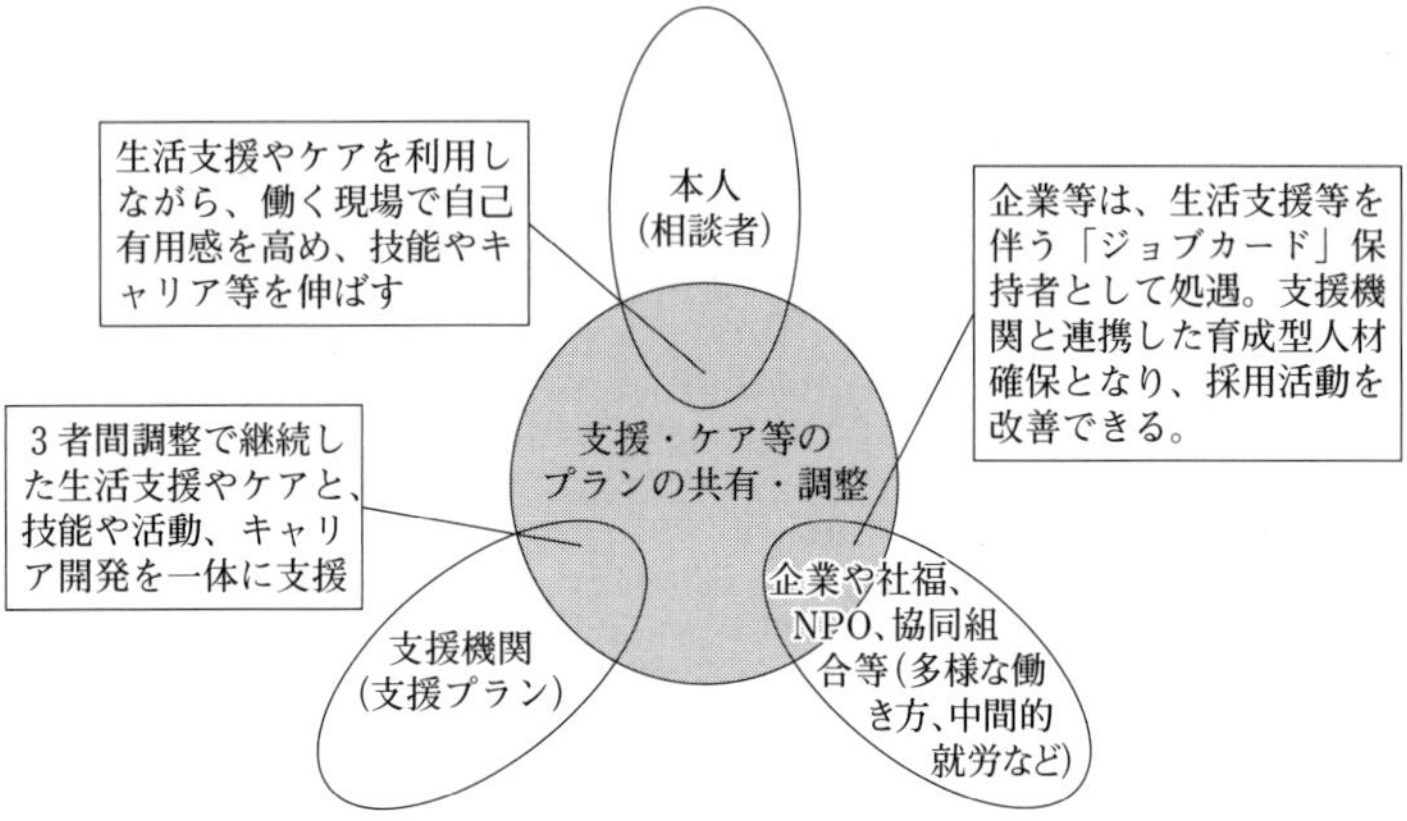

ャルワークによるサービス調整にもかかわらず、「求人につなぐ」2者間調整によって、抱えていた困難や病状などをかえって悪化させてしまうことすら見られた。

第4に、事例でも登場した就労訓練事業などの支援方策の問題、支援メニューが不足していることである。企業等には相談支援を利用する人材を受け入れる経験がほとんどなく、分担すべき配慮やサポートは自明ではない。

海外の「デュアルシステム」等は、「働きながら学ぶ」職業訓練制度とし、実務と座学を組み合わせ豊富な職種でキャリア形成のチャンスを可能にしている。最近では対象を若者や失業者等の狭い範囲に限定せず、在職者を含めた「生涯にわたる訓練機会の提供」という方向に変わりつつあるという。一方、わが国では働く現場における、あるいは仕事に基づく訓練（就労訓練事業等）や人材開発は少ない。就職活動の一環として行われる「インターンシップ」、キャリア教育における職業体験などが最近話題になるが、生活困窮者自立支援制度で登場した就労訓練事業や就労準備支援事業は、仕事に基づく人材開発という新しい取り組みである。しかし、支援メニューの開発は、まだ一部の自治体や地域団体の努力に任されているといってよい。言い換えれば、人材・労働力の需要側である企業等にとって、自治体等と連携すること、しかも「仕事に従事しながら」人材開発や教育訓練等を行うことはまだ珍しいことである。「キャリアを開く」途上にある相談者とその支援者が、働く現場で就労の基礎スキルやめざす職業イメージを見極めたいと思っても、現状では簡単には実現しないのである。働く現場に人材開発や教育訓練の要素を組み込むためには、当然企業等の採用活動や人材開発、人事政策の変更や改善を伴うことになる。ここに、就労支援は、連携する企業等に対する支援、技術的支援が求められる理由がある。

相談者の背景や要因から見える「働く」「働き続ける」ことの課題を4つに分類してみたが、それぞれがからみあい影響しながら、相談者をより厳しい状況に追い込んでいる（図表4-6）。また非正規雇用などの不安定な就業で収入が増えないなど、本人が思う通りのキャリアを開くチャンスに出会えていないといったケースなどでは、自治体の相談を利用するチャンスも少なく、他の公的な相談窓口から生活困窮者自立支援制度の相談につながってくることも少ない。

5　就労支援の地域政策

（1）「就労支援」と自治体

就労支援は「働く」「働き続ける」を支える政策の一つには間違いないが、その原型は雇用システ

図表4－6　就労支援をめぐる4つの困難・課題

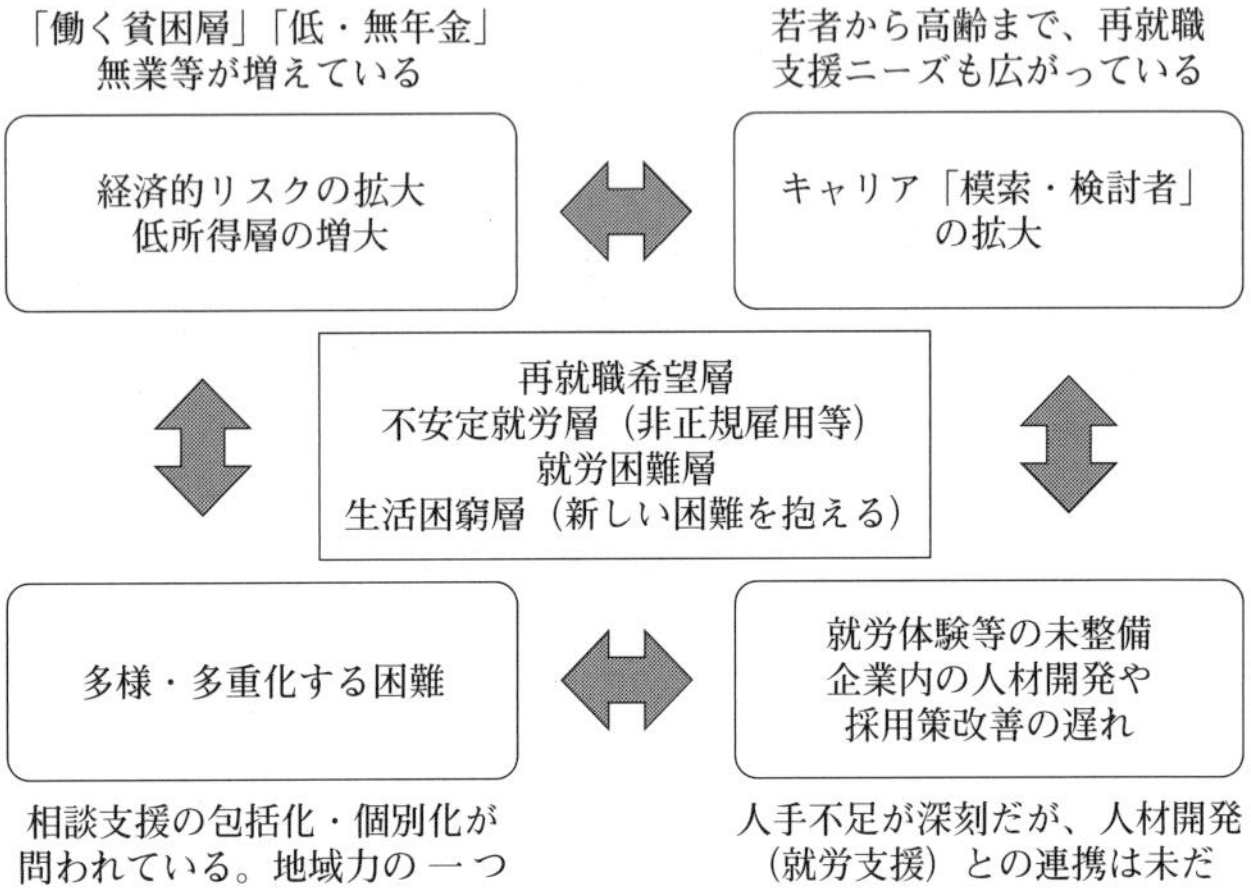

ムや雇用・労働行政からというより福祉行政から生まれた。「就労支援」という表現も福祉の分野から登場している。たとえば、生活保護の分野では「生活保護制度の在り方に関する専門委員会」報告（2003年）を契機に、それまでの「自立助長」から「自立支援」という方向に転換され、2005年から「自立支援プログラム」が始まる。同プログラムは「就労自立」「日常生活自立」「社会生活自立」という「3つの自立」に向けた支援を打ち出している。同じ年には母子・父子自立支援プログラム策定事業も始まっている。さかのぼれば、障がい者の雇用促進や就労支援はもっと早く登場している。障害者雇用の分野は障害者雇用促進法のほか、障害者自立支援法から障害者総合支援法に至るなかで大きく前進しているが、障がい者の「働く」「働き続ける」は重要な政策課題の一つである。高齢者の労働参加を推進するシルバー人材センターもすでに身近な存在であろう。最近では、ニートやひきこもり、不登校といった言葉とともに、思いどおりの

就労や進路が実現できない、さまざまな困難を抱える若者の支援が話題になり、また「子どもの貧困」対策では子どもの支援とともに親の自立就労支援や世帯支援も課題になっている。ホームレス対策の中の就労支援、出所者等の就労支援、がん患者の就労相談などなど、就労支援への期待は広がるばかりである。

これら就労支援の実践はさまざまな就労阻害要因を切り口に対象別に展開され、その特徴は「ソーシャルワークとしての就労支援」「ソーシャルワーク視点に基づく就労支援」などと表現されている（朝日 2009）。就労支援を「『働くこと』の困難に対して、その困難を生じさせている要因と『働くこと』から排除されていることから生じてくる困難の両面にわたって人間の多面的な生き方と生活を保障するための一連のソーシャルワーク」（日本社会福祉士会編 2010）であるとしているが、紹介した事例からも就労支援の意味、意義は容易に理解されるだろう。またＷＨＯが提起するＩＣＦ（国際生活機能分類）の「生活機能構造モデル」の考え方も、相談者にとって就労がもつ意味やその支援のあり方に重要な示唆を与えている。「人間の多面的な生き方と生活（生活機能構造）」を、ＩＣＦは3つのレベルでとらえる。「心身機能・身体構造」のレベル、「活動（生活）」のレベル、「参加（人生）」レベルでとらえることで支援のニーズを見極める。「多様な人材」「さまざまな困難を抱えた相談者」を対象に展開されてきた就労支援の実践は、相談者それぞれが思い描く人生や生活の中で、それぞれの就労やキャリア形成の可能性や課題を理解し、相談支援を利用して生活や就労を実現する取り組みとして整理されてきた。また就労支援は、学校教育とは異なる広義の教育とも理解でき、多様な人材にかかわる人材開発であるとも言える。ここには、「一般就労」「福祉的就労」と異なる「中間的なワークスタイル」が広がりつつある。

一方、自治体の政策の中で就労支援を見ると、年代別・対象別あるいは課題別・対象別と特徴づけられる「タテ」（割り）の社会サービスごとに、その一部または付随した取り組みとして展開されてきた（図表4-7）。そのため分野や担当する部署によってその実践の内容も一様ではない。①分散した窓口ごとの取り組みで、まとまったイメージがない。②相談支援とマッチング過程以降とが分断している。すなわち就労に向かう段階や働く現場では相談者と企業等が相対し採用から就労継続まで「2者間の調整」となり、支援を利用して「働く」姿や支援者の姿は企業等から見えない。③キャリア形成に関する理解が弱く。「キャリアの模索・検討」段階の支援を見逃し、結果「2者間の調整」の支援モデルとなり、逆にソーシャルワーク実践の成果を損ねている。④ソーシャルワークとしての就労支援を体現する実践例が注目されるが、自治体の政策をつくりあげるまでには至っていない、といった課題が挙げられる。

(2) 自治体の地域政策と就労支援の可能性

筆者は自治体で就労支援を経験し、現在自治体や支援団体、研究者等から就労支援や人材開発などについて相談や照会を受けることが多いが、最近いくつかの傾向が見られる。生活困窮者自立支援のほか、障がい者やひとり親等の就労支援に関する相談がある一方で、一つは、人口対策や地域振興を担当する部門、多くは企画・政策調整の部署からの相談である。少子高齢化と人口減少というかつてない地域社会の変化への政策対応が差し迫っている現状が伝わってくる。この分野では移住促進や

図表４−７　広がる年代別・対象別の相談支援と付随する就労支援

高齢者支援（シルバー人材センター等）	ひとり親支援	男女協働参画（DV・就労等）
子ども・子育て支援（貧困・虐待・保育等）	精神保健	在住外国人等支援
若者支援（ひきこもり・新卒未就職等）	障がい者支援（精神・難病等）	ホームレス支援
発達障害	多重債務等	出所者等支援
自殺対策	廃業等事業整理	がん患者支援
非正規労働等	生活困窮者	生活保護受給者

「地域おこし協力隊」（人口減少や高齢化等が進行する地域において、地域外の人材を積極的に受け入れ、地域づくりに従事し、併せて定住・定着を進め、地域力の維持・強化を図るもの。２００９年に総務省が制度化。協力隊による事業が成長するに伴い、人材の追加需要への対策が問われている。http://www.soumu.go.jp/main_sosiki/jichi_gyousei/c-gyousei/02gyosei08_03000066.html）の取り組みが広がるなかで、改めて地域で「働く」「働き続ける」ための支援のあり方や人材の確保・育成に関心が集まっている。

次に経済産業部門からの相談である。地域の基幹産業等における人手不足の深刻化、少子高齢化や人口減少などを受けて、これまでにない人材の確保・育成に取り組みたいという。具体的には、求人等による採用活動だけではなく、就労体験や実習などの支援や訓練の要素を組み込んだ人材の確保・育成の進め方や、すでに就労体験のための

図表4－8　人材開発・就労支援をめぐる自治体の各部門

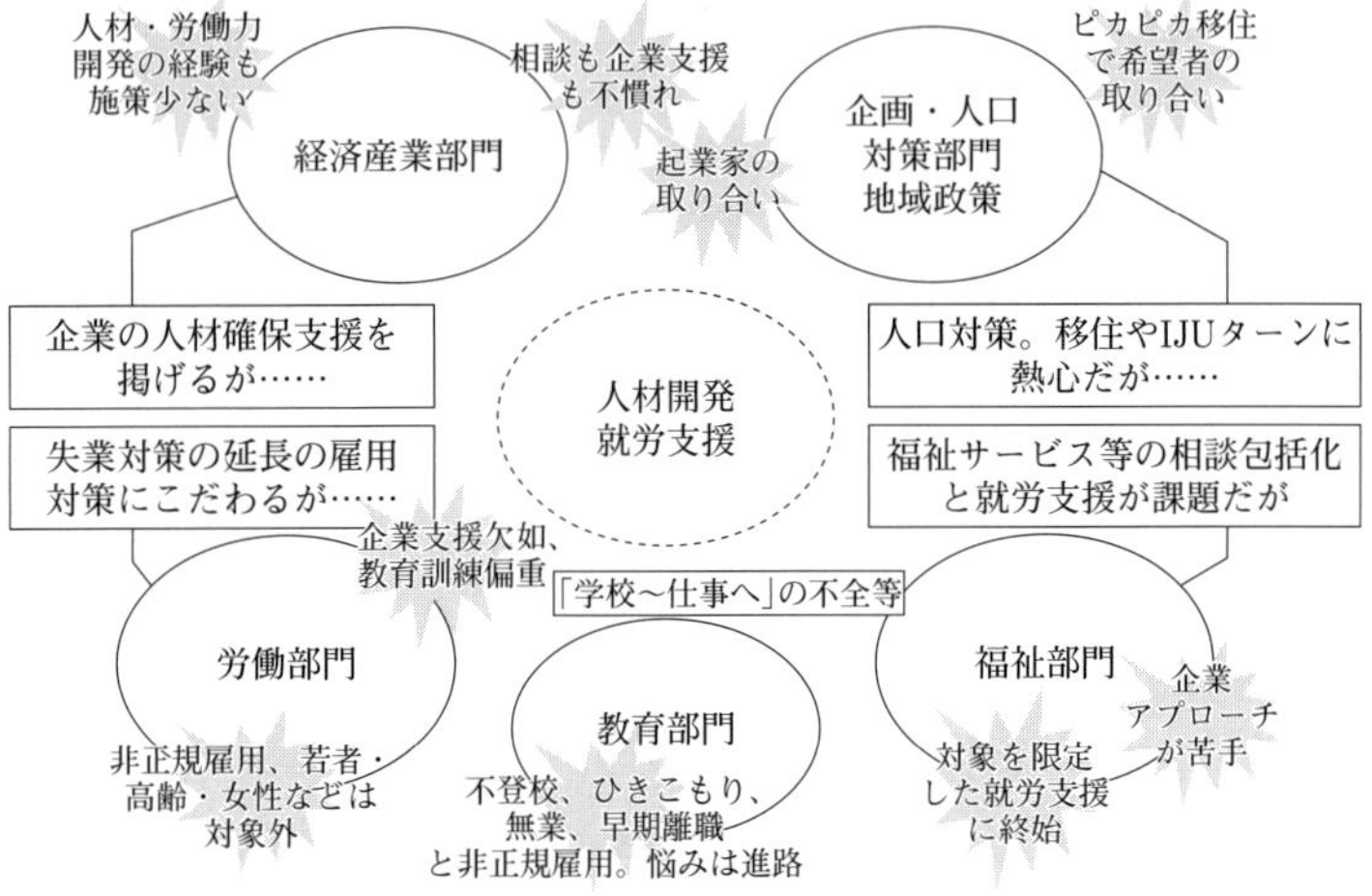

施設等を開設したが「人材が集まらない」「体験を途中でやめてしまう」といった問題への対応などである。業種は農業や観光から、福祉医療やビルメンテナンス、ものづくりなどさまざまである。共通していることは、どのような人材を求めているのか、人材をどのように発見するのかが明確ではなく、まちや産業の魅力をマスコミ等で発信し、移住や体験などに興味のある人（希望者）を探すといった涙ぐましい取り組みとなっている。一方、「農福連携」（地域の課題解決方法の一つとして注目される「農業」と「福祉」の連携。障がい者や生活困窮者、困難を抱える若者らが福祉等の社会サービスを利用しながら農業に従事するもので、高齢化・後継者不足に悩む農業振興策と統合した取り組みとして始まっている）や「農商福連携」などでは人材や支援策を明確にしつつある（図表4－8）。

　これら自治体の動きから予感できることは、福祉部門で展開されてきたソーシャルワークとしての就

図表4－9　就労支援の位置づけを変える

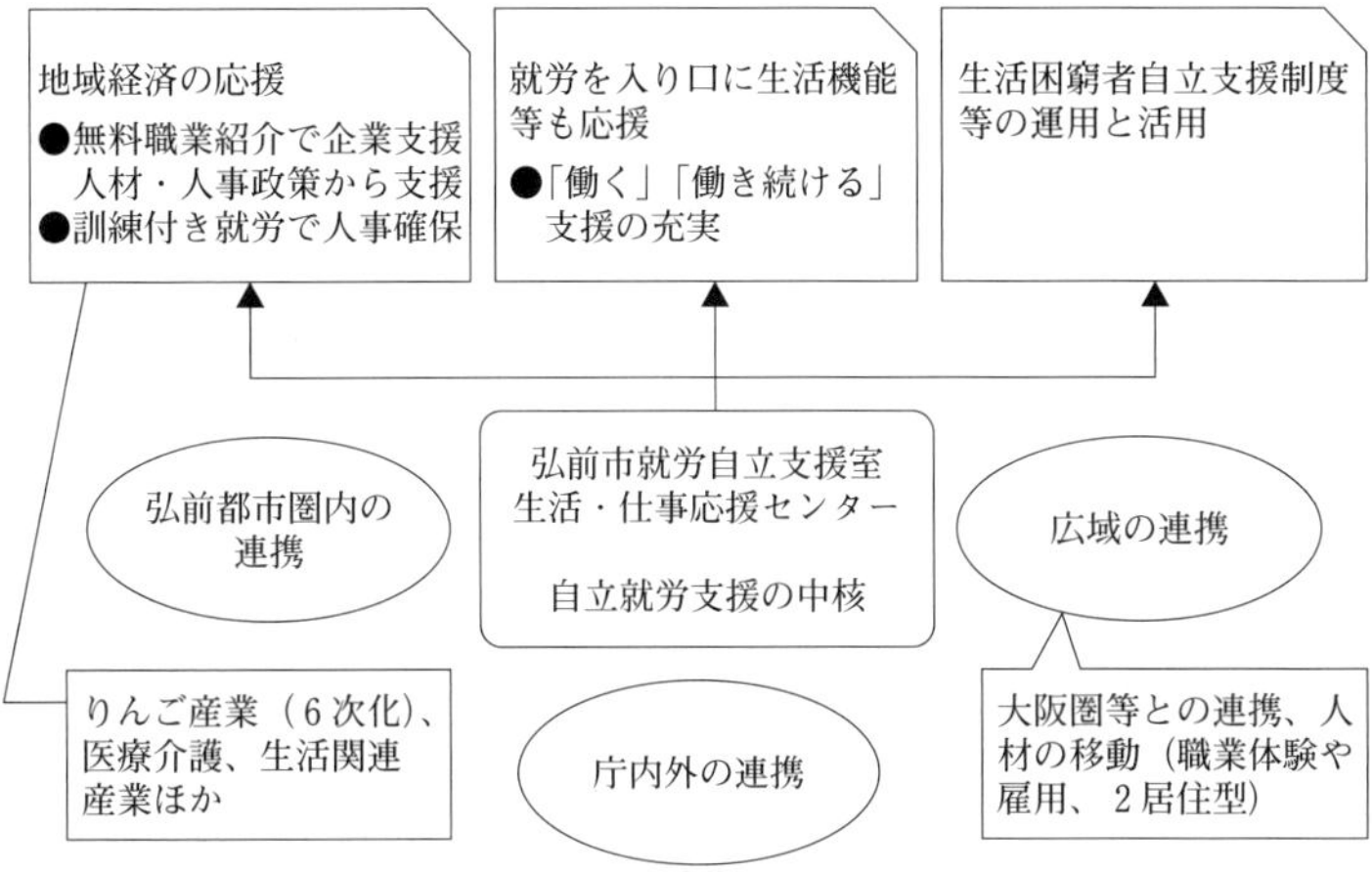

（出典）「弘前市就労支援プログラム」から筆者作成。

労支援の取り組みが新たな段階を迎えていることである。人口減少や地域経済の人手不足、地域社会を担う人材など、自治体や地域が直面する人材の問題、人的資源に関する解決策と「就労支援」が関わりはじめている。先に挙げた自治体の3つの部門はこれまで交わることは少なく、組織も予算確保の考え方も業務スタイルも異なっている。しかし、人材問題の解決、人材開発という観点からは、重なる部分が広がっている。多様な人材の就労支援と地域経済が求める人材の確保・育成、生産性の向上などは共通する要素が多く、一体的な地域政策が構想されても不思議ではない。それぞれの政策の連携ではなく事業の融合・統合、さらに組織の再編まで、財政の制約が強まる中で避けて通れない改革課題になっている。青森県弘前市は地方創生と就労支援の事業を統合して、地域経済の支援と多様な人材の自立就労支援を進める「就労自立支援室」を設置している（図表4－9）。

島根県浜田市は介護福祉人材の確保・育成とシングルペアレント支援とを融合させて、人材を全国から受け入れている。「ひきこもり」等の若者支援で有名な秋田県藤里町には質の高い支援を求めて全国から若者が集まっている。生活困窮者自立支援制度などの就労支援事業の運営・活用と、地域経済社会と連携した人材開発を結合させた地域政策はすでに登場しつつある。そうした就労支援（人材開発）をベースに自治体や地域間の連携によって、広域で人材開発の選択肢を拡充させようという取り組みも始まっている。「地方就労・自立支援事業」（地方創生のメニューの一つ）等を推進しようと呼びかけている（自治体連携推進会議 http://lg-plat.jp/）。

6　おわりに

就労支援が人材開発の地域政策として自治体の政策の一つになる可能性が高まっている。そこで、就労支援を自治体の地域政策として推進するための課題を整理しておきたい。まず、ソーシャルワークとしての就労支援の成果を伸ばすために、方法論として相談支援とマッチング等を分断した「2者間調整モデル」から、支援を利用して「働く」「働き続ける」を支える「3者間共有・調整モデル」の就労支援に脱皮する必要があろう（相談支援の向上）。言い換えれば、働く現場での支援、企業等への支援を一体化する就労支援の実践であり（企業等の支援、無料職業紹介事業の活用等）、就労支援を「自治体による人材開発」ととらえ、体制整備を図ることも考えられる。そこで問われるのが支援対象の拡大である。「キャリアの模索・検討」段階にある相談者を広くとらえ、その特性や課題を踏まえた支援実践や支援メニューの開発が問われる。とくに、就労体験のような「仕事に基づく訓練」（厚生労働省 2017）に対する期待が高くなっているが、これら「オーダーメイド型」支援メニューは求人（情報）やレディメイド型の教育訓練のようにすでに存在しているわけではなく、自治体独自に開発しなければならない（メニューの開発、官民連携による事業推進）。そして、顕在化しているニーズへの対応はもちろんのこと、潜在的なニーズの発見機能の充実が優先される。「タテ」型窓口の包括化（地域共生社会の推進）、アウトリーチ機能の強化などのほか、利用しやすい支援メニューや選択肢の拡充こそが個別化・潜在化するニーズに届き、中間的ワークスタイルを浸透させることに留意したい。選択肢の拡充は地域に閉じた政策では対応しきれないため、自治体間あるいは地域間の連携も課題になってくる。就労支援（人材開発）が自治体の地域政策となるのはそう遠くないであろう。

参考文献

朝日雅也（2009）「社会福祉現場における就労支援サービスのあり方」社会福祉リカレント講座、東京区政会館。

埋橋孝文（2007）「就職困難者問題と地域就労支援事業―地域から提案されたもうひとつのワークフェア」埋橋孝文編著『ワークフェア　排除から包摂へ』法律文化社。

J・D・クランボルツ、A・S・レヴィン著、花田光世ほか訳（2005）『その幸運は偶然ではないんです』ダイヤモンド社。

厚生労働省（2017）「生活困窮者自立支援のあり方等に関する論点整理のための検討会『生活困窮者自立

支援のあり方に関する論点整理』」、13―16ページ。

櫻井純理（2009）「市町村による地域雇用政策の実態と課題」『現代社会研究』Vol. 12、京都女子大学現代社会学部。

田端博邦編著（2006）『地域雇用政策と福祉：公共政策と市場の交錯』東京大学社会科学研究所研究シリーズ No. 22。

西岡正次（2017）「就労支援は地域政策になるのか?」五石敬路・岩間伸之・西岡正次・有田朗編『生活困窮者支援で社会を変える』法律文化社。

日本社会福祉士会編（2010）『ソーシャルワーク支援に基づく就労支援実践ハンドブック』社団法人日本社会福祉士会。

花田光世（2013）『働く居場所の作り方』日本経済新聞社朝日雅也（2009）「社会福祉現場における就労支援サービスのあり方」社会福祉リカレント講座（平成21年12月、東京区政会館）。

第5章　支え合いへの財政戦略
――ニーズを満たし、財源制約を克服する――

高端正幸

1　崩れる社会、行き詰まる財政

いつから私たちは、財政事情を理由に未来への希望を捨てなくてはならなくなったのだろうか。財政赤字を急激に膨らませた1990年代、いやそれ以前から、社会保障は財政支出抑制の最大のターゲットであった。政策論を支配してきたのは「財源がないから、社会保障支出を抑制せねばならない」というロジックである。そこに非正規雇用の増大をはじめとする社会情勢の変化が重なって、いまや「生きづらさ」が社会を覆っている。財源の制約と、財政が満たすべき社会的ニーズとの隔たりは、大きくなる一方であるように思える。

しかし、絶望する必要はない。私たちが知るべきなのは、「財源がないから社会保障支出を抑制すべき」という主張が、そもそも誤っているということである。日本の財政の根本問題は、「社会保障支出を抑制するから、財源が増やせず、財源不足が深刻となっている」ことにある。つまり、社会保障支出の抑制は、財政赤字を解消するための手段ではなく、財政赤字を生み出した原因なのである。そして、社会保障の充実、とりわけ普遍主義的に人々のニーズを幅広く満たすための改革が、健全財政を実現するためにも不可欠であって、ゆえに「財政事情と社会的ニーズのどちらを優先すべきか」という問いは成り立たないのである。

その理由を、本章では一種の財政社会学的な観点から説いていく。財政が社会を支え、社会が財政を支える。この両面が分かちがたく関係を取り結ぶさまに目を向けてこそ、今日直面する財政問題の根本をつかみ、未来への希望をもって財政を論じることが可能となる。

2　財政赤字と租税抵抗

(1)　財政赤字の主因——支出か収入か

社会保障政策、労働政策その他の政策手段をつうじて生活保障を追求する戦後福祉国家は、とりわけ1980年代以降、その財政的な安定性に疑問が呈されるようになった。社会保障のニーズが拡大する反面、国際競争の激化や経済成長の鈍化が税収の確保を許さないため、福祉国家の財政は持続困難だというわけである。

ところが、不思議なことに、社会保障を中心とする財政支出が大きい「大きな政府」が財政赤字をうまく抑制する一方、むしろ「小さな政府」が財政赤字に悩まされるという傾向が、1990年代以降に現れた。前者の典型は北欧であり、日本やアメリカが後者の好例である。関連して、リーマン・ショック後の欧州経済危機において財政破綻が懸念されたのが、ギリシャ、スペイン、イタリアといった、伝統的に社会保障給付が小さかった国々であったことも想起されたい。

考えてみよう。もし「大きな政府」で赤字が膨らんでいるなら、財政赤字の主因は支出の大きさであろう。しかし、「小さな政府」が財政赤字を抱えているならば、問題は、小さな財政支出さえまかなえないほどの収入の不足である。現実は後者を指し示しているのである。

日本の場合も然りである。財政事情が決定的に悪化したのは、バブル崩壊後の1990年代以降である。その初期に、支出はたしかに増加しているが、増加のテンポは80年代とほぼ変わらない上に、90年代後半からは横ばいから減少に転じた。リーマン・ショック対応の景気対策や東日本大震災の復興事業が加わった2010年前後の歳出増も、決定的な重みはない。

より大きく効いたのは、税収の著しい停滞である。しかも、その主因は減税政策にある。1990年度から2004年度までの15年間で発生した20兆円近くの税収減から、80年代末のバブル景気による例外的な増収の影響を差し引くと、実質的な税収減は12・2兆円となるが、そのうち7・6兆円は減税政策の結果である（神野・宮本 2006）。つまり、景気の悪化より、むしろ減税政策が税収を減らしたのである。その間に社会保険料（年金・医療・介護等）は着実に引き上げられたが、収支ギャップを埋めるには程遠い。財政赤字は、歳出増ではなく、それをまかなうに足る税収を確保しないばかりか、減税に走ったことで膨らんだのである。

図表5－1　各所得階層の税・社会保険料負担が重いという回答の割合

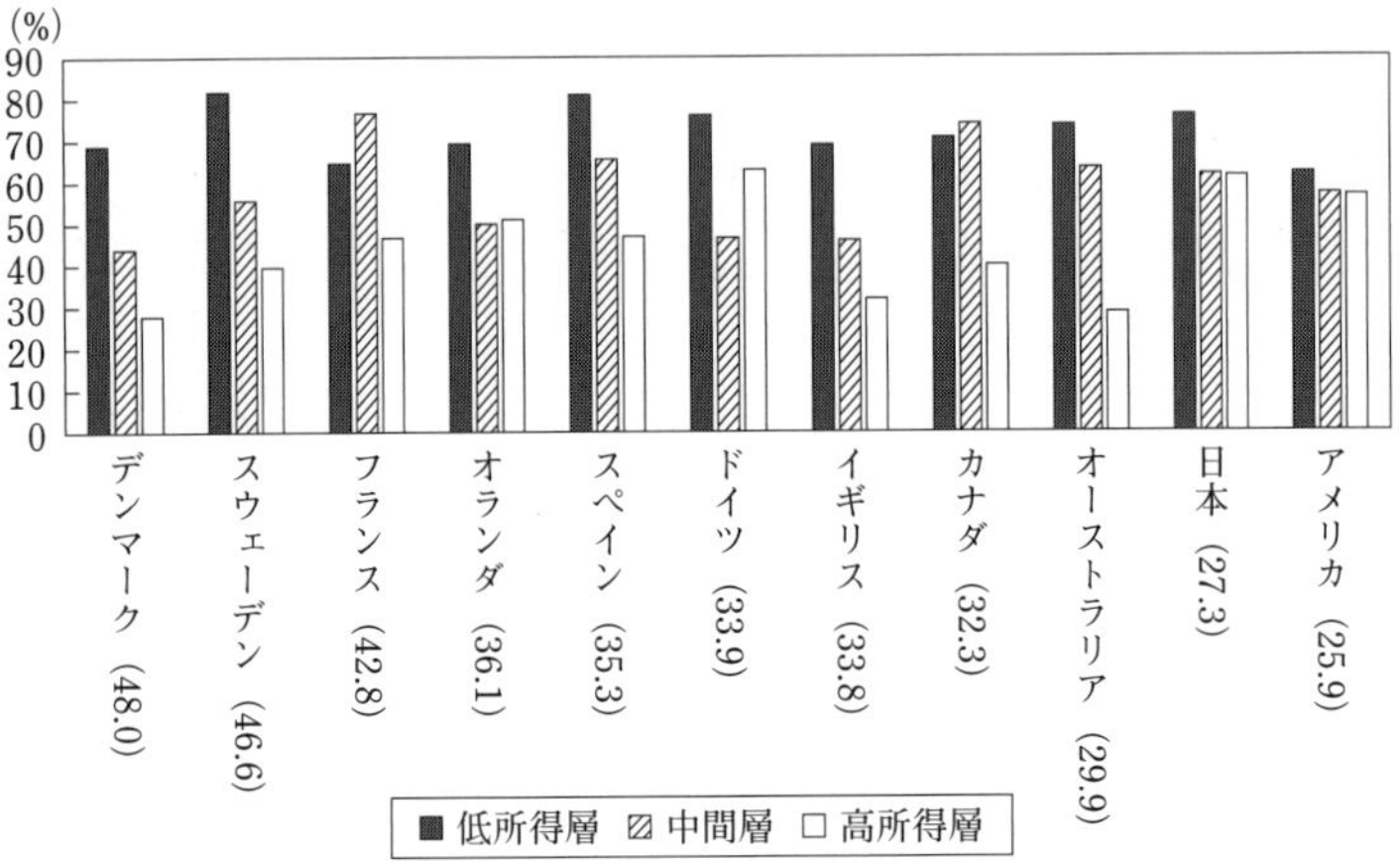

（注）国名に続くカッコ内は、図表5－2に示した総負担の対GDP比（%）である。
（出典）OECD, *Revenue Statistics* および佐藤・古市（2014）のデータに基づき作成。後者の原資料は、*International Social Survey Programme: Role of Government IV, 2006.*

（2）税を忌避する日本の人々

1990年代には、減税は景気対策でもあった。しかし、増税が政治家にとって命取りであり、忌避されるものであることも事実である。日本では、税や社会保険料の負担を人々が過度に嫌っているのである。

国際社会調査プログラム（ISSP）の2006年調査において、低所得層、中間層、高所得層それぞれの税・社会保険料負担が重いと回答した割合を示したのが図表5－1である。日本を見ると、中間層の負担を重いと考える人は61・7％で11か国中5番目に、低所得層の負担が重いとする人は76・0％で4番目に多い。

これは実に奇妙なことである。なぜなら、日本では実際の税・社会保険料負担は非常に軽い。図表5－2には、税と社会保険料を合わせた総負担が重い順に主要国が並んでおり、

図表5－2　税・社会保険料負担の対GDP比（2005年）

（単位：％）

	総負担	①～⑤計	①個人所得課税	②社会保険料（被用者負担）	③非被用者の社会保険料負担	④一般消費課税	⑤個別物品課税
デンマーク	48.0	38.7	24.0	0.1	0.0	9.7	5.0
スウェーデン	46.6	29.0	14.7	2.6	0.2	8.6	2.8
フランス	42.8	22.6	7.7	4.0	1.1	7.4	2.4
オランダ	36.1	25.1	6.5	6.0	2.4	7.1	3.1
スペイン	35.3	18.1	6.4	1.9	1.4	6.2	2.2
ドイツ	33.9	23.7	7.8	5.9	1.1	6.1	2.8
イギリス	33.8	21.9	9.8	2.7	0.2	6.3	3.0
カナダ	32.3	19.9	11.5	1.9	0.2	4.8	1.6
オーストラリア	29.9	18.2	11.9	0.0	0.0	4.0	2.3
日本	**27.3**	**15.0**	**5.0**	**4.2**	**1.3**	**2.6**	**1.9**
アメリカ	25.9	15.4	9.1	2.8	0.3	2.1	1.0

（出典）　OECD, *Revenue Statistics.*

人々が負担を実感しやすいであろう①～⑤の税・社会保険料の負担も示されている。日本の総負担はアメリカに次いで2番目に小さいし、①～⑤の税・社会保険料負担の合計は最小である。ところが、日本の人々はデンマークやスウェーデンなどの負担の重い国々と同様に、あるいはそれ以上に、低所得層や中間層の税負担を重いと感じているのである。

とくに中間層、すなわち、困窮しておらず裕福でもない平均的な経済力の人々の負担が重いと感じられていることは、財源確保の大きな足かせとなる。なぜなら、彼らは社会の多数派を占め、選挙をつうじて政治の動向を決定づける存在である。また、税収の規模を左右するのも、納税額は多いものの人数が限られる高所得層ではなく、一定の所得があり人数が多い中間層の人々である。したがって、中間層が租税負担に対する態度が、財政の持続可能性を決定的に左右するのである。

すでに確認したように、財政赤字の主因は支出の膨張より、むしろ財源調達の失敗に求められる。そして、財源調達のカギは中間層の負担への同意にあるが、その欠如こそが日本財政の根本的な脆弱性なのである。それでは、なぜ中間層が税の負担感を強めているのだろうか。

3　財政をつうじた「支え合い」の社会的基礎

(1) 日本の残余主義的社会保障

ポイントは、日本の残余主義的な社会保障のあり方に見出される。残余主義（residualism）の対語を、普遍主義（universalism）としておく。そして、普遍主義的な福祉国家では、財政支出が膨らむにもかかわらず、福祉国家の政治的・財政的な意味での維持がより容易であるという指摘が、従来から見られる（たとえば Esping-Andersen 1990）。

ひとまず、普遍主義と残余主義という概念を本章で用いるさいの意味を確認しよう（Anttonen, et al. 2012）。普遍主義は、資本主義社会における人間の生活は基本的に不安定なものだという理解のもと、労働をつうじた自立や家族による自助と同等に、社会保障政策によってすべての人々が直面しうる生活上の困難を、権利として普遍的にカバーすべきだとする考え方である。これに対し、残余主義は、資本主義社会において、人が労働をつうじた自立や家族による自助で生活を維持することを当然のことと見る考え方であり、よって社会保障政策は例外的に自立・自助に失敗した人を限定的に救済するものとなる。

したがって、普遍主義においては、疾病・老齢・失業・障がいなどによる所得の喪失を現金給付で補償するとともに、介護、子育て、就業支援といった、人間的な生活を送る上でのさまざまなニーズに応じたケアサービスを、困窮者だけでなく中間層以上を含めて幅広く、無償に近いかたちで提供する傾向が生まれる（普遍的な社会保障給付）。反対に、残余主義的に生活維持の自己責任が強調されれば、一般に社会保障は手薄となる上、社会保障制度によって「例外的に救済すべき対象」を主に所得水準に着目して限定する傾向が強くなる（選別的な社会保障給付）。また、自己責任を強く求めれば、介護、子育てなどケアサービスの受給に対して、一定の金銭的負担を求める度合いも高くなる。

それでは、日本はいずれに近いのか。社会保障支出（OECDの定義する公的社会支出）を手がかりとしよう。第1に、現金給付の大半を年金が占めており、その他の現金給付（失業給付、家族（児童）手当、生活保護など）が極めて小さい（図表5-3）。つまり、老齢よる所得喪失に対応する年金給付を除くと、人々の所得を保障する現金給付が非常に限られている。第2に、現物（サービス）給付の中身は医療に偏っている（図表5-4）。しかも、医療以外のサービスの内訳を見ると、そのかなりの部分が高齢者向け給付（介護）であり、家族（子ども・子育て支援）、障がい、積極的労働市場政策（職業訓練・生涯教育をはじめ、人々の労働市場への参加を支援するサービス）などのサービス給付は極めて小さい（図表5-5）。

こうした給付パターンを生み出してきたのが、「労働による自立と家族による自助の強調」である。高齢により所得が減少することは長生きすれば避けがたいし、医療も生命や生活の質を左右する、誰

図表5-3　公的社会支出：現金給付の内訳（2011年）

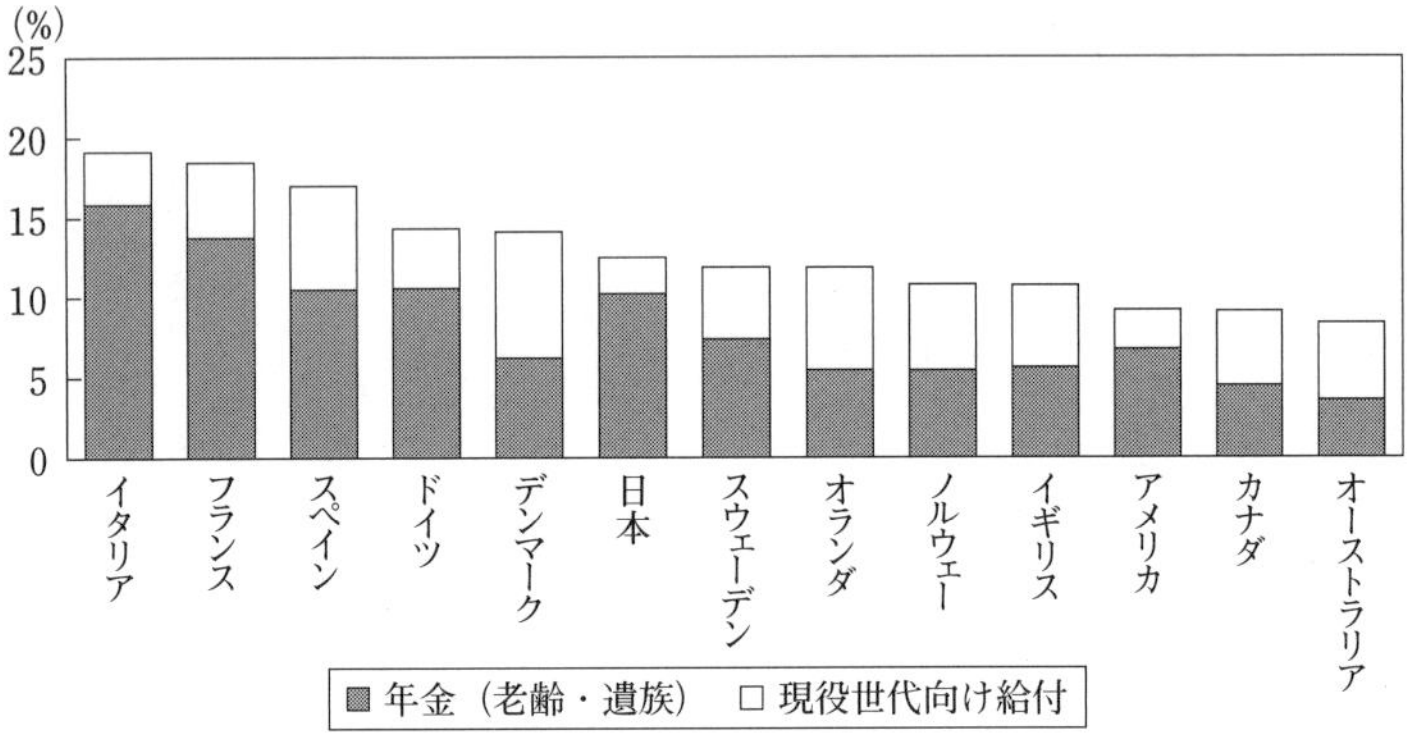

（注）アメリカ、カナダ、オーストラリアは2012年のデータ。
（出典）OECD, *OECD.Stat.*

図表5-4　公的社会支出：サービス（現物）給付の内訳（2011年）

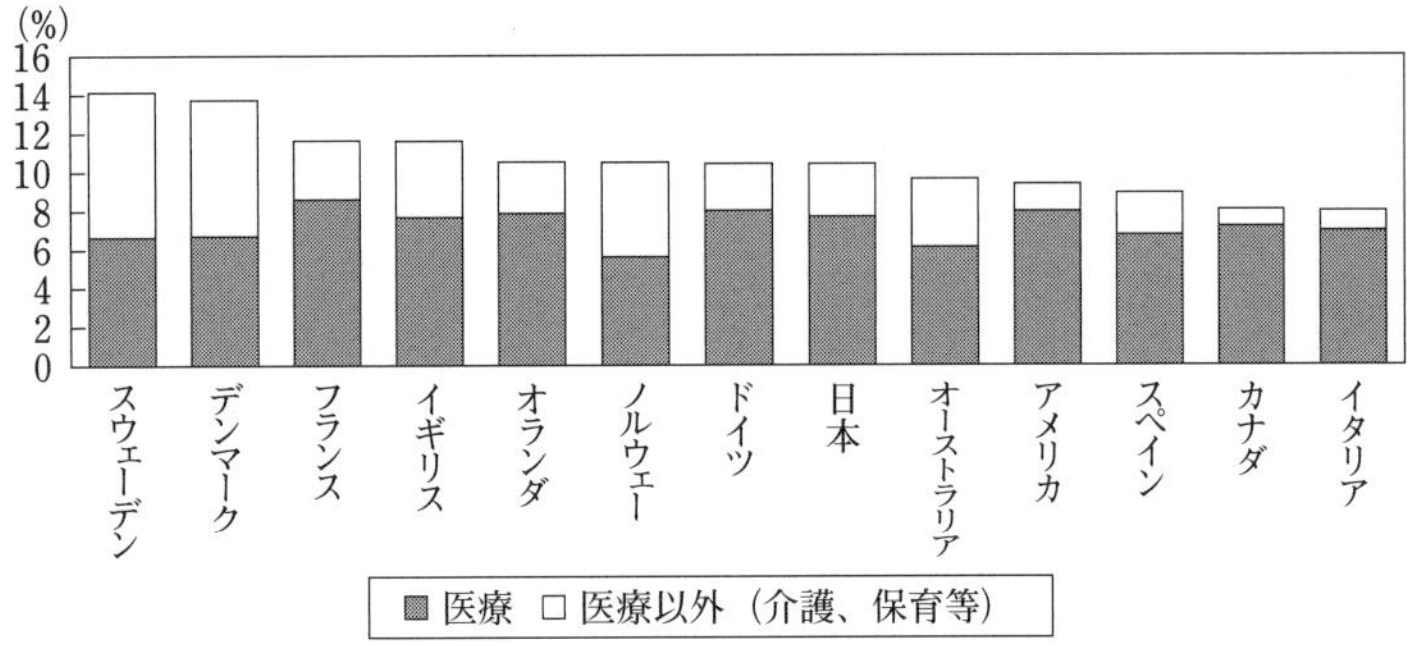

（注）アメリカ、カナダ、オーストラリアは2012年のデータ。
（出典）OECD, *OECD.Stat.*

図表5－5　医療をのぞくサービス（現物）給付の対GDP比（2011年）

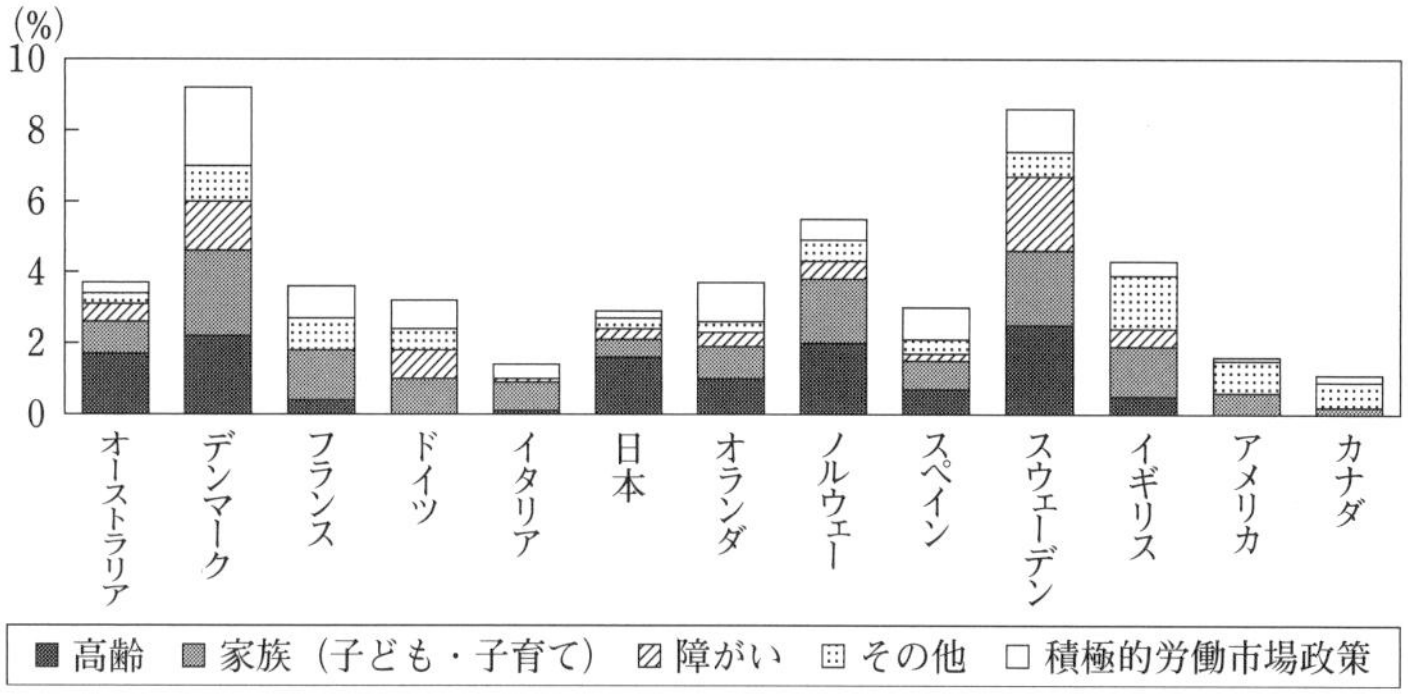

（注1）　アメリカ、カナダ、オーストラリアは2012年のデータ。
（注2）「積極的労働市場政策」は、OECDの統計上、現金給付とサービス（現物）給付との区別がつけられていない。ただし、その性格上、主となるのは対人サービスであると考えられるため、ここではその総額を掲げている。
（出典）　OECD, *OECD.Stat.*

にとっても重要なサービスである。ゆえに、年金や医療は一応の充実が図られてきた。その反面、働ける年齢の人々は生計を維持できて当然だし、子どもや老親、障がい者などの面倒も家族で見るのが当然だ、と言わんばかりに、年金・医療以外の諸給付が著しく小さいのである（介護サービス給付は、２０００年の介護保険制度導入後にようやく伸長した）。

　なお、年金・医療・介護への社会保障の偏りを「高齢者に手厚い」と解釈し、世代間不公平を強調する向きが見られるが、それはミスリーディングな見解である。医療や介護の需要が高齢化によって高まるのは当然であり、それは「手厚い」ことを意味しない。介護サービスは需要に追い付いていないし、老齢年金の所得代替率も低く、中でも国民年金制度は機能不全に陥っている。日本の高齢者の貧困率が高く、生活保護受給者の半数を高齢者が占めることには理由がある。世代に関係なく、「労働による自立と家族による自助の強調」が貫かれていると見るほうが明らかに現実に近いのである。

ところで、残余主義的な政策は、社会保障支出を小さくする。ところが、残余主義は財政赤字を生むのである。この逆説を、つぎに解き明かしていくこととしたい。

（2）受益感と税負担への抵抗

社会保障制度からの受益感が高いほど、人々は税の負担に同意しやすい。反対に、自分を守ってくれない政府に対して、人々は税金を委ねようとはしない。

所得にかかわらずすべての人に、ニーズに応じて普遍主義的にサービスが提供されると、困窮する人々だけでなく、中間層以上を含めた幅広い層に受益感がもたらされる。ある時点で所得、健康、家族状況などの生活条件に恵まれている人であっても、職を失う、疾病・障がいを負う、親の介護を必要とする、子どもが生まれる、離婚するなど、生活を困難化させうるイベントに見舞われたときには社会保障制度に支えてもらえるという、安心感に近い意味での受益感を抱くことができるわけである。

反対に、残余主義的なアプローチをとれば、そういった意味での受益感を中間層以上の人々が抱くことは難しい。彼らに自立・自助を強いて社会保障給付を振り向けず、租税負担のみを求めれば、社会の多数派を占める彼らが、受益なき負担を強いられているという感覚を強める。こうした受益感の有無が租税負担に対する抵抗感を左右することが、国際比較研究をつうじて確認されている（Korpi and Palme 1998, Jæger 2009, Jordan 2013）。

図表5－6　世帯可処分所得の分布

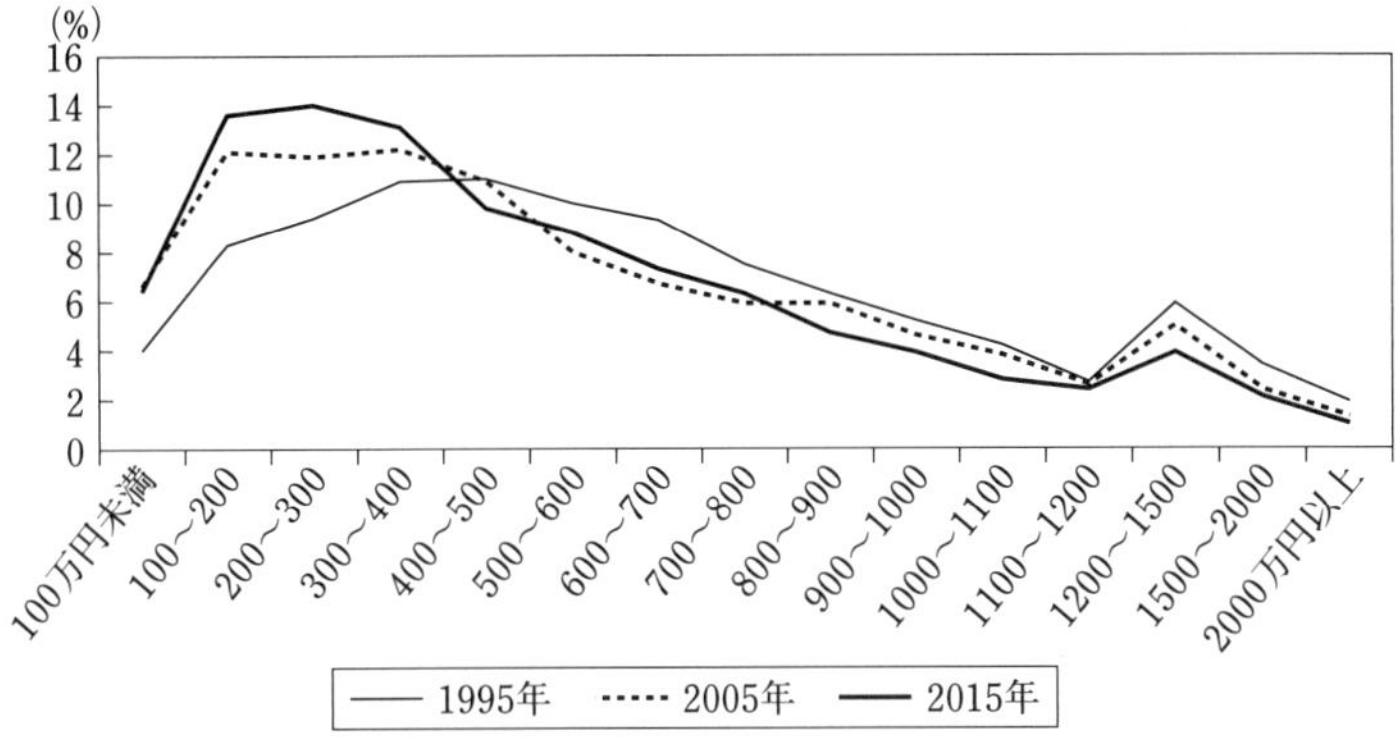

（出典）厚生労働省『平成27年度　国民生活基礎調査の概況』。

しかも、近年の日本では、残余主義の帰結としての受益感の欠如がより深刻な意味をもつようになっている。中間層、つまり「困窮しておらず裕福でもない」という幅の内で、私たちの生活実態が劇的に悪化しているからである。１９９０年代以来、世帯所得は大幅に低下し、今や２００万〜３００万円にピークが位置する（図表５－６）。結果として、生活が苦しいと感じる人が６割を超えた（図表５－７）。失業を恐れて劣悪な労働環境を耐え忍び、老親や障がい者のケアが経済的困窮に直結し、仕事と子育ての両立で身も心もすり減らすというのが、「普通の暮らし」の姿となっている。それにもかかわらず、社会保障からの受益感が低いとすれば、いよいよ税の負担を受容する余地はない。

それだけではない。多少なりとも私たちの手に届く社会保障の給付が、わざわざ人々の受益感を削いでいる。

一つは、ケアサービス受給に伴う自己負担の引き上げと、その水準の高さである。医療については、２０００年代から高齢者の自己負担割合の引き上げがじわじわと

図表5-7　生活意識の変化

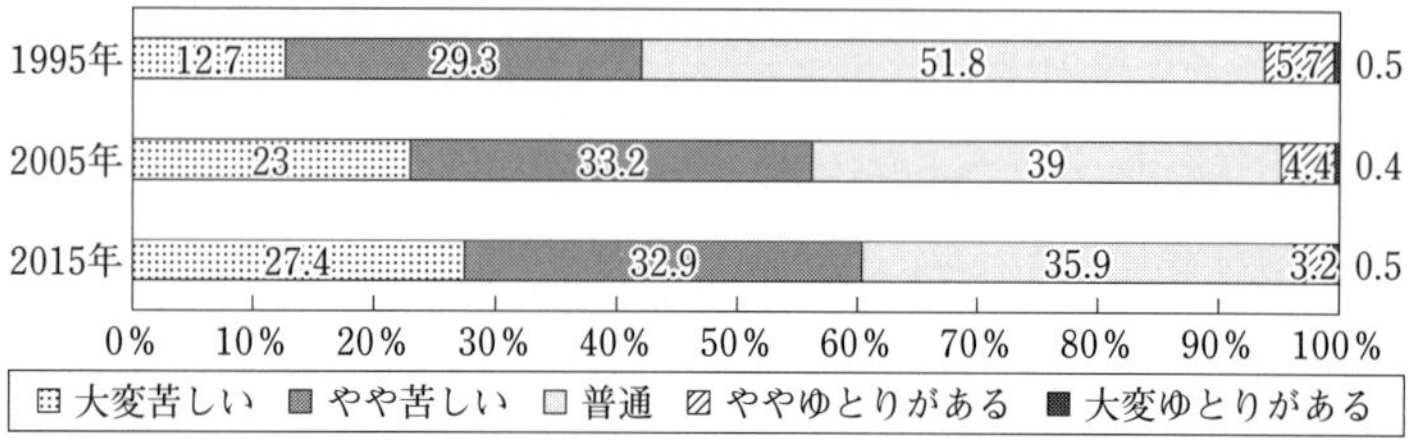

（出典）　図表5-6に同じ。

進められている。介護についても、2005年には施設入所者の食費・居住費が原則全額自己負担とされ、2015年には一定以上の所得のあるサービス利用者の自己負担が1割から2割へと引き上げられた（さらなる引き上げや生活支援サービス（調理・清掃など）の介護保険からの除外も既定路線となっている）。そもそも有料老人ホームの入居一時金や利用料は高額であるし、在宅サービスの場合にも利用限度額を超えると全額自己負担となる。寝たきりに近い老親に人間的な生活を保障するためには、近親者が就労を減らしてケアにあたるか、利用限度額を超えるサービスを全額自己負担で利用するしかない。このように、医療・介護保険料をこつこつ納めても、待っているのは高額の自己負担で、かつそれが引き上げ傾向にあるとなれば、受益感より、むしろ何のために税や社会保険料を負担しているのかという疑念のほうが膨らんで当然であろう。

もう一つは、給付に対する所得制限である。たとえば児童手当を受け取るさいには、親の所得が調べられ、一定所得以上の世帯については給付額が減額される。近年見られる年金受給者や児童手当受給者向けの臨時的な給付金も、所得や課税状況により受給資格を限定する。あるいは待機児童の多い地域では、認可保育所も事実上、低所得世帯のみが利用可能となり、多くの世帯が利用料の高い認可外サービスを利用するか、非自発的な離職あるいは育児休業の延長を強いられる。所得により給付の有無や給付額に差をつけることが、福祉とは困窮者ほど得をするもので、一定の生計を維持している多数派の人々にはわずかな恩恵しかないものだ、という私たちの認識を増幅させているのである。

所得は自力で確保するもの、ケアは家族で行うもの、という大前提で社会を設計するがゆえに、社会保障の現金給付は「困窮者だけに与えるもの」、サービスは「買わせるもの」とされ、生活不安の増す中間層にとって、生活を支えられている実感を抱き難いものとなっているのである。

(3) 二つの不信と、財政と社会の同時危機

さらに、こうした受益感をもたらさない残余主義的な社会保障は、財政の、そして社会の存立基盤というべき二つの信頼を損ねていく。

一つは、政府への信頼である。従来から「小さな政府」である上に、公共サービスの民営化を進めてきた日本の公務員数は、国際的に見て少ない。また、公金の濫用が他国と比べて多いわけでもない。それでも人々は、税の無駄遣いを糾弾して止まない。税を払っても生活が支えられている実感がないため、政府が有効に財源を活用しているとは思えないのである。

有権者の支持を得るべく、政党が歳出の無駄探しを競っても、政府への信頼が回復することは期待できない。考えてみよう。国でも地方でも公務員の労働条件は悪化し、非正規雇用への置き換えも限界まで進んだのに、公務員バッシングが止む気配はない。あるいは、予算について、防衛費やその他

の歳出が無駄だという主張もさまざまありえよう。しかし、教育費も対途上国援助も、そして防衛費も、日本は先進諸国中で最低水準（すべてＧＤＰ比）なのである。

しかも、現実には、増加する社会保障経費こそが無駄探しのターゲットと化している。何らの充実もなく現行制度を維持するだけで、社会保障給付費は２０１２年度から25年度の間に39・４兆円増加する（財政制度等審議会「平成27年度予算の編成等に関する建議」資料）。その規模感は、国の２０１７年度予算の一般会計歳出約97兆円（国債の元利償還費を除けば約74兆円）、あるいは消費税率を１％引き上げて生じる増収（軽減税率などの負担軽減措置がない場合）約２・８兆円といった数字と照らし合わせればわかる。給付の抑制やサービス利用時の自己負担の強化が今後も進み、人々の社会保障からの受益感がますます損なわれていけば、政府への信頼のさらなる低下が税負担への抵抗を増強させるという悪循環が強まるばかりであろう。

さて、残余主義によって損なわれるもう一つの信頼は、私たち市民相互の信頼である。負担をしても生活が支えられている実感がなく、必死に自立・自助に励む多くの人々は、自分が払う税金で誰が恩恵を受けていると思うであろうか。その自然な答えは、「困窮する人々」であり、無駄探しの矛先が彼らに向けられていく。

人は、自分に要求されることを、他者にも要求しがちである。「誰もが同じように扱われるべきだ」という考えは、生活実感に根差した自然な公正感であるが、残余主義のもとでは、それが弱者バッシングという名の「優遇されている（ように感じられる）者へのねたみ」を生む。実際には、生活保護受給者の大半が老齢・疾病・障がいなどにより就労困難であって、彼らに一律に自立を求めることはまったく正当なことではない。ひとり親世帯への支援も、障がい者支援も例外なく手薄であり、深刻な問題を生んでいる。しかし、こうした事実は、理性が受け入れても感情が拒否する。人間の脳は、理性・論理よりむしろ感情・直感に支配されているのである（Kahneman 2011, Haidt 2012）。受益感をもたらさない残余主義的な政策は、「必死に自立・自助に励んでいる自分と同じように、彼らも福祉に頼らず、もっと努力すべきだ」という市民感情を強化し、それは社会を支配する論理と化していく。

受益感なき多数者が弱い立場の者を非難し、彼らの尊厳を傷つける社会では、辛かろうが理不尽であろうが、自力で生活を維持することが美徳と化す。したがって、弱者を叩く社会では、私たちのすべてが際限なき自立・自助要求にさらされる。

その末路が、生活を支えられている実感のない者が、自分より優遇されていると感じられる者をねたむ、「分断社会」である（井手・古市・宮﨑 2016）。現役世代と、年金・医療などの受益が集中する高齢世代。所得に欠け結婚したくてもできない若者と、子育て支援政策の恩恵を受ける子育て世帯。非正規労働者と正社員。経済的に恵まれた家庭にたまたま生まれた子たちと、そうでない子たち。こうして、社会が相互不信で満たされれば、財政という制度的な支え合いへの市民の同意も生まれにくくなる（Rothstein and Uslaner 2005, Bergh and Bjørnskov 2009, 井手 2013, Daniele and Geys 2015）。「分断社会」では、財政をつうじた支え合いと、そのための税負担も拒否されるのである。

4 「支え合い」と「負担の分ち合い」を無効化してきた日本

(1) 働かざる者食うべからず

知っておきたいのは、自助・自立を強いてニーズを満たさず、負担の分ち合いを妨げる残余主義的な日本の政策基調は、一朝一夕に現れたものではないということである。

まず、戦後の日本における、生活給思想とそれに基づく賃金体系の普及に触れなくてはならない。生活給とは、労働者が家族を養うコストを賃金に丸め込む賃金形態である。それは、結婚→子の扶養→老親の扶養という流れで増加する家族全体の生活費用をカバーすべく勤続年数にしたがい上昇する年功賃金制や、扶養手当、住居手当などを基本給に加えて支給する賃金制度を生み出した。重要なのは、この家族扶養コストを賃金に丸め込むという発想が、戦後長らく、児童手当や住宅手当など生活上の基礎的ニーズに着目した現金給付の、社会保障給付としての導入・発展を妨げた点である（北2013）。また、同時にそれは戦後社会保障の企業内福祉への偏重を助長し、企業の規模や雇用形態を大きな生活保障格差に直結させたことにより、人々を労働、とりわけ大企業でのそれに駆り立てる作用をも発揮した。

それに対し、安定雇用から排除された場合のセーフティネットはいかに準備されたか。戦後直後に導入された生活保護制度は、最低限度の生活を営めるか否かではなく、むしろ働けるか否か（稼働能力の有無）を基準に給付対象を選別し、働ける者は困窮状況にかかわらず労働市場に強く押し出す

「労働参加を最大化する貧困救済システム」（大竹 2010）と化していった。

というのも、まず1950年代には膨大なワーキングプア層が存在し、彼らすべてに給付を行うことは財政的に無理であったため、「救済されるべき対象」の厳格な選別が行われた。その後、制度改善の動きがあったものの、60年代半ばには生活保護を受ける世帯の過半を非稼働世帯が占め、ますます生活保護制度が「非稼働世帯のためのもの」になっていく。稼働世帯、すなわち働ける人たちの生活保護からの排除が強められていったのである（横山・田多 1991）。その後も、生活保護制度が、稼働世帯を排除してワーキングプアを生み出しつつ、自立・自助が期待できない者を厳しく選別して救済する制度であり続けていることは、ここで説明するまでもない。

（2）福祉サービスを「買わせる」伝統

「救貧」制度としての生活保護制度が自立・自助を厳格に促す一方で、「防貧」、すなわち困窮を予防するためのセーフティネットはいかに構想されたか。この点での日本の最大の特徴は、社会保険主義にある。戦後社会保障制度の方向性を打ち出した1950年の社会保障制度審議会『社会保障制度に関する勧告』は、「国家が国民の生活を保障する方法ももとより多岐であるけれども、それがために自主的責任の観念を害することがあってはならない。その意味においては、社会保障の中心をなすものは自らをしてそれに必要な費用を醵出せしめるところの社会保険制度でなければならない」と宣言した。もっとも、自主的責任により費用（保険料）を負担して受給権を得るという社会保険の仕組みを「防貧」政策の柱とすることは、戦時イギリスのベヴァリッジ報告がそうであったように、当時としては何らおかしなことではない。しかし、日本において、それは財政面の事情と絡み、社会保障政策を過剰に支配していった。

決定的だったのは、国の財政運営における「一般会計均衡主義」が、税による福祉の限定と社会保険への傾倒を促したことである。税を財源とすれば一般会計の歳出となり、社会保険料を財源とすれば特別会計の歳出となる。このとき、戦後の国債不発行主義に基づく厳格な収支均衡が原則として一般会計のみに求められたため、税財源（一般会計）の節約と社会保険（特別会計）の積極活用が進むこととなった。

その帰結は重大であった。まず、サービスを「買わせる」社会保険制度が定着していく。皆年金・皆保険が成立した1960年代から、保険料財源の不足による国庫負担（税の投入）の必要性が認識されていた。しかし、一般会計均衡主義によって国庫負担の抑制が強く求められた結果、医療（およびのちに介護）サービス利用者の自己負担強化が、とくに財政事情が悪化した70年代後半以降に追求された。すでに述べたとおり、利用者負担の強化により、健康や命という人間生活の根本にかかわるサービスを人々に「買わせる」ことは、受益感を著しく損ねる。

また、一般会計均衡主義のもとでの税財源の節約が、児童福祉（子ども・子育て）、障がい者福祉、（介護保険導入以前の）高齢者介護などの、税を財源とする福祉サービスのあり方に、普遍主義の否定とサービスを「買わせる」志向という2つの問題を生み出した。

第一に、税による福祉サービスは低所得者に限定して選別的に給付すべきだという論理が定着した。「自らをしてそれに必要な費用を醵出せしめる」社会保険とは異なり、税という国民一般の強制的負担によってまかなわれる福祉サービスが対象とするニーズは、特別に公が責任をもって直接に対応すべきニーズとして選定されねばならない。したがって、給付対象は福祉サービスを自力で買うことのできない低所得層に限定すべきだ、という見解がそれである。こうした見解は、現在もなお根強く政策形成に影響を及ぼしている（堤 2015、小塩 2016）。

それだけではない。第二に、給付対象を低所得層に絞った上でなお、彼らに「自らをしてそれに必要な費用を醸出せしめる」ことが、税による福祉サービスにも求められた。1947年に成立した児童福祉法は、サービスにかかる費用の全部または一部を利用者本人または扶養義務者から徴収できると定め、同様の規定が1960年の精神薄弱者福祉法や63年の老人福祉法などにもおかれていった（小川・垣内・河合 1993）。そして、70年代半ばから「増税なき財政再建」が進められた80年代にかけて、自己負担額が大幅に引き上げられた結果、サービス利用者とその家族の困窮化やサービス利用からの排除が深刻化した。それは88年時点の推計で、所得がおよそ450万円以下の世帯が保育所または老人ホームを利用すると、生活保護基準を下回る困窮状態に陥るほどであった（垣内 1989）。今日も自己負担の強化がさほどの抵抗もなく実現されていく背景には、このようにサービスを買わせてきた歴史的経緯がある。

以上をまとめよう。私たちは、税や社会保険料を日々負担してもなお、自立・自助を強く要求され、脆弱なセーフティネットの上で安定雇用を目指した競争を強いられる。そして、いざ福祉サービスを利用すればその費用が重くのしかかる上に、最後の砦の生活保護制度は人に極度の困窮を求め、自立・自助ができない者という烙印を押した上で限定的に救済する。こうしたすぐれて残余主義的な

「人を支えない」財政は、歴史をつうじて発展・定着し、私たちと財政とのかかわり方を規定してきた。その末路にあるのが、増幅する生活不安に怯えながらも「支え合い」のための「負担の分ち合い」を拒否してしまう、今日の私たちの姿なのである。

5　支え合い、負担を分ち合うために

(1) すべての人のニーズを満たす

ここまでの議論から、未来への希望を取り戻すための戦略は明らかであろう。財源不足を理由にセーフティネットを切り刻むことをやめる。代わって、普遍主義、すなわち、所得や世代や属性によらず、誰もが抱える基礎的な生活上のニーズを幅広く満たす社会保障政策によって、公共サービスからの受益感を私たちが取り戻すとともに、社会の絆を取り戻す。それにより、人々が積極的に「負担の分ち合い」に同意できる環境を創り出すのである。

普遍主義への政策転換のポイントは何か。究極的には、医療、介護、子ども・子育て、障がい者福祉など多様な給付が、所得にかかわらず無償に近いかたちで、ニーズに応じて十分に提供されなければならない。教育もそこに含めるべきであろう。そのために、サービス利用者の自己負担の縮小・撤廃とサービス供給基盤の拡充が不可欠となる。

現状は深刻である。寝たきりに近いか認知症が進行した老親は、相当な貯蓄がない限り、高額の自己負担による生活困窮か、息子・娘の介護離職か、サービス利用を抑えて非人間的な老後生活を耐え

忍ぶかを選択させられる。仕事と子育ての両立が容易に許されない都市部の現状もある。子どもに十分な教育を与えることも、所得次第で諦めざるをえない。ひとたび障がいを負えば尊厳が否定されかねず、ブラックな労働環境で心身を痛めて失業すれば、十分な支援のないまま長期失業に陥っていく。さらに、衣食住の「住」に対するセーフティネットが脆弱であるため、中間層を含め、住宅費用が生活困窮リスクを生む。それでもなお、労働による自立と家族による自助にひたすら努め、不安を耐え忍ぶのか。それとも、税の負担を社会全体で分かち合い、社会全体で支え合う道を選び取るのか。それを決める責任が、私たちに託されている。

二つの重要な点を付け加えておこう。一つは、普遍的な社会保障の充実と、とくに不利を負った人々に対する重点的・選別的な支援との関係である。まず、普遍的に誰もが支えられる社会においては、選別的な困窮者支援の必要が小さくなる。なぜなら、生活上のさまざまな困難が、生活困窮に直結しにくくなるからである。また、普遍的な福祉・教育サービスの充実は、選別的支援に対する人々の理解と寛容を促す。たとえば、一般的な学校教育の劣化や学費負担の重さが放置された状態において生活困窮世帯の子どもの学習支援を充実させようとするよりも、一般的な学校教育の充実と並行してそれを進めるほうが、はるかに支持を得やすいし、不公平感を生むことがない。さらに、福祉・教育サービスが無償化され、住宅手当も普遍的に給付されれば、医療扶助、介護扶助、教育扶助、生業扶助さらには住宅扶助の大半が不要となり、生活保護給付は大幅に縮小される。そうなれば、財政事情を理由に生活保護給付を削減する動機が薄まり、生活保護制度の改善（保護基準の引き上げや、資力調査の緩和による捕捉率の向上など）がより容易となる。つまり、中間層以上を含めた幅広い人々を支えることは、とくに深刻なニーズを抱える人々を重点的に支えることと矛盾しないばかりか、後者を推し進めるための社会的土壌を生み出すのである。目指すのは、普遍主義への転換が選別的な支援の拡充へと波及する結果としての、分厚く、かつ穴のないセーフティネットの構築である。

もう一つの重要な点は、今日の社会のあり方と関係している。かつての「包摂型社会」では、安定雇用が増加し、地域や家族の相互扶助の力に期待することもできたため、周縁化された人々も生活困窮から脱する契機を与えられていた。しかし、今日の私たちは、雇用の劣化や地域・家族の相互扶助の希薄化が、いったん生活困窮のリスクに見舞われた人々をさらに周縁に追いやる「排除型社会」に生きている（ヤング 2007）。ゆえに、保育所を整備すれば子育て問題が解決するわけでも、職業訓練を充実させれば失業者の生きづらさが解消されるわけでもない。すべての人々のニーズが満たされ、人としての尊厳が普遍的に保障されるためには、誰もが誰かをケアし、誰かにケアされる分厚い人間同士のつながりに、生活が包まれていなければならない。そこで、宮本太郎が本書や近著（宮本 2017）で主張するように、誰もが人間関係に包摂され自分なりの自己実現をなしうる、共に生きる場としての地域づくり、すなわち「共生保障」の追求も不可欠である。「共生保障」のベースは地域的人間関係の中での支え合い、普遍主義的社会保障のベースは財政をつうじた社会全体での支え合いである。この両者が相互に連携しつつ私たちのニーズを満たしていく先に、目指すべき社会像が見出されるといえよう。

（2）どの程度の財源が必要となるのか

普遍主義への政策転換に、どれだけの財源が必要なのか。大まかな規模感を見ておこう。すぐに数字がつかめるのは、医療、介護、教育における自己負担額の現状である。医療費の患者負担額は4・8兆円（厚生労働省『国民医療費の概況』平成26年度）、介護保険サービスの自己負担額は0・7兆円（平成28年度予算ベース。ただし保険外サービスの購入費用は含まれない）であり、教育費（就学前～大学学部）の無償化には4・1兆円（文部科学省推計、朝日新聞2017年2月16日朝刊）が必要だとされている。したがって、上記3分野のサービスを無償化するには、合計10兆円程度が必要となる。これに、内閣府が推計した2012年度から25年度の間の社会保障給付費の自然増（社会保障制度を現状のままにとどめても自然に発生する将来増）である約40兆円を加えると、約50兆円という必要財源の数字が出る。ただし、サービスの無償化はサービス利用を増加させるし、サービス供給基盤の充実にも別途財源を要するが、それらは織り込んでいないため、50兆円という数字は、あくまで上記3分野にかぎった現状での自己負担額と社会保障経費の自然増の合計に過ぎない。とはいえ、これは必要財源の一つの目安とはなる。

これに対し、増税抜きで見込まれる税収増がある。同じ内閣府の推計で、2012年度から25年度の間にGDPは27％増加するとされており、仮にGDPに比例して税収が増えるとすれば、11兆円程度の増加となる。また、消費増税（5％→10％）により、軽減税率を導入してもなお13兆円程度の税収増が生じる。くわえて、医療・介護・教育3分野の無償化により、生活保護の医療扶助・介護扶助・教育扶助の大半が不要となるため、生活保護給付費がおおむね半減すると仮定すれば、2・5兆円程度の財源が浮く。これらの増税抜きで見込まれる財源増は合計で約26・5兆円となる。これを先の必要財源約50兆円から差し引けば、約23・5兆円の新たな増税が必要だということになる（繰り返すが、これはあくまで粗い例示に過ぎない）。

もちろん、この23・5兆円、あるいは数十兆円程度の新規財源を一気に調達する必要はない。求められるのは、普遍主義的な政策転換を段階的に進めて、受益感を確実に高めていくことで、増税に対する市民の同意を調達し、増税を徐々に実現していくという、丁寧なプロセスである。

とはいえ、上記の必要財源をすべて消費税でまかなうなら、将来的に税率を20％程度にまで引き上げねばならない。もっとも、財源を消費税に限る必要はまったくない。しかし、1990年代以降、引き下げが重ねられてきた所得税の最高税率を1988年の水準に戻したとしても、0・5兆円程度の増収しか生まれない（三菱東京ＵＦＪ銀行 2010）。法人課税におけるタックス・ヘイブン対策の強化や租税特別措置の大幅な整理、相続税や贈与税の強化などを含めて、消費税以外の増収策をすべて足し合わせても、多く見積もって10兆円程度の増収にとどまる。それでは、公正で、かつ必要財源をまかなうに足る負担の分かち合いは、いかなる姿をとりうるであろうか。その全体像を述べる紙幅はないため、とくに重要な点に絞って、つぎに挙げていく。

（3）負担を分かち合うための基本線

消費税の最大の難点は、所得を分母とした場合の負担の逆進性にある。軽減税率や給付付き税額控除など逆進性対策をとるとしても、財源を過度に消費税に頼ることは望ましくない。

図表5-8　現金給付と税（直接税）・社会保険料の所得再分配効果

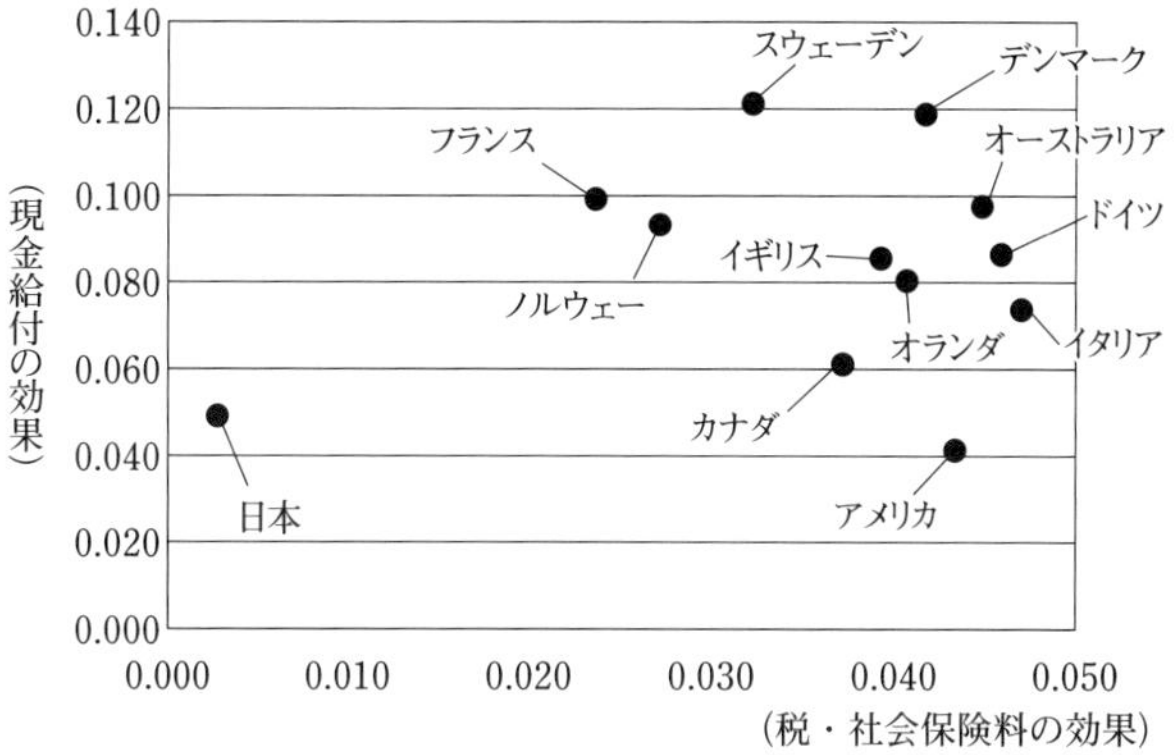

（注）「現金給付の効果」は、総所得（市場所得に公的現金給付を合わせた所得）と市場所得（労働や保有資産から生じる所得と私的保険給付を合わせた所得）のジニ係数の差。「税・社会保険料の効果」は、可処分所得（総所得から直接税と社会保険料の負担を引いた所得）と総所得のジニ係数の差。
（出典）OECD（2008）のデータに基づき作成。

しかし、消費税を将来の重要な財源の一つとして位置づけることは不可欠である。そのことは、普遍主義的な社会保障を発展させてきた北欧諸国が、市民の高い受益感と租税負担への同意をベースに、いち早く付加価値税（日本でいう消費税）を導入・強化することによって財源を確保し、普遍主義的社会保障の堅持に努めてきた歴史的経験からも明らかである。付加価値税を含めた強固な財源基盤をもつことは、人々のニーズを幅広く満たすために不可欠なのである。

とはいえ、日本における社会保障財源の負担には、著しい不公平が存在することも見逃してはならない。図表5-8に明らかなように、日本における直接税（消費税は間接税であるため含まれない）と社会保険料の所得再分配効果（格差是正効果）は、主要国中では例外的にゼロに近い。これを放置したまま消費税負担が増

図表5－9　世帯所得に対する所得課税・社会保険料負担の割合

世帯のタイプ	世帯所得（万円）	所得課税負担（%）	社会保険料負担（%）
① 単身者	192	8.6	23.9
	346	10.6	22.1
	780	17.2	19.6
② 夫婦（共稼ぎ）	314	7.9	24.3
	692	10.6	22.1
	1,560	17.2	19.6
③ ひとり親・子2人（うち特定扶養1人）	192	1.3	23.9
	346	6.1	22.1
	780	13.6	19.6
④ 夫婦（共稼ぎ）・子2人（うち特定扶養1人）	314	3.4	24.3
	692	8.1	22.1
	1,560	15.4	19.6

（注）　社会保険料負担は、厚生年金、協会けんぽ（介護分含む）、雇用保険の負担を合わせた平均的なケース。所得課税負担は、給与所得者のケース。
　その他の推計手法の詳細については、出典を参照されたい。
（出典）　池上（2016）より引用（一部省略）。

加していけば、いくら社会保障の普遍主義的改革を進めたとしても、公正な社会は展望しがたいというべきであろう。

税制にどの程度の累進性をもたせるべきかという垂直的公平の問題は、価値判断にかかわるため、唯一の正解はない。しかし、消費税の増税と並行して、垂直的公平性を高める税制改革を進めることは不可欠である。まず所得税については、最低生活費に相当する基礎控除の引き上げが検討されるべきであるし、民主党政権時に提案された扶養控除の廃止と普遍的な児童手当への置き換えを含め、所得控除から税額控除への転換も望まれる。また、累進税率の刻みを増やしつつ、最高税率を引き上げ、低い所得で税率が頭打ちにならないかたちを目指すべきである。さらに、資産性所得の分離・定率課税が、水平的公平（同等の税負担能力を有する者には同等の税負担を求めるという原則）を大きく損ねている。資産性所得の税率の引き上げや総合課税化を、各種所得の性格や法人税との二重課税、国際的な課税調整などに配慮しつつ、積極的に進めるべきである。水平的公平の改善が、資産性所得の多い高所得層の税負担を増やし、累進性の向上をもたらす点を見逃すべきではない。

ただし、公正な負担という観点から最大の問題は、社会保障制度の社会保険への偏重が生み出した保険料負担の大きさと、その明らかな不公平さである。国民負担に占める社会保険料の割合は40％で、ＯＥＣＤ平均の26％を大きく上回る。しかも、その負担は図表５－９が示すとおり明らかに逆進的であり、所得課税の負担と比べると、低所得層の負担が世帯のタイプによらず極めて重いのである。

社会保険料の負担が不公平となる根本的な原因は、「保険料を納付することではじめて給付を受ける権利が発生する」という社会保険の基本原理に根差している。保険料は、給付を受けるための一種の対価であるため、所得が低い者にも一定の保険料負担を要請する上に、累進的な負担も社会保険の原理にそぐわない。そのため、社会保険料は所得比例もしくは所得にかかわらず定額となる。負担の公平を期すための抜本策は、国民年金（高齢者基礎所得保障）・介護・医療の税方式への転換であるが、ハードルは高い。ただし、保険料負担の逆進性がとくに強い国民年金制度の改革は必須の課題であるし、医療と介護についても、少なくとも税財源の投入を強めつつ、負担の逆進性が緩和されるよう、財源調達方式を大きく見直すことが不可欠である。

6　おわりに

消費税の5％から10％への引き上げによる増収額は総額13兆円程度、8％から10％なら5・6兆円程度である。13兆円は医療、介護（介護保険適用サービス）、教育3分野の、5・6兆円は医療または教育の、当面の無償化を実現させるに十分な額であることに、読者はお気づきになっただろうか。増税により生活不安が取り除かれるという実感を人々にもたらし、負担への合意形成を進め、普遍主義的改革を推し進めることは、政治の意思により十分可能なのである。そして、それこそが、社会のニーズに応えるための財源調達力を備えた、真の意味での「健全財政」を取り戻すための道である。

未来を生きる次の世代に、誰もが支えられ、尊厳が保障される社会を残すことができるのか。もちろん、今からでも遅くない。未来を変えることをためらう理由はないのである。

参考文献

Anttonen, A., Häikiö, L. and Stefánsson, K.（2012）*Welfare State, Universalism and Diversity*, Edward Elgar.

Bergh, A. and Bjørnskov, C.（2009）*Historical Trust Levels Predict Current Welfare State Design*, Ratio Institute Working Paper Series 144.

Daniele, G. and Geys, B.（2015）"Interpersonal Trust and Welfare State Support," *European Journal of*

Political Economy, 39, pp.1–12.
Esping-Andersen, G.（1990）*The Three Worlds of Welfare Capitalism*, Polity Press.
Haidt, J.（2012）*The Righteous Mind: Why Good People are Divided by Politics and Religion*, Pantheon.
Jæger, M. M.（2009）“United but Divided: Welfare Regimes and the Level and Variance in Public Suport for Redistribution,” *European Sociological Review*, 25(6), pp. 723–737.
Jordan, J.（2013）“Policy Feedback and Support for the Welfare State,” *Journal of European Social Policy*, 23(2), pp. 134–148.
Kahneman, D.（2011）*Thinking, Fast and Slow*, Farrar, Straus and Giroux.
Korpi, W. and Palme, J.（1998）“The Paradox of Redistribution and Strategies of Equality: Welfare State Institutions, Inequality, and Poverty in the Western Countries,” *American Sociological Review*, 63, pp. 661–687.
OECD（2008）*Growing Unequal? Income Distribution and Poverty in OECD Countries*, OECD Publishing.
Rothstein, B. and Uslaner, E. M.（2005）“All for All: Equality, Corruption, and Social Trust,” *World Politics*, 58, pp. 41–72.
池上岳彦（2016）『社会保障の財源問題―租税と社会保険料をめぐる論点―』（社会政策学会２０１６年秋季大会報告論文）。
井手英策（2013）『日本財政 転換の指針』岩波書店。
井手英策・古市将人・宮崎雅人（2016）『分断社会を終わらせる―「だれもが受益者」という財政戦略』筑摩書房。

大竹晴佳（2010）「高度成長期の社会保障―制度の体系化と労働市場への誘導性」大門正克他編『高度成長の時代1　復興と離陸』大月書店。

小川政亮・垣内国光・河合克義編著（1993）『社会福祉の利用者負担を考える』ミネルヴァ書房。

小塩隆士（2016）「社会保険制度の効率と公平」後藤玲子編『正義（福祉＋α）』ミネルヴァ書房。

垣内国光（1989）「福祉「改革」と費用徴収問題」『社会福祉学』第30巻第2号、106―136ページ。

北明美（2013）「年功賃金をめぐる言説と児童手当制度」濱口桂一郎編『福祉と労働・雇用（福祉＋α）』ミネルヴァ書房。

佐藤滋・古市将人（2014）『租税抵抗の財政学―信頼と合意に基づく社会へ』岩波書店。

神野直彦・宮本太郎編（2006）『脱「格差社会」への戦略』岩波書店。

高端正幸（2016）「増税不可避の日本財政―社会を支え、社会によって支えられる財政システムへ」駒村康平編著『2025年の日本　破綻か復活か』勁草書房。

堤修三（2015）『社会保険の政策原理―連帯と強制の間』（関西社会保障法研究会報告論文）2015年9月12日。

三菱東京UFJ銀行（2010）『経済情報』No. 2010-07, 2010年3月8日。

宮本太郎（2017）『共生保障〈支え合い〉の戦略』岩波書店。

ヤング、J（青木秀男・伊藤泰郎・岸政彦・村澤真保呂訳）（2007）『排除型社会―後期近代における犯罪・雇用・差異』洛北出版。

横山和彦・田多英範編著（1991）『日本社会保障の歴史』学文社。

第6章　子どもの貧困と子育て支援

柴田　悠

1　「子どもの貧困」の実態

(1)「子どもの貧困」の定義

「子どもの貧困」を考えるとき、日本などの先進諸国では、生存が脅かされる「絶対的貧困」はかなり稀であるため、他の子どもと比べた上での「相対的貧困」のほうが、貧困の指標としてよく用いられる。そして子ども期に、たとえ生存を脅かされていなかったとしても、他の子どもと比べて「相対的に貧困」だったならば、それが原因となって、その後の学力競争や労働市場において相対的に不利となる傾向がある（後述）。

では、「相対的貧困」の状態にある子ども、つまり「一般的な生活水準よりも明らかに低い水準で暮らす子ども」は、どのくらいいるのだろうか。それを表すために、「子どもの相対的貧困率」という指標がよく使われる。「子どもの相対的貧困率」とは、一般的には、18歳未満人口（子ども人口）に占める「等価可処分所得（世帯の可処分所得を世帯人数の平方根で割った値）が全人口での中央値の半分未満の者」の割合（％）として計算される。簡単に言えば、「一般的な所得の半分に満たない所得で暮らしている子ども」の割合だ。

（2）「子どもの貧困」は増えているか

日本での「子どもの相対的貧困率」は、1985年から2012年頃までは増加傾向にあったが、近年では減少している（図表6－1）。

子どもの貧困が近年減った背景には、（少子高齢化や緩やかな景気回復による人手不足などに起因する）正規雇用の有効求人倍率の上昇や、（大学進学率の上昇や女性の職場進出などにより子育ての費用や機会費用が増えたことで）貧困層が結婚や出産をしにくくなったことが、原因としてあるかもしれない。

なお、相対的貧困率の算出のためには、「全国消費実態調査」のデータよりも「国民生活基礎調査」のデータを使ったほうが、実態に近い算出結果が得られると考えられる。

まず、内閣府・総務省・厚生労働省の報告書「相対的貧困率等に関する調査分析結果について」（2015年）によれば、「全国消費実態調査」は、「国民生活基礎調査」と比べると、低所得の回答者が少ない。よって、回答者が実際よりも中高所得層に偏ってしまっている可能性がある。その場合は、とくに相対的貧困率については、実態を十分に反映できていないことになる。

図表6-1　全人口および子どもの相対的貧困率

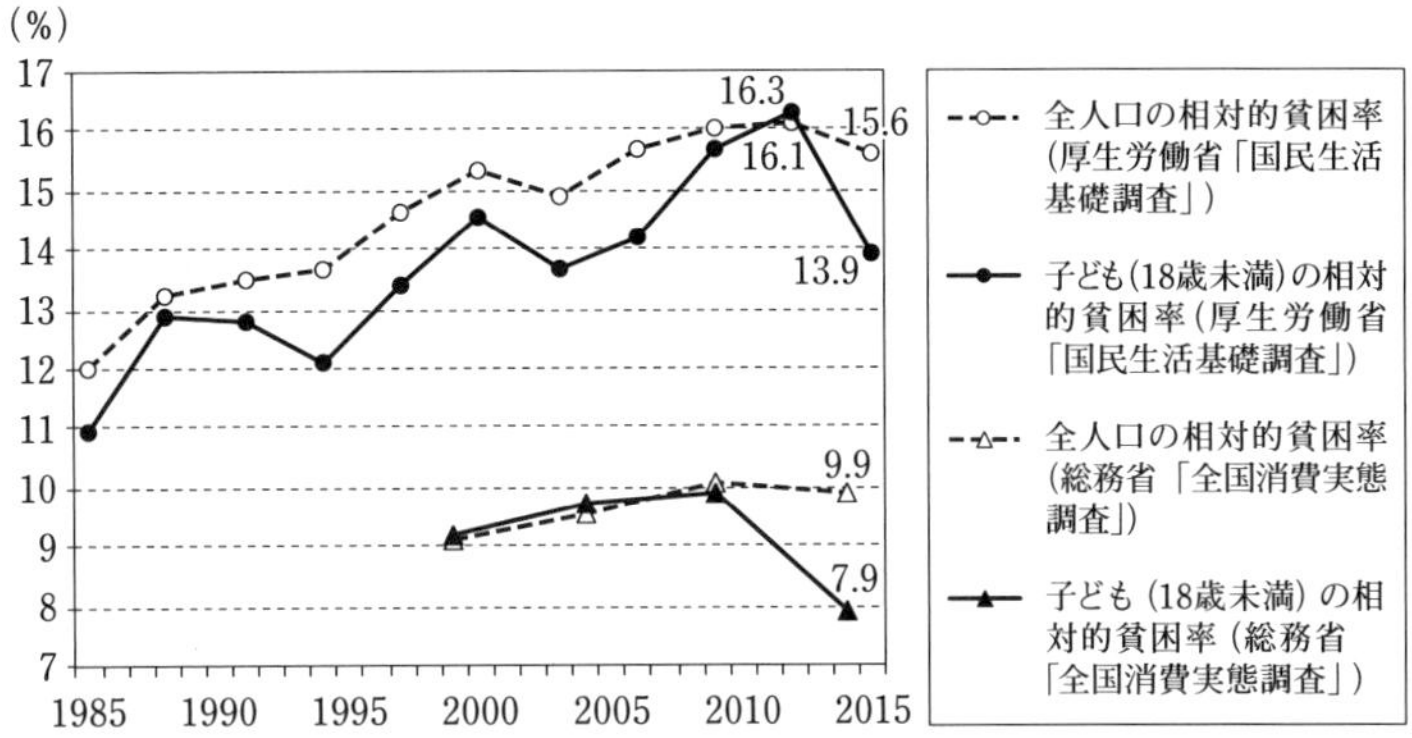

（注）　厚生労働省「国民生活基礎調査」と総務省「全国消費実態調査」をもとに筆者作成。

両調査で回答者の所得分布が異なっている背景としては、「国民生活基礎調査」では回答記入が簡単なのに対して、「全国消費実態調査」では詳細な家計簿を3ヵ月間毎日記入することが求められるため、よほど時間的にゆとりのある世帯でないと回答に協力しないと考えられる。しかも、回答を回収できなかった世帯があれば、同じ調査単位区から別の世帯を抽出し回答を依頼する「標本代替」という方法を、「国民生活基礎調査」では採用していないのに対して、「全国消費実態調査」では採用している。そのため、前者の2012年対象調査（2013年実施）の回収率は72％だったのに対して、後者の2009年対象調査（同年実施）の回収率は97％で極めて高かった（後者の2014年の回収率は2017年8月現在では未公表のようである）。このように後者では、時間的にゆとりのある回答者によってデータが補填されており、その分、時間的にゆとりのある世帯（おそらく比較的高所得の世帯）への回答者の偏りが、ますます大きくなっていると考えられる。

図表6－2　年齢層別の相対的貧困率

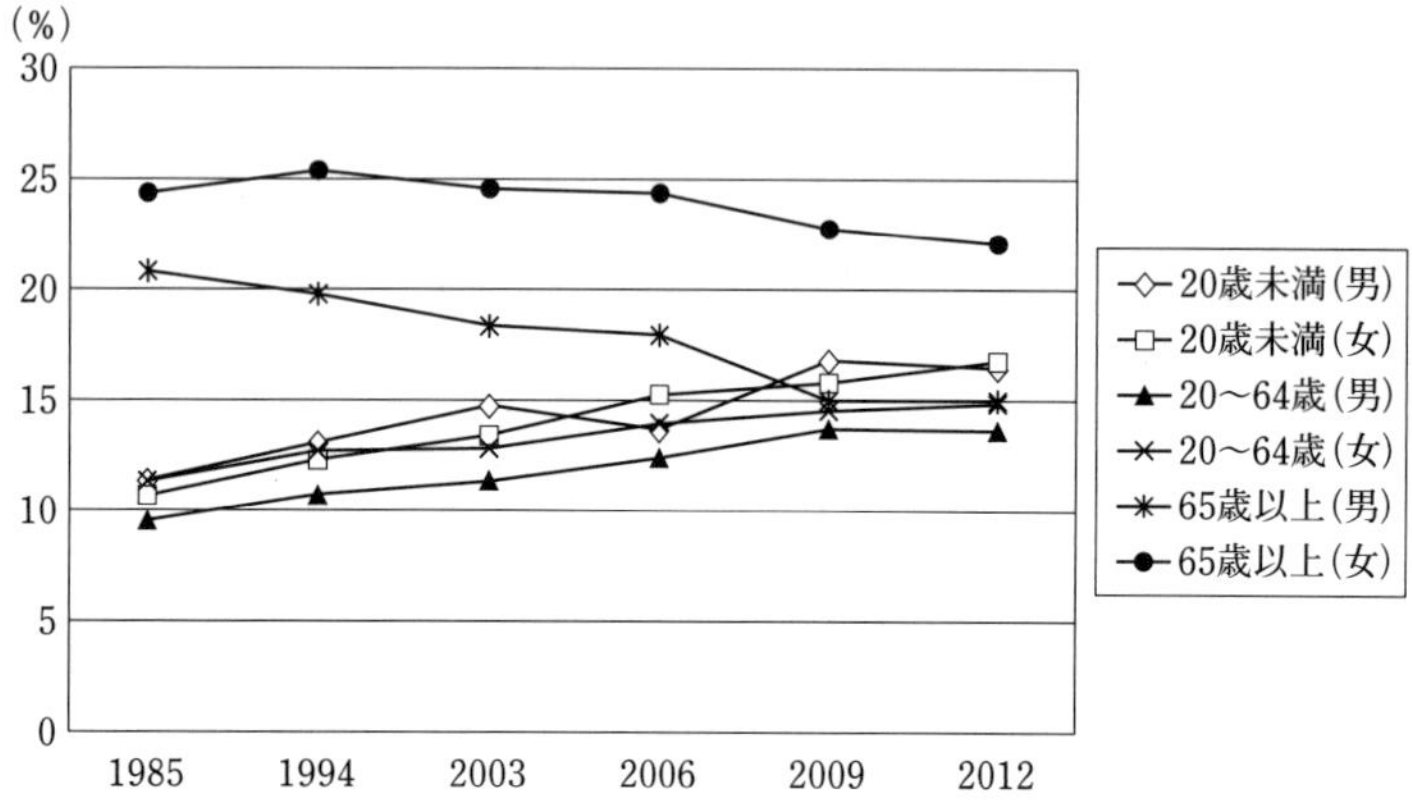

(注)　阿部彩「貧困率の長期的動向――国民生活基礎調査1985～2012を用いて」貧困統計ホームページ（2015年）より引用。

よって相対的貧困率は、「全国消費実態調査」の数値よりも「国民生活基礎調査」の数値のほうが、実態に近いと考えられるのである。

(3)「高齢者の貧困」との比較

つぎに、他の年齢層での相対的貧困率の動向も、確認しておこう。それによって、子どもの貧困の動向の特徴が浮かび上がってくるからだ。

図表6－2は、年齢層別の相対的貧困率の推移を示したものだ。これを見ると、65歳以上の高齢者では相対的貧困率は低下傾向にあった。他方で、20～64歳の現役世代と、20歳未満の未成年では、相対的貧困率は上昇傾向にあった。とくに未成年での上昇が著しかった。

高齢者の貧困が減少してきた背景には、公的年金や介護保険といった高齢者福祉の政策が充実してきたことがあるだろう。では、現役世代と未成年では、なぜ貧困が増えてきたのだろうか。また、どんな政

図表6－3　子ども（20歳未満・未婚）の相対的貧困率の世帯構成

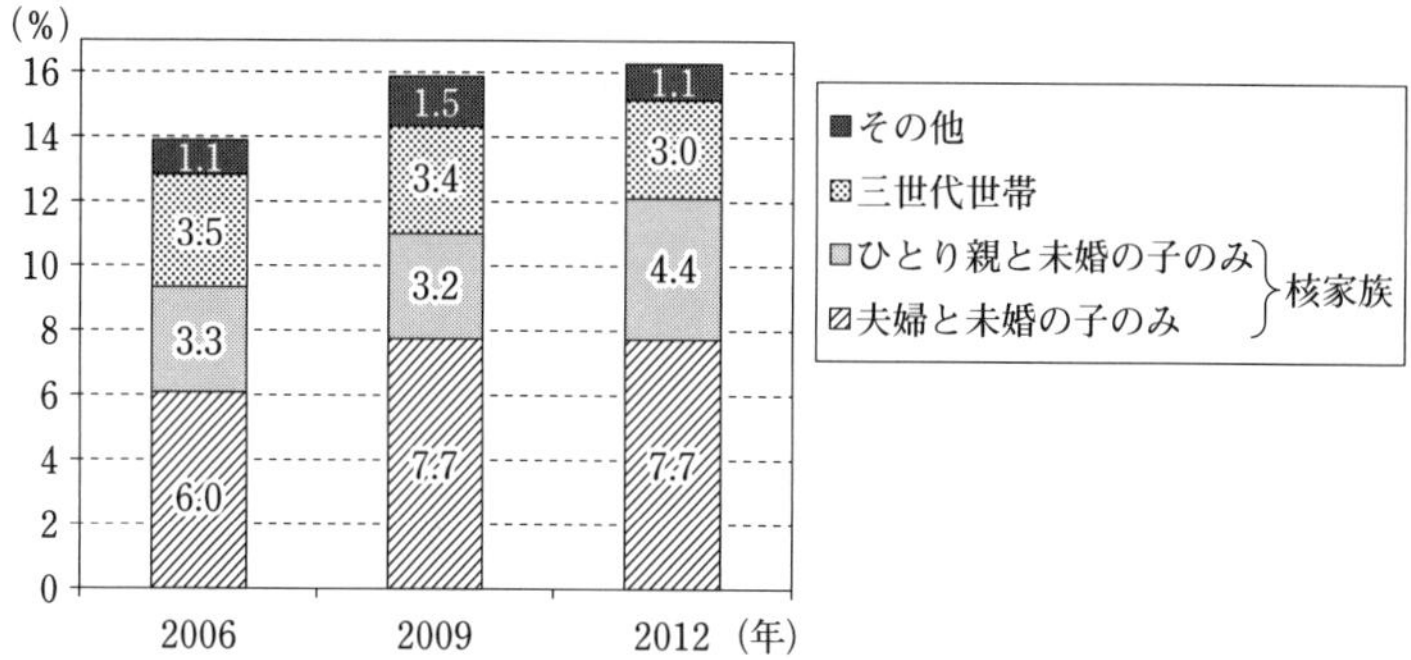

（注）　阿部彩「貧困率の長期的動向――国民生活基礎調査1985～2012を用いて」貧困統計ホームページ（2015年）をもとに筆者作成。

策が充実すれば、子どもの貧困をさらに減らすことができるのだろうか。以下ではこの問題意識から、「子どもの貧困を減らすための政策」について論じていこう。

（4）「子どもの貧困」の内訳

まずは、相対的貧困の状態にある子ども（以下、貧困児童）の実態を、もっと詳しく見ておこう。

図表6－3は、子どもの相対的貧困率を、世帯構成別に分解したものだ。これによれば、2012年には、貧困児童の5割がふたり親世帯、3割がひとり親世帯、2割が三世代同居などの世帯で暮らしている。そして、2006年から2012年にかけて子どもの貧困が増えたのだが、2006年から2009年までの増加は主に（核家族の中の）「ふたり親世帯」で暮らす貧困児童の増加によるもので、2009年から2012年までの増加は主に「ひとり親世帯」で暮らす貧困児童の増加によるものだった。

このように2009～2012年にひとり親世帯で暮らす貧困児童が増えたのだが、なぜだろうか。内閣府の『平成27年版子ども・若者白書』によると、子どものいる世帯に占めるひとり親世帯の割合は、2010年から2013年にかけて増えた（2013年7・5％）。また、ひとり親世帯の貧困率も、2009年から2012年にかけて高まった。つまり、その両方が原因となって、ひとり親世帯で暮らす貧困児童が増えたといえそうだ。

そして、このように増えているひとり親世帯の貧困児童なのだが、彼らを取り巻く環境はとても厳しい。内閣府の『平成28年版子ども・若者白書』によれば、まず国民生活基礎調査のデータで、ひとり親世帯の貧困率（54・6％）はふたり親世帯（大人が二人以上の世帯の貧困率12・4％）と比べて著しく高く（2012年データ）、しかもこの深刻なひとり親世帯の貧困率は、1980年代から一向に改善していない（1985年54・5％）。そして、ひとり親世帯はふたり親世帯と比べて、世帯所得は半分以下であり（2013年ではひとり親世帯268万円、ふたり親世帯699万円）、大学等への進学率も半分以下となっている（2011年ひとり親世帯24％、2015年全世帯54％）。

2 「子どもの貧困」がもたらす問題

(1) 貧困の連鎖

前節で見たように、貧困がとくに深刻なひとり親世帯では、その後の子どもの学歴も低くなる傾向がある。そこから推測すると、子ども期の貧困は、学歴やその後の収入に不利な影響をもたらすのではないかと考えられる。この点を実際のデータで確認してみよう。

図表6-4　世帯年収と子どもの問題行動傾向・QOL・学校成績との関連

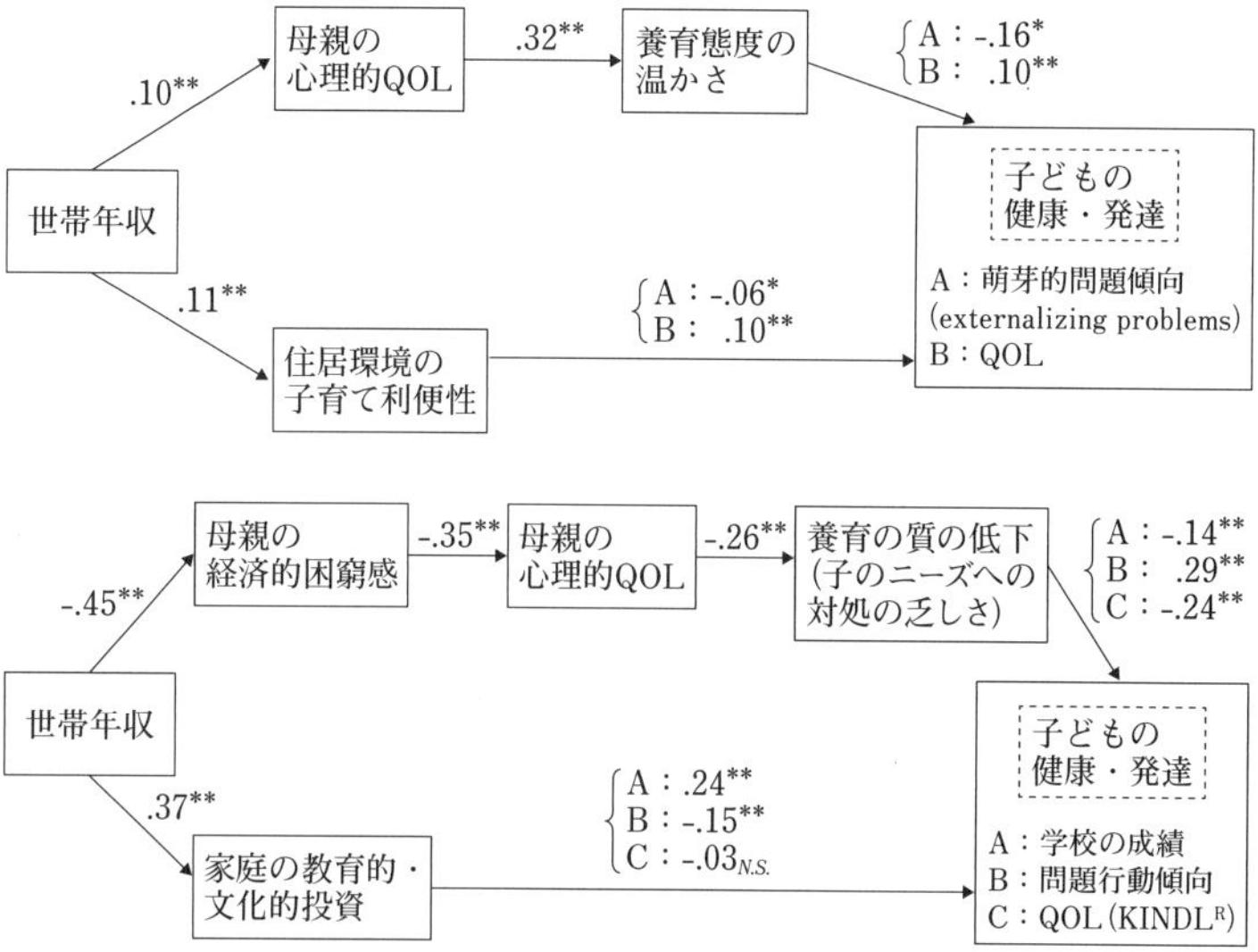

（注）　菅原（2012: 15, 19）より引用。上段は0～2歳（2,004世帯）、小学校1年生（362世帯）。矢印上の数値は標準化係数。*p<0.05、**p<0.01。

菅原（2012）は、0～2歳と小学1年生のデータを用いて、「家庭の貧困が、住環境や教育環境、母親のストレスと養育態度を悪化させ、子どもの心身発達や学校成績を悪化させる」という統計的な傾向を見出している（図表6-4）。子ども期の貧困は、家庭での生育環境を悪化させ、子ども本人の発達や学力が遅れる傾向があるようだ。

発達や学力が遅れれば、その後の学歴や所得にも不利な影響が及ぶと思われる。阿部（2014）はその影響を検証している。具体的には、全国成人のデータを用いて、「子ども期の貧困が、その後の学歴や労働環境を不利にし、成人後の低所得と生活困窮をもたらす」という統計的な傾向を見出している（図表6-5）。親の貧困に起因する子ども期の貧困は、学歴や職

図表6－5　子ども期の貧困が成人後の生活困窮に与える影響とその経路

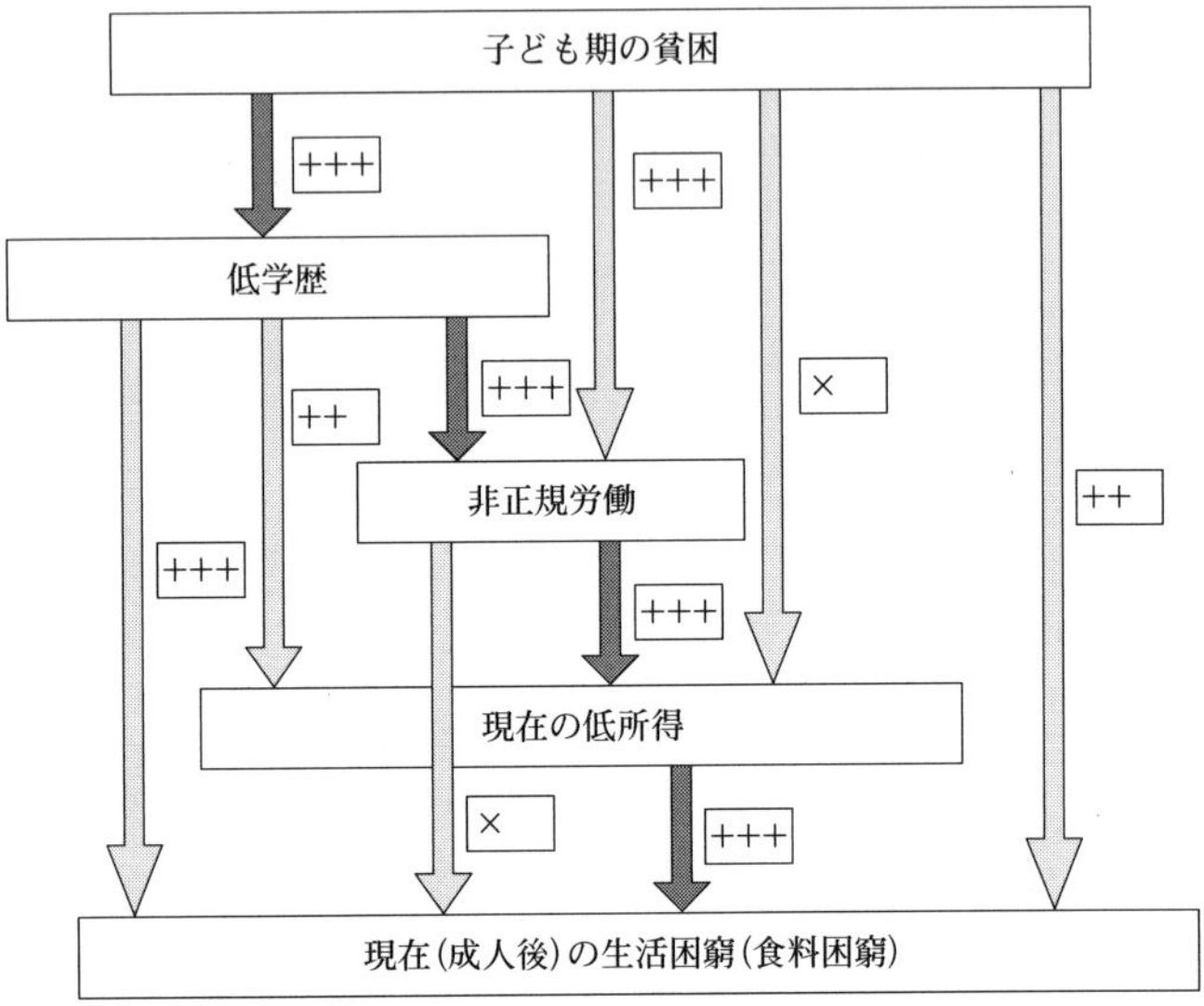

（注）　阿部（2014: 68）より引用。2006年に調査された全国20～49歳3,292人のデータによる。「子どもの期の貧困」は「15歳時の暮らし向きは大変苦しかった」。「＋」は影響が認められた経路（「＋」の数が多いほどその影響が強い）、「×」は影響が認められなかった経路。

歴を経由して、成人後の生活困窮に結びつく傾向がある。つまり、貧困が親から子へと連鎖してしまうという「貧困の連鎖」が、生じやすい傾向があるのだ。

しかも、子ども期の貧困がもたらすのは、成人後の生活困窮だけではない。小塩（2012）によれば、「子ども期の貧困は、その後の学歴や成人後の貧困を経由して、また、それらを経由しない直接的な影響もあって、成人後の相対的貧困や健康感、そして幸福感にも影響を与える」という統計的な傾向が見出されている（図表6－6）。

このように、子ども期に、たとえ生存を脅かされていなかったとしても、他の子どもと比べて相対的に貧

図表6－6　子ども期の貧困が将来の状況に与える影響

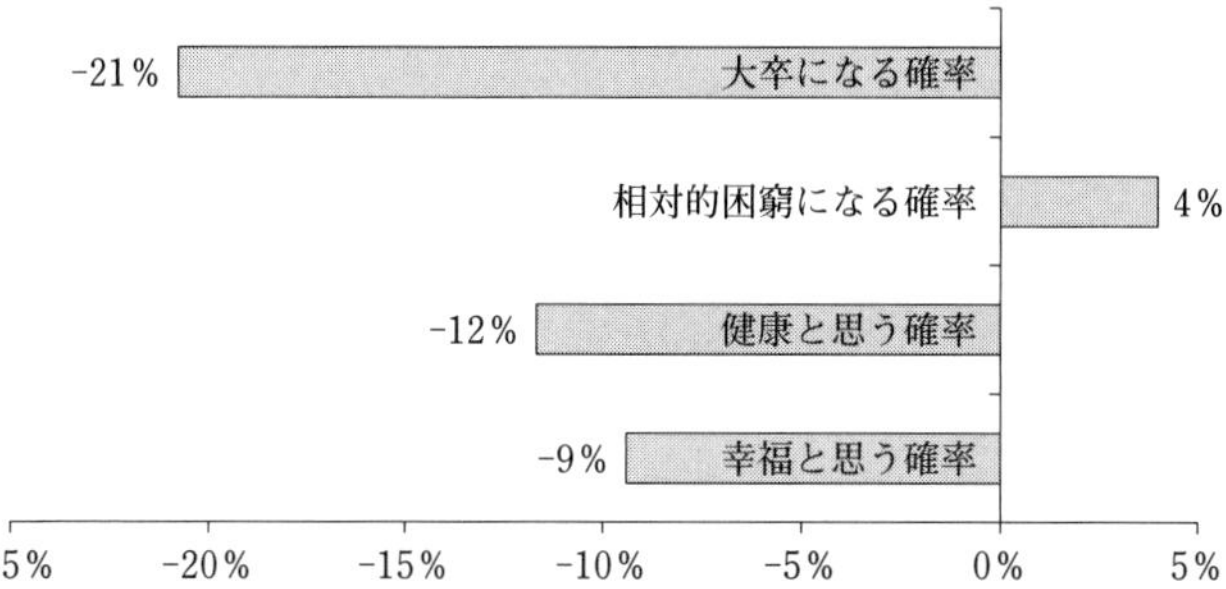

（注）小塩（2012: 163）をもとに筆者作成。2000～2006年に調査された全国成人7,002人のデータによる。「子どもの期の貧困」は「15歳の頃の世帯収入は当時の平均より少なかった」。数値は、「子ども期に貧困だった場合は、そうでなかった場合と比べて、将来の状況が何％異なるか」を示している。

困だったならば、それが原因となって、その後の学力競争や労働市場において相対的に不利となる傾向がある。しかもそれが、本人の成人後の相対的貧困（それは本人の産んだ子どもの相対的貧困にもつながる）や健康感、幸福感にまで影響を与える傾向があるのだ。子ども期の相対的貧困は、その後の人生においてさまざまな不利をもたらす傾向があるのである。

(2) 経済の低迷

子どもの貧困がもたらす影響は、本人（やその子ども）の人生への不利な影響だけではない。国内経済の全体にも、長期的なデメリットをもたらす可能性がある。つまり、相対的貧困の子どもが多いと、それが原因となって、ゆくゆくは就業者全体の労働生産性が低迷したり、経済成長率が低迷する可能性があるのだ。

まず、「所得格差は長期的な経済成長にマイナスの影響をもたらす傾向がある」という研究を紹介しよう。経済協力開発機構（OECD）雇用課の経済学者フェデリコ・チンガノは、OECDに加盟する（日本を含む）先進31か国の国際比較時系列データ（1985〜2010年、5年ごと）を分析し、その傾向を見出した。その分析結果によれば、所得格差は長期的な経済成長率に対してマイナスの影響をもたらす傾向があるという。たとえば、もし1985〜2005年に日本で所得格差が増えていなかったとしたら、日本の「25〜64歳人口1人当たりのGDP成長率」（1990〜2010年平均）は年率平均で0・3％ほど高かっただろうと推計される。逆に言えば、1980年代から2000年代にかけての日本では、所得格差が増えたことによって、経済成長率は年平均0・3％ほど下がっていたことになる（Cingano 2014: 17–18=2014: 2）。

ではなぜ、所得格差は長期的な経済成長にマイナスの影響をもたらすのか。それについても、チンガノが考察をしている。チンガノが教育関連のデータや最近のOECD成人技能調査（PIAAC）のデータを分析したところ、「所得格差が拡大するにつれ、低学歴の両親を持つ子ども（14歳）の人的資本（人間がもつ能力のことで教育年数や学歴、資格などで測られる）が悪化する」という傾向が見られたという。この結果からチンガノは、「所得格差は、国内における人的資本の蓄積を阻害することにより、不利な状況に置かれている子どもの教育機会を損ない、社会的流動性の低下をもたらし、能力開発を妨げる」と結論づけている（Cingano 2014: 25=2014: 3）。

つまり、子どもの貧困は、彼らの教育機会を不利にし、それによって彼らの学歴が低くなり、彼らの能力が十分に活かされないことで、社会全体の流動性と公平な競争、活性が損なわれ、それによって長期的な生産性向上や経済成長が抑えられてしまうと考えられる。子どもの貧困は、社会全体にとっても、経済低迷というデメリットをもたらすと考えられるのだ。

3　どういう政策が必要か

では、子どもの貧困がもたらす「貧困連鎖」や「経済低迷」を予防するには、どのような政策が必要で有効なのか。以下では、「子どもの貧困を減らす」政策と、「子ども期の貧困が能力発達の不利につながりにくくする」政策の、両方を検討してみよう。

(1) 子どもの貧困を減らす政策

まず、「子どもの貧困」そのものを減らす政策を検討しよう。

「子どもの相対的貧困率」はそもそも5年おきや10年おきにしかデータがないため、「子どもの相対的貧困率」の変化の要因を探る研究はなかなか難しい。その中で筆者は、乏しいデータをなんとか最大限に活かしながら、要因の分析を行った（柴田 2016: 186-199)。用いたデータは、日本を含むOECD加盟17か国の1985～2010年のデータ（4時点）だ。このデータはOECDの報告書（Whiteford and Adema 2007: 18）とUNICEFの報告書（Bradshaw et al. 2012: 29）をもとに筆者が作成したデータだが、そこでの日本の数値は「国民生活基礎調査」がもとになっている。

分析の結果によれば、子どもの相対的貧困率を減らす要因として、1～5年前の「労働力女性比率」「児童手当（のための公的）支出」「保育・就学前教育支出」「ワークシェアリング助成支出」「失業給付支出」が見出され、逆に増やす要因として1～5年前の「離婚率」が見出された。

これらの要因が子どもの相対的貧困率にもたらす影響は、あくまで先進諸国の平均的傾向として見出されたものだ。しかしこれらの傾向がもし日本にも当てはまるとすれば、日本の子どもの相対的貧困率を直接的に減らすための政策としては、「児童手当」「保育・就学前教育」「ワークシェアリング助成」「失業給付」を挙げることができる。

「児童手当」は、直接、子育て世帯の収入を増やすので、子どもの相対的貧困率を減らすのは当然の結果といえる。「失業給付」も、直接、失業世帯の収入を増やすので、当然の結果だろう。「ワークシェアリング助成」も、ワークシェアリングによって失業者に仕事が回ってくるため、結果的に失業世帯の収入を増やすことになるだろう。

とくに解釈が必要なのは、「保育・就学前教育」の効果だ。低所得の子育て世帯にとっては、とくに就学前児童がいる場合、その児童のための保育料や就学前教育費は、保育園や幼稚園に預けて働くためには欠かせない出費であり、削ることができない。すると、食費などの基本的な生活費を削ることになり、生活の質が落ちてしまう。その場合に、もし「保育・就学前教育」のための公的支出が増え、保育料や就学前教育費への公的補助が増えて、家計負担が減れば、食費などを削る必要がなくなり、生活の質が高まることになる。すると、親はより健康的な生活を送ることができ、病気による欠勤が減ったり、仕事効率が上がったりして、収入が増える可能性がある。ここから、「保育・就学前教育」に子どもの貧困を減らす効果を見込むことができるだろう。

さらに、とくに「保育のための公的支出」は、それが増えると保育サービスが増えて、より多くの働きたい女性が働けるようになる。つまり、「労働力女性比率」が高まる。そのように働けるようになる女性の中には、貧困子育て世帯の母親も含まれるだろう。したがって、「労働力女性比率」が高まると、それによって子どもの貧困が減ると見込まれる。このように、「保育・就学前教育」は、「労働力女性比率」を経由することで子どもの貧困を減らす、という間接的な経路も期待できる。

以上の解釈からわかるように、親が失業していない一般的な世帯にも広く貧困減少効果が見込まれる政策は、「児童手当」と「保育・就学前教育」である。そこで、以上で紹介した柴田（2016: 186-199）の分析結果を用いて、「児童手当」と「保育・就学前教育」が子どもの相対的貧困率を減らす効果の大きさをそれぞれ試算してみよう。ここでは仮に、GDP比0・1％（0・5兆円）の追加予算をそれぞれの政策に投入した場合に、それによって減る子どもの相対的貧困率を、％単位で計算してみる（計算には柴田〔2016: 192-193〕のモデル4の係数を使用）。すると、「児童手当」への予算投入によって減る子どもの相対的貧困率は0・60％となる。他方で、「保育・就学前教育」への予算投入によって減る子どもの相対的貧困率は、（直接的な効果で0・74％、労働力女性比率を経由した間接的な効果で0・04％、合計で）0・78％となる。つまり、「児童手当」（0・60％減少）よりも「保育・就学前教育」（0・78％減少）のほうが、より大きな貧困減少効果が見込まれる。

ここから、もっと具体的なケースを考えてみよう。筆者は2013年時点での待機児童（潜在的待機児童を含む）は約80万人いたと想定し、その80万人の待機児童を2017年度末までにゼロにするには、保育施設増設と保育士増員で年間0・7兆円、さらに民間認可保育所の保育士の年収を全産業平均まで（約1・5倍に）引き上げるために年間0・7兆円、合計で年間1・4兆円の追加予算が必要と試算している（柴田 2016: 249、柴田 2017b: 152-153, 160-164）。そこで待機児童をゼロにするためにこの1・4兆円を投入することで子どもの相対的貧困率がどのくらい減るのかを、試算してみよう。すると、(0・78%×1・4兆円/0・5兆円=)2・18%となる。つまり、待機児童を完全に解消すれば、子どもの相対的貧困率(2012年16・3%)は、2%ほど減る(14%ほどになる)ことが見込まれる。

もちろん、限られたデータによる粗い分析であり、日本特有の傾向も考慮できていないため、より正確な分析が今後必要だ。

(2)子ども期の貧困が能力発達の不利につながりにくくなる政策

つぎに、子ども期の貧困がその後の「能力発達の不利」につながりにくくする政策を、検討しよう。この政策は、たとえ貧困であっても能力発達が阻害されないように、子育て世帯を手助けする政策となる。

たとえば、アメリカの経済学者ジェームズ・ヘックマンの研究によると、アメリカの貧困家庭の0~4歳の子どもに対して、良質な保育・就学前教育・家庭訪問(主体性と社会性の育成を重視したプログラム)を実施した各種のランダム化比較実験によれば、知能テストなどでは計測できない非認知能力(意欲・自制心・社会性など)が向上することにより、その後の学歴が高まり、雇用と所得が安定し、犯罪をしにくくなる傾向があることがわかっている(Heckman 2013=2015: 29-35)。とくに家庭訪問などが充実していて効果が高かった「ペリー就学前プロジェクト」では、40歳時点までの効果として、子どもが将来得る手取り所得増加額は投資費用の3倍、子どもが将来政府財政に貢献する金額

（犯罪関連費減少や税収増加や社会保障費減少など）は投資費用の13倍にも上った（Lawrence et al. 2005）。

もちろん、アメリカでの実験結果がそのまま日本でも当てはまるわけではないが、良質な保育・就学前教育・家庭訪問であれば、貧困家庭の子どものその後の能力発達にプラスの影響を与えることは大いに考えられる。

子ども1人当たりの保育・就学前教育の公的支出の金額は、日本では1980年代から2000年代にかけてOECD平均の「半分」のレベルで低迷してきた（柴田 2016: 28）。他方で、高齢者1人当たりの高齢者福祉の公的支出は、1980年代にはOECD平均の「7割」程度だったが、介護保険開始後の2000年代にはOECD平均のレベルにまで到達している（柴田 2016: 30）。子どもは減っていて高齢者は増えているので、財政的には子どもへの支出のほうが対象が限られており、ハードルは低いはずだ。しかし政治的には、高齢者のほうが投票数が多いため、世界一の高齢化を経験した日本では、高齢者の投票行動に合わせて、高齢者福祉のほうが優先して拡充されてきた。この現象は「シルバー民主主義」と呼ばれている。

シルバー民主主義の一端を物語る証言が、2016年の国会の場でなされている。その証言は、参議院のホームページで公開されている議事録「第192回国会文部科学委員会第2号（平成28年10月19日）」に記録されている。それよれば、1999年の国会の予算審議の場において、児童手当や奨学金などの子育て支援の予算拡充を求める野党議員に対して、与党の「大ベテラン」の議員が「子どもに予算をつけたって一票にもならないよ」と発言したという。この証言のあとに、証言内容を否定する発言がどの政党の議員からも出なかったところを見ると、この証言はかなり信憑性があるように思われる。

このように拡充されてきた高齢者福祉によって、すでに図表6-2で見たように、高齢者の貧困率は1980年代から2010年頃にかけて低下してきた。一方で、現役世代と子どもの貧困率は上昇の一途をたどってきた。

さらに日本では、1980年代から2000年頃にかけて、税と社会保障による「所得再分配」によって、子どもの相対的貧困率がむしろ「引き上げられていた」という事実も明らかになっている（柴田 2016: 21）。他の先進諸国では、当然ながら、所得再分配によって子どもの相対的貧困率は引き下げられてきた。しかし2000年頃までの日本（と1980年代のイタリア）では、逆に「引き上げられていた」のだ。これもやはり、所得再分配が主に高齢者を優遇した制度（年金など）が中心になっており、それによって子育て世帯は、むしろ社会保険料や税の支払いのために可処分所得が減り、児童手当などによる恩恵も少なかったと考えられる。いずれにせよ、長期にわたって政府は、所得再分配によって、子どもの貧困を減らすどころかむしろ増やしていたのである。

そしていまだ日本では、OECD平均と比べて、保育・就学前教育の公的支出が少ない。他方で、「たとえ貧困であっても能力発達が阻害されないように、子育て世帯を手助けする政策」としては、就学前だけでなく、就学後の教育についても見ておく必要があるだろう。

文部科学省のホームページで公開されている資料「教育費負担」（2013年版）によれば、各教育段階の教育費の公費負担率を他の先進諸国（OECD加盟諸国）と比較すると、日本ではOECD平均と比べて、就学前教育だけでなく、大学などの高等教育でも、公費負担率が小さく家計負担が大きい。つまり日本では、他の先進諸国と比べて、「貧困であれば能力を高度に発達させにくい」といえる。そのような状況においては、貧困家庭の大学学費負担を軽減する政策が、重要となるだろう。

以上をまとめれば、日本では、とくに「児童手当」「保育・就学前教育」「高等教育」が拡充され負担軽減されれば、子どもの貧困を減らしたり、子ども期の貧困が能力発達の不利につながりにくくなると考えられる。

4　国内経済や出生率へのメリット

これまでの議論によって、日本では、「児童手当」「保育・就学前教育」「高等教育」の拡充や負担軽減が、「子どもの貧困」のもたらす問題の解決につながることが見えてきた。そして、これらの政策が、「子どもの貧困を減らすことで貧困連鎖と経済低迷を予防することができる」というメリットをもたらすとともに、「貧困児童の能力発達を助けることで長期的な経済成長をもたらす」というメリットももたらすことも論じてきた。

ただ、現在の日本では、急速な少子高齢化と低い経済成長率が大きな問題となっているため、上記の政策を推し進めるには、その政策がもたらす「経済的なメリット」や「出生率に与えるメリット」を詳細に説明することが効果的だろう。経済的なメリットについてはすでに前節で大枠のことは紹介したが、より細かい内容も含めて、以下ではさまざまなメリットを検討してみよう。

（1）「保育・就学前教育」の拡充

まず、「保育・就学前教育」の拡充によるメリットを検討してみよう。

すでに前節で紹介したように、乳幼児に良質な保育・就学前教育・家庭訪問を実施すると、意欲などの非認知能力が向上することで、学歴が上がり、雇用・所得が安定化し、犯罪をしにくくなる傾向がある（Heckman 2013=2015: 29-35）。成功したプログラムでは、子どもが40歳になるまでに政府財政に貢献した金額は、投資費用の13倍に上った（Lawrence et al. 2005）。ただし、これはアメリカでの実験の結果である。日本では、どのような保育・就学前教育でどのような効果が期待できるのだろうか。

全国100園以上の認可保育所で20年近くにわたって行われた継続調査によれば、1～2歳の子どもを認可保育所に預けた親たち（3723人）は、預けなかった親たち（222人）と比べて、1年後に子どもを叩かなくなる確率が有意に高かった（Anme et al. 2016）。これは、子どもを保育所に預けることで親が気分転換の時間をもてたり、保育士の目が日常的に入ることで養育行動が改善されやすかったりして、叩く行動が減るのだと解釈できる。叩かれるなどの虐待的行動がなくなれば、子どもの社会的能力が長期にわたって発達しやすくなることは、多くの調査から判明している（友田 2012）。さらに、2002年と2011年の全国2歳半～3歳半の幼児67913人のデータの分析によると、2歳半時に保育所に預けられたほうが、言語発達が促され（とくに男児で顕著）、高卒未満の母親では育児知識と育児幸福感が増えて虐待が減り子の攻撃性と注意欠陥・多動性障害が弱まる傾向にあった（Yamaguchi et al. 2017）。

もちろん、認可保育所に通うこと自体だけでなく、認可保育所でどのような質の保育を受けるかも、子どもの発達にとっては重要だろう。民間認可保育所（小規模保育園20園と中規模園7園）で近年行われた調査によると、保育が良質（言葉の使用や理解を助ける行動、子どもとのやりとり、ごっこ遊びなどが豊富に見られる状態）で、担当保育士の保育士歴が長いほうが、1歳児学年末における子どもの全般的な発育状況が良好だった。他方で、保育所の規模や子ども対保育士比、担当保育士の保育士資格取得に至る教育歴は、子どもの発育状況とは有意な関連が認められなかった（なお園のサンプルに偏りがあるため留意は必要だが、保育所規模は小さいほうが保育の質が良質だった）（藤澤・中室 2017）。ここから、やはり保育の質が高いほうが子どもの発達が促されやすいと考えられる。

ただ、たとえ良質な保育サービスを用意しても、貧困家庭の中には、保育を利用するまでに至らない親もいるかもしれない。そのような親には、家庭訪問などの「アウトリーチ」（要支援者の来訪を待つのではなく現場に出向いて支援を行うこと）が必要だと思われる。アメリカの実験でも、家庭訪問を伴う保育プログラム（ペリー就学前プロジェクトなど）は子どもの発達を促したが、家庭訪問を伴わない保育プログラム（全米で実施されているヘッドスタートなど）は子どもの発達をあまり促さなかった（中室 2015: 192）。日本では、家庭児童相談員（全国約8300人）が問題を抱える家族に対する相談業務を担っているが、主に来所型でありアウトリーチが十分に行われていない現状がある。乳幼児期での全戸訪問としては、「乳児家庭全戸訪問事業」（こんにちは赤ちゃん事業）があり、その訪問者は家庭の要支援レベルを察知して保健師などの専門職につなぐ任務を担っているが、訪問者は主に非専門職である上に、基本的に訪問は1回のみで、訪問者1人当たり平均60~90件を抱えているため、上記の任務が十分に果たされているとは考えづらい（三谷 2016）。専門職による全戸訪問を目指す必要があるだろう。実際にたとえばデンマークでは、各児専属の保健師による全戸訪問が実現しており、乳幼児1人当たり平均12回もの無料訪問（生後1か月は毎週）を実施している（三谷 2017: 40–41）。

もちろん、こういった総合的な子育て支援の拡充には、それだけ大きな予算投入が必要になる。しかし、投入した分、貧困家庭の子どもの発達はより健全に促されることは以上のさまざまな調査研究から、将来的な財政貢献はかなり期待できるだろう。たとえば、5歳児の幼稚園利用率と認可保育所利用率がそれぞれその後の子どもたちの大学進学率に与える影響を、都道府県単位の時系列データで分析した研究によると、子どもを預かる時間がより長い認可保育所の利用率のほうが、大学進学率に与えるプラスの影響が大きいという傾向が見出されている（Akabayashi and Tanaka 2013）。

ただ、乳幼児に投資して彼らが成人後に財政貢献をするまでは、約20年かかる。政策決定過程に深くかかわる国会議員の任期は長くても6年（参議院議員）であるため、その任期内に成果として政策効果が現れないと、彼らにとっては次の選挙に活かすことができない。そのため、長期的な経済効果だけでなく、短期的な経済効果も政策立案のためには重要であり、むしろ現実としては、短期的な効果のほうが政治的に重要ともいえる。

では、保育・就学前教育による短期的な経済効果はどうだろうか。内閣府経済社会総合研究所の報告書「短期日本経済マクロ計量モデル（２０１５年版）の構造と乗数分析」（２０１５年）によれば、日本のデータでは、公共事業の短期的経済効果は１・１倍、法人税減税の短期的経済効果は０・６倍だ。それらよりも大きな効果が見込めるのだろうか。

筆者は、OECD加盟21か国の2000年代のデータを用いて、保育・就学前教育の短期的な経済効果を分析した。それによれば、あくまで先進諸国の過去の平均的傾向ではあるが、「保育・就学前教育の公的支出」を拡充すると、保育拡充によって母親の就業が増えて、労働力女性比率が上昇することにより、翌年の労働生産性上昇率と経済成長率が高まる傾向がある。仮にGDP比0・1％（日本では0・5兆円）の支出を拡充すると、翌年のGDPは0・23％引き上がる計算となる。つまり、保育・就学前教育の短期的な経済効果は投資額の2・3倍ということになる（柴田 2016: 205、柴田 2017b: 165）。もし2・3倍という効果が日本でも成り立つとすれば、公共事業の効果（筆者の分析とはデータも方法も異なるが）のおよそ2倍に匹敵するため、かなり大きな効果といえる。

また、OECD加盟19か国の1980～2009年のデータを用いた筆者の分析によると、「保育・就学前教育」の拡充は、経済効果だけでなく、出生率を引き上げる効果も若干ながら期待できる。先に述べたとおり、待機児童解消には年額1・4兆円の追加予算が必要と見込まれるが、その予算を投入すると、翌年の出生率が0・015だけ上昇すると見込まれる（柴田 2016: 205、柴田 2017b: 172）。

（2）「大学学費」の負担軽減

つぎに、「大学学費」の負担軽減によるメリットを検討してみよう。

日本財団がホームページで公開した報告書「子どもの貧困の社会的損失推計」（2016年）によれば、2013年時点の15歳の「貧困の子ども」（15％相当）の、高校進学率が非貧困の子どもレベルに向上し、大学進学率が22％ポイント（アメリカのアベセダリンプロジェクトによって得られた大学進学率引き上げ効果と同じ量）だけ向上すると仮定すると、当人たちが19〜64歳の期間に社会にもたらす経済的貢献として、課税前の生涯所得が2・9兆円増えて、税・社会保障の政府純支出（社会保障支出マイナス税・社会保険料収入）が1・1兆円減ると見込まれる。

これは1学年当たりの数字なので、同じ効果が現在の子どもたち（0〜15歳）の全体で改善すると仮定すると、将来の生涯所得が42・9兆円増えて、政府純支出は15・9兆円減ることになる。この経済的貢献が、①高校進学率の上昇、②高校中退率の低下、③大学進学率の上昇、の3つの要因のどれによってもたらされたのかで分解すると、生涯所得・政府純支出の順で示すと、①7・3兆円・2・6兆円、②10・7兆円・3・8兆円、③20・8兆円・7・9兆円となる（日本財団子どもの貧困対策チーム 2016: 77）。つまり、最も大きいのは、③大学進学率の上昇による効果であることがわかる。

大学進学が当人の人生に与える経済効果は、近年ますます大きくなっている。「大卒男性労働者平均賃金÷高卒男性労働者平均賃金」（大卒・高卒賃金格差）は、1990年は1・2だったが、パソコンとインターネットが普及した2000年頃から急上昇し始め、2010年頃からは1・3を上回っている（日本財団子どもの貧困対策チーム 2016: 63）。この上昇は、「大学教育の価値が高まった（人的資本仮説）」のではなく、能力とは無関係に大卒という記号の価値が高まったのだ（シグナリング仮説）」という見方もあるかもしれない。しかし、この間、男性の大学進学率（浪人含む）も33％（1990年）から56％（2010年）へと大きく上昇しているので、もし大学教育の価値（大卒者の需要）が高まっていないのであれば、男性労働者に占める大卒者の割合（大卒者の供給）が増えることによって、大卒・高卒賃金格差は縮小するはずだ。実際には縮小どころか拡大しているので、シグナリング仮説よりも人的資本仮説のほうが支持される。つまり、大学教育の価値が高まっていると考えられるのである。

では、なぜ大学教育の価値が高まっているのだろうか。その背景には、情報技術とロボットの発達によって、低学歴層がこれまで担っていた定型的な業務がかなり機械化されるようになったという状況がありそうだ。日本の製造業でのアンケート調査結果によると、2008年から2011年にかけて付加価値貢献度が上がったのは、業務行程において機械化しにくい非定型的な「上流工程」（企画・マーケティング・開発など）と「下流行程」（販売・サービスなど）であり、逆に機械化しやすい定型的な「中流行程」（生産・加工など）は付加価値貢献度が下がったか、少なくともあまり上がらなかった（日本財団子どもの貧困対策チーム 2016: 65）。非定型的な業務の需要が増えることで、大学教育の価値が高まっていると考えられるのである。

OECD加盟の先進諸国の全体的傾向としても、平均就学年数が長くなると、つまり大卒者が多くなると、同時期（4年間または5年間）の経済成長率が上がる傾向が見出されている（Gyimah-Brempong and Wilson 2004, Yay and Oktayer 2009）。大卒者が増えることで経済が活性化するというのは、日本だけでなく、先進国全般でもいえる傾向のようだ。

しかし問題は、「高卒者1人を大卒者にするために必要な公的費用」に対する「高卒者1人が大卒者になることで将来的に政府財政にもたらされる利益総額（税・社会保険料の納付額の増加や社会保障費の減少）」の倍率（財政投資効果）である。これが1以下であれば、政府にとって財政的にメリットのある政策とはいえない。

国立教育政策研究所がホームページで公開した報告書「教育の社会的効果に関する研究（教育再生実行会議第3分科会）」（2015年）によれば、「高卒者1人を大卒者・院卒者にするのに必要な公的費用総額」は254万円、「高卒者1人を大卒者・院卒者になることで将来的に政府財政にもたらされる利益総額」は608万円だという。したがって、大学教育への財政投資効果は2・4倍ということになる。

では、「大学学費」の負担軽減という政策を導入すると、大学教育の財政投資効果はどうなるだろうか。

そこで、上記の「公的費用総額」に、「国立大相当学費年額51万円（現在の学費免除者も含めた平均値）×4年間」（204万円）を加えて、「全大学生への国立相当学費軽減制度を導入した場合の財政投資効果」を計算してみる。するとその財政投資効果は、608万円÷（254万円+204万円）=1・32倍であり、1倍を超える。つまり、国立相当学費の軽減であれば、導入しても大学教育の財政投資効果は1倍より大きいため、大学教育の収益性は損なわれない。

ただ、大学学費を軽減すると、その分、大学進学の家計負担が減るため、大学進学率が高まる可能性がある。東京大学の小林雅之教授が首相官邸の第1回一億総活躍社会に関する意見交換会（2015年）で提出し首相官邸ホームページで公開された資料「一億総活躍社会のための教育費負担の軽減」によれば、2013年の保護者への調査では、「経済的理由で大学・短大・専門学校へ進学できなかった者」は毎年約5万人と推計されるという。よって、高校卒業者約106万人（2016年3月）のうちの約5万人が新たに大学等に進学すると考えると、大学等進学率（文部科学省「学校基本調査」

２０１６年度調査結果によれば浪人を含む大学・短大・専門学校への進学率は合計で79％）は５％ほど上がる計算になる。

大学等進学率５％が上昇した上で、大学生・短大生・専門学校生の全員（文部科学省「２０１６年度学校基本調査」により３１６万人×84％／79％＝３３６万人）に対して年間51万円分（国立大学相当）の学費を公費で軽減すると、３３６万人×51万円＝年間１・７兆円の公費が必要となる。それによって大学等の学費が軽減されれば、子育て世帯の貯蓄志向が弱まり、消費が増え、需要の上昇によって付加価値と労働生産性が増えると考えられる。また、子育てのコストが減ることで、やがては出生率も上がると考えられる。

あくまで先進諸国の過去の平均的傾向ではあるが、ＯＥＣＤ加盟21か国の２０００年代のデータを用いた筆者の分析（柴田 2016: 116）によると、大学等学費負担が10年間かけて最終的に年額１・７兆円の公費投入によって軽減されるようになれば、１人当たり公的高等教育支出（対１人当たりＧＤＰ比）は13％ほど上昇し、その10年間における労働生産性の上昇率は年平均で０・14％引き上げられると見込まれる。

また、ＯＥＣＤ加盟25か国の１９８０〜２００９年のデータ（５年間ごとで平均化）を用いた筆者の分析（柴田 2017a）によると、上記の10年間かける学費軽減策によって、出生率はその10年間の累計で０・08上昇すると見込まれる。

このような学費軽減策がもたらすと見込まれる「労働生産性の上昇」や「出生率の上昇」は、短期的効果で政治家にとって利点が大きいため、政策の推進に役立つかもしれない。

5　おわりに――もっと政策研究を

以上見たように、「保育・就学前教育の拡充」としては待機児童解消のために1・4兆円、「大学学費の負担軽減」としては国立大学相当軽減のために1・7兆円、合わせて約3兆円の追加予算が必要となる。

この財源を捻出するには、政府は、こういった政策によってどのようなメリットが社会全体にもたらされるのかを具体的に推計し、その結果を有権者に明示する必要があるだろう。とくに保育を使わない主婦層、大学に通わない高卒層、子どものいない人々、そして子育てを終えた高齢層に、メリットを説明する必要がある。

本章の議論をふまえれば、待機児童解消や大学学費軽減は、長期的（数10年スパン）に労働生産性・経済成長率・出生率を引き上げる効果だけでなく、短期的（数年スパン）に労働生産性・経済成長率・出生率を引き上げる効果が見込まれたが、それらの効果のより精緻な検証が必要だ。短期的に経済状況や出生率にプラスとなれば、子育ての当事者だけでなく、国内で働くすべての人々にとって、経済的なメリットがある。また働いていない高齢者にとっても、現在の経済状況や出生率が改善されれば、マクロ経済スライドによって、翌年の年金給付額が増えることになる。決して無関係ではないのである。

また各政党は、どういった政策によってどういった効果をもたらすために、どういった税や社会保険や国債などの組み合わせで財源を作るのかを、それぞれに提案し、有権者はそれらの提案を相互に比較した上で、国政選挙の投票に臨むべきだろう。そういったプロセスが一般的になれば、本稿で見たように「保育・就学前教育の拡充」や「大学学費の負担軽減」はさまざまなメリットがあると考えられるため、財源がつき政策が推進されていくのではないだろうか。その結果として、子どもの貧困の問題が解決されていくのではないかと期待できる。

参考文献

阿部彩（2014）『子どもの貧困Ⅱ』岩波書店。

Akabayashi, H. and Tanaka, R.（2013）"Long-Term Effects of Preschooling on Educational Attainments," *Keio/Kyoto Global COE Discussion Paper Series*, DP 2012-033.

Anne, T., Tanaka, E., Watanabe, T., Tomisaki, E., and Mochizuki, Y.（2016）"Does Center-based Childcare Play a Role in Preventing Child Maltreatment? Evidence from a One-year Follow-up Study," *International Journal of Applied Psychology*, 6(2), pp. 31-36.

Bradshaw, J., Chzhen, Y., Main, G., Martorano, B., Menchini, L., and de Neubourg, C.（2012）"Relative Income Poverty among Children in Rich Countries," *Innocenti Working Papers*, 2012-01.

Cingano, F.（2014）"Trends in Income Inequality and its Impact on Economic Growth," *OECD Social, Employment and Migration Working Papers*, No. 163.（＝2014、ＯＥＣＤ訳「所得格差は経済成長を損なう」ＯＥＣＤ東京センターホームページ（２０１７年2月1日最終閲覧）。）

藤澤啓子・中室牧子（2017）「保育の「質」は子どもの発達に影響するのか――小規模保育園と中規模保

育園の比較から」*RIETI Discussion Paper Series*, 17-J-001。

Gyimah-Brempong, K. and Wilson, M.（2004）"Health human capital and economic growth in Sub-Saharan African and OECD countries," *The Quarterly Review of Economics and Finance*, 44, pp. 296-320.

Heckman, J. J.（2013）*Giving Kids a Fair Chance: A Strategy That Works*, MIT Press.（＝2015、古草秀子訳『幼児教育の経済学』東洋経済新報社。）

Lawrence, J. S., Montie, J., Xiang, Z., Barnett, W. S., Belfield, C. R., and Nores, M.（2005）"The High/Scope Perry Preschool Study Through Age 40 Summary, Conclusions, and Frequently Asked Questions," High/Scope Press.

三谷はるよ（2016）「「子どもの貧困」対策における多職種連携の重要性」『第三文明』678号、23—25ページ。

三谷はるよ（2017）「福祉や教育はどうやって決まる?——福祉国家、大きな政府、社会規範」工藤保則・大山小夜・笠井賢紀編『基礎ゼミ　社会学』世界思想社、40—54ページ。

中室牧子（2015）『「学力」の経済学』ディスカバー・トゥエンティワン。

日本財団子どもの貧困対策チーム（2016）『徹底調査　子供の貧困が日本を滅ぼす——社会的損失40兆円の衝撃』文藝春秋。

小塩隆士（2012）『効率と公平を問う』日本評論社。

柴田悠（2016）『子育て支援が日本を救う——政策効果の統計分析』勁草書房。

柴田悠（2017a）「希望出生率1・8は実現可能——8年間に全施策の投入を」（『日本経済新聞』2017年2月8日朝刊「経済教室」の改訂版）柴田悠ウェブサイト（https://sites.google.com/site/harukashibata/

profile)。
柴田悠（2017b）『子育て支援と経済成長』朝日新聞出版。
菅原ますみ（2012）「子ども期のＱＯＬと貧困・格差問題に関する発達研究の動向」菅原ますみ編『子ども期の養育環境とＱＯＬ』金子書房、1―23ページ。
友田明美（2012）『いやされない傷――児童虐待と傷ついていく脳』診断と治療社。
Whiteford, P. and Adema, W.（2007）"What Works Best in Reducing Child Poverty," *OECD Social, Employment and Migration Working Papers*, No. 51.
Yamaguchi, S., Asai, Y., and Kambayashi, R.（2017）"How Does Early Childcare Enrollment Affect Children, Parents, and Their Interactions?" Available at SSRN: https://ssrn.com/abstract=2932875.
Yay, G. and Oktayer, A.（2009）"Financial development and economic growth: A comparative analysis," *Romanian Journal of Economic Forecasting* 6(3), pp. 56–74.

第7章　若者の未来を支える教育と雇用

──奨学金問題を通じて──

花井圭子

1　はじめに

現在、大学生等の2人に1人以上が奨学金を利用している。奨学金の運営主体は、「独立行政法人日本学生支援機構」（以下、「支援機構」という）、自治体、民間企業、NPO等、さまざまであるが、最も利用者が多いのは支援機構の運営する奨学金である。奨学金は貸与型であるため、卒業後にその返還が求められる。しかし、2012年頃から「返済したくても返還できない」、あるいは返還のために生活苦に追い込まれ結婚や子育てをあきらめるという若者の姿がマスコミ報道を通じて明らかになってきた。当初、50歳以上の人たち、大学に進学しないで働いてきた人たち、返還している若者など多くの人から「借りたら返すのは当たり前、返したくないのではないか」、など批判の声が多く出された。

しかし、返還困難となっている原因を探ると、1990年後半から減少してきた家計収入、大学授業料の高騰、産業構造の変化、不安定雇用・非正規労働の拡大、そして政府の高等教育の公財政支出の減少などにあることが広く社会に認識されるようになってきた。教育の機会均等を保障するはずの奨学金が若者の夢や希望を奪いつつある。

日本国憲法、教育基本法で謳われている「教育の機会均等」と、安定的で良質な雇用の確保が今、求められている。

教育は、個人にとって生きる力であり手段であると同時に、社会的・経済的便益をもたらし、持続可能な社会の維持・発展に寄与するものである。その意味で、教育は公共財であり社会的共通資本といえる。しかし、教育の自己責任論が社会に根強く存在しているために、奨学金問題の根底にある経済的・社会的な問題が見過ごされてきた。

本章では、現在の奨学金問題を通じて、高等教育の便益（効果）や高等教育の機会が失われている実態をとらえ背景にある要因を分析し今後の改善策を提起したい。

なお、2017年の第193通常国会において、「独立法人日本学生支援機構法の一部を改正する法律」が成立し、わが国で初めて公的給付型奨学金が導入されることになった。給付型奨学金制度は、一部の民間企業や、地方自治体で創設されているが、国の制度としては初めてである。しかし、その対象者数は本格実施される2018年度でも2万人と進学者全体の2・6％にすぎず、金額も2万円～4万円と進学を後押しするには不十分である。

本章では、新たに創設される給付型修学金制度の主な内容と課題についても触れることにする。

2　公的奨学金制度の現状と問題

(1)　わが国の公的奨学金制度

ここで取り上げるのは政府予算を中心に運営され、利用者数が最も多い支援機構の奨学金制度である。

支援機構の奨学金は貸与型しかなかったが、2017年の第193通常国会において「独立行政法人　日本学生支援機構法の一部を改正する法律」が成立し、新たに給付型奨学金制度が創設されることになった。2017年度より先行実施、2018年度からは本格実施される。まず、制度の主な内容は以下のとおりである。

①貸与型奨学金制度

2017年度予算ベースで見ると、貸与人数は全体で133・8万人であり、無利子（第一種）は51・9万人（前年4・4万人増）、有利子（第二種）は81・9万人（前年2・9万人減）と、無利子枠を拡大している。貸与月額は無利子では3万円～5・4万円、有利子は3万円～12万円、有利子の利率は変動が0・01％、固定が0・05％である。

②給付型奨学金制度

経済的理由により進学を断念せざるをえない者の進学を後押しすることを目的に創設された。

2018年度より、住民税非課税世帯で、一定の学力・資質要件を満たす者2万人を対象に実施する、金額は月額2万円~4万円。2017年度からは私立・自宅外生と児童養護施設退所者等2800人を対象に先行実施する。

③新所得連動返還型奨学金制度

今までの返済は年収にかかわらず一定月額であったが、無利子の返済者を対象に2017年度進学者から、年収に応じた返済を実施する。収入が0円であっても最低2千円の返還を求めることになっている。

(2) 公的奨学金制度の変遷

1984年に日本育英会法が全面改正され有利子枠が導入された。無利子奨学金は一般会計から支出される政府貸付金が中心的な財源であるが、有利子奨学金は財政投融資を中心的な財源として運営される。当時の中曽根内閣の「小さな政府」を目指した政策に沿うものであった。有利子枠を導入した当時の国会審議における附帯決議には、次のような記述が盛り込まれていた。

——育英奨学事業は、無利子貸与制度を根幹としてその充実、改善に努めるとともに有利子貸与型奨学金制度は、その補完とし、財政が好転した場合には廃止等を含めて検討する。

しかし、2003年には有利子貸与が無利子貸与を上回った。

1984年当初は、大学および短大の在学生のみが対象であったものが、1994年から大学院、1996年から専門学校専門課程へと広げられ、1998年3月には学校教員の返還免除制度は廃止された。

２０００年12月に閣議決定された「行政改革大綱」に基づき、２００１年３月に特殊法人等改革基本法が制定された。この法律にしたがって、２００１年12月に「特殊法人等整理合理化計画」がとりまとめられ、「日本育英会は廃止した上で国の学生支援業務と統合し、新たな学生支援業務を総合的に実施する独立行政法人を設置する」とされた。そして、２００４年に日本育英会は廃止され、日本学生支援機構への組織改編が行われた。

（３）公的奨学金制度の問題は延滞金と制度内容の周知不足

支援機構の貸与型奨学金は有利子が圧倒的に多い。かつての日本育英会では教員返還免除制度や返還減免も設けられており返還は無利子であった。諸外国の奨学金の返還に利子はつかないため、支援機構の有利子奨学金は「学生ローン」と言われている。卒業後に正規雇用の職に就けずに非正規雇用で低賃金、あるいは失業、病気などで「返したくても返せない」状況に陥った時、延滞金賦課のリスクや、返還猶予措置などお救済制度があるが、これらが利用者に周知されていない。

リスクである延滞について支援機構の「平成26年度奨学金の返還者に関する属性調査結果」を見ると、２０１４年度末で、〈返還を要する者（返還日往来分のみ）〉３４２・４万人、〈返還している人〉３２９・６万人、〈１日以上の延滞者〉32・８万人、〈３か月以上の延滞者〉17・４万人となっている。

月々の返済を延滞すると５％の延滞金（２０１３年度までは10％）が賦課され、返還を３か月延滞すると、個人信用情報機関へ延滞の情報が登録される。登録された者は、一定期間金融機関でのカードが作成・利用できなくなり、6か月を経過すると法的措置を前提とした請求・督促が行われる。債権回収は、民間の債権回収業者へ委託されており、そこからの自宅・職場への督促電話などが厳しく精神的負担が大きいとの訴えが弁護士等に寄せられている。

支援機構は有利子を導入した時から、その財源は財政融資資金（財投）債、そして自ら債権を発行し民間金融機関から資金を調達しており、2016年度は、年間で1200億円の発行が予定されていた。したがって回収業務も徹底して行われることになっている。

労働者福祉中央協議会（以下、「中央労福協」という）は、2015年7月～8月にかけて「奨学金に関するアンケート調査」を実施し、1万3342人から回答（回収率74・2％）を得ることができた。ここでは34歳以下、正規雇用者1893人中制度利用者1893人の回答割合を見ると、学生支援機構の制度内容（リスクや救済制度など）が利用者に十分周知されていないことが明らかになっている。「病気や失業、低収入に陥った時など、申出により返済が猶予される」ことを〈知っている〉人は67・1％、「延滞は年5％の延滞金が賦課される」ことを〈知っている〉人はわずか28・9％でしかなかった。猶予制度については3割以上が知らないことになり、リスクの認知度は極めて低いと言える。

高校の生徒や親・保護者に対する奨学金の説明は高校の進路指導担当の教諭が行っているが、奨学金を利用する生徒数が増加していること、制度変更の頻度が高くより複雑になっているなど、教諭が生徒や親・保護者に十分に理解させることができない現実がある。文部科学省は制度周知のために、2017年度より、「スカラシップ・アドバイザー事業（仮称）」を支援機構に設けることを決めたが、この制度が確実に機能するよう期待したい。

3　奨学金問題の背景

(1)　大学授業料の高騰と世帯所得の減少

国立大学の授業料は53万5800円であり、1975年3万6000円から大幅に高騰している。公立はほぼ同額である。私立大学は、大学や学部によって大きく異なるが平均でみると、2014年度は86万4384円であり入学料や検定料を加えると初年度は110万円を超える。文科系は約75万円、理科系では105万円、医歯系で275万円である(私学は2014年)。入学時には入学料と検定料が加わることになり、初年度の家計の負担は極めて大きい。さらに、地方から都市部の大学等へ進学する場合、下宿すれば初期費用、月々の家賃は重くのしかかる(図表7-1)。

一方、世帯所得はこの20年近く低下してきた。「2015年　国民生活基礎調査/厚生労働省」の児童のいる世帯で見ると、2014年の平均所得金額は712・9万円と前年と比較すると上昇したものの、ピークであった1996年の781・6万円には及ばない。

国公立・私立の授業料等は高騰しているのに、世帯所得はむしろ減少してきた。子どもが1人でも低所得層のみならず、中間層であっても子どもの高等教育費を家計で負担することは困難になっている(図表7-2)。

図表7－1　国立大学と私立大学の授業料等の推移

年度	国立大学			私立大学			私立／国立（倍）		
	授業料（円）	入学料（円）	検定料（円）	授業料（円）	入学料（円）	検定料（円）	授業料	入学料	検定料
1975	36,000	50,000	5,000	182,677	96,584	9,647	5.1	1.9	1.9
1978	144,000	60,000	10,000	286568	157,019	14,722	2.0	2.6	1.5
1980	180,000	80,000	15,000	355,156	190,113	17,995	2.0	2.4	1.2
1982	216,000	100,000	17,000	406,281	212,650	20,398	1.9	2.1	1.2
1984	252,000	120,000	19,000	451,722	225,820	21,019	1.8	1.9	1.2
1987	300,000	150,000	21,000	517,395	245,263	24.686	1.7	1.6	1.2
1989	339,600	185,400	23,000	570,584	256,600	26,608	1.7	1.4	1.2
1991	375,600	206,000	25,000	641,608	271,151	29,258	1.7	1.3	1.2
1993	411,600	230,000	27,000	688,046	275,824	31,000	1.7	1.2	1.1
1995	447,600	260,000	29,000	728,365	282,645	32,645	1.6	1.1	1.1
1997	469,200	270,000	31,000	757,158	288,471	33,410	1.6	1.1	1.1
1999	478,800	175,000	33,000	783,298	290,815	33,727	1.6	1.1	1.0
2001	496,800	277,000	33,000	799,973	286,528	33,725	1.6	1.0	1.0
2003	520,800	282,000	33,000	807,413	283,308	33,108	1.6	1.0	1.0
2005	535,800	282,000	33,000	830,583	280,033	—	1.6	0.9	—
2014	535,800	282,000	—	864,384	261,089	—	1.6	0.9	—

（注）　年度は入学年度である。
国立大学の平成16年度（2004年度）以降の額は国が示す標準額である。
私立大学の額は平均である。
（出典）　文部科学省資料より作成。

図表７－２　各種世帯の１世帯当たり平均所得金額の年次推移

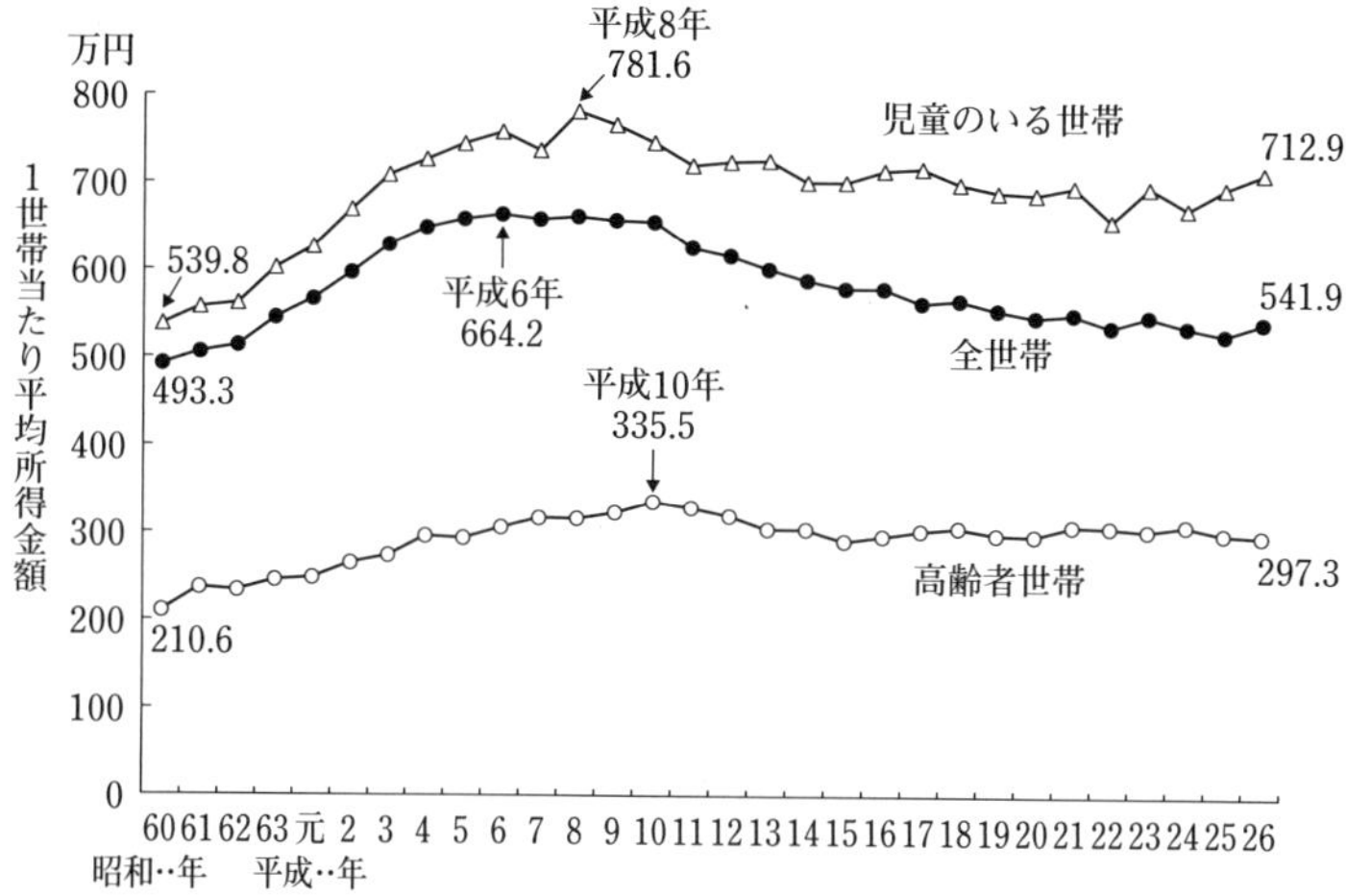

（注１）　平成６年の数値は、兵庫県を除いたものである。
（注２）　平成22年の数値は、岩手県、宮城県および福島県を除いたものである。
（注３）　平成23年の数値は、福島県を除いたものである。

（２）学歴による賃金格差と高卒求人数の減少

高校を卒業した生徒が大学等へ進学する理由や希望はさまざまであり、職業と直接関係する分野に限らず、「高卒で社会に出るには不安だから」といった動機もあるだろう。

しかし、個々人の理由や希望とは別に大学等へ進学する背景には、まず学歴による生涯賃金の格差がある。

男性では賃金のピークは大学・大学院卒、短大卒、高卒いずれも50～54歳であるが、大学等卒と高卒では２００万円近い差がある。日本は未だ学歴社会である。個々人の進学希望の理由とは別に、将来の生活を豊かにしたいと考えれば、本人や親・保護者が大学等への進学を希望することは自然なことではないだろうか。

次に挙げられることは、高卒求人数の減少である。高卒求人数は、1992年の約150万人をピークに大幅に減少し、2010年には20万人を下回った。直近の2016年には28・6万人と、前年比19・9ポイント増加しており、回復の兆しはあるが先行は不透明である。高卒求人数の減少が、高卒後の進学を加速させたと言える。

学歴による賃金格差、高卒求人数の大幅減少という現実を直視すれば、「奨学金を借りてまで大学へ進学する必要はない、高卒で働けばいい」という批判は、的外れと言える。

(3) 家庭の経済事情による進路への影響

親・保護者の収入が増加するにつれて大学進学の割合が高まっている。年収が〈400万円以下〉を起点に、高校卒業後の進路は「4年生大学」への進学と「就職など」に分かれ、年収が1000万円を超えると54・6%が「4年生大学」へ進学している（図表7-3）。世帯タイプによる大学等進学率は、児童養護施設の子どもは23・3%でしかない。明らかに親・保護者の経済事情によって教育の機会に大きな格差が生じている（図表7-4）。このことは、経済的に困難な状況のもとにある子どもたちの将来の「夢や希望」を奪うことになり、社会全体にとっても大きな損失である。高等教育が経済的な便益、社会的効果をもたらすものであるとすれば、この経済的格差による進学率を是正すべきであり、社会全体で進学を後押しする給付型奨学金制度や、授業料減免、大学授業料の引き下げなど、さまざまな方策を講じる必要がある。

図表７－３　高校卒業後の予定進路（両親年収別）

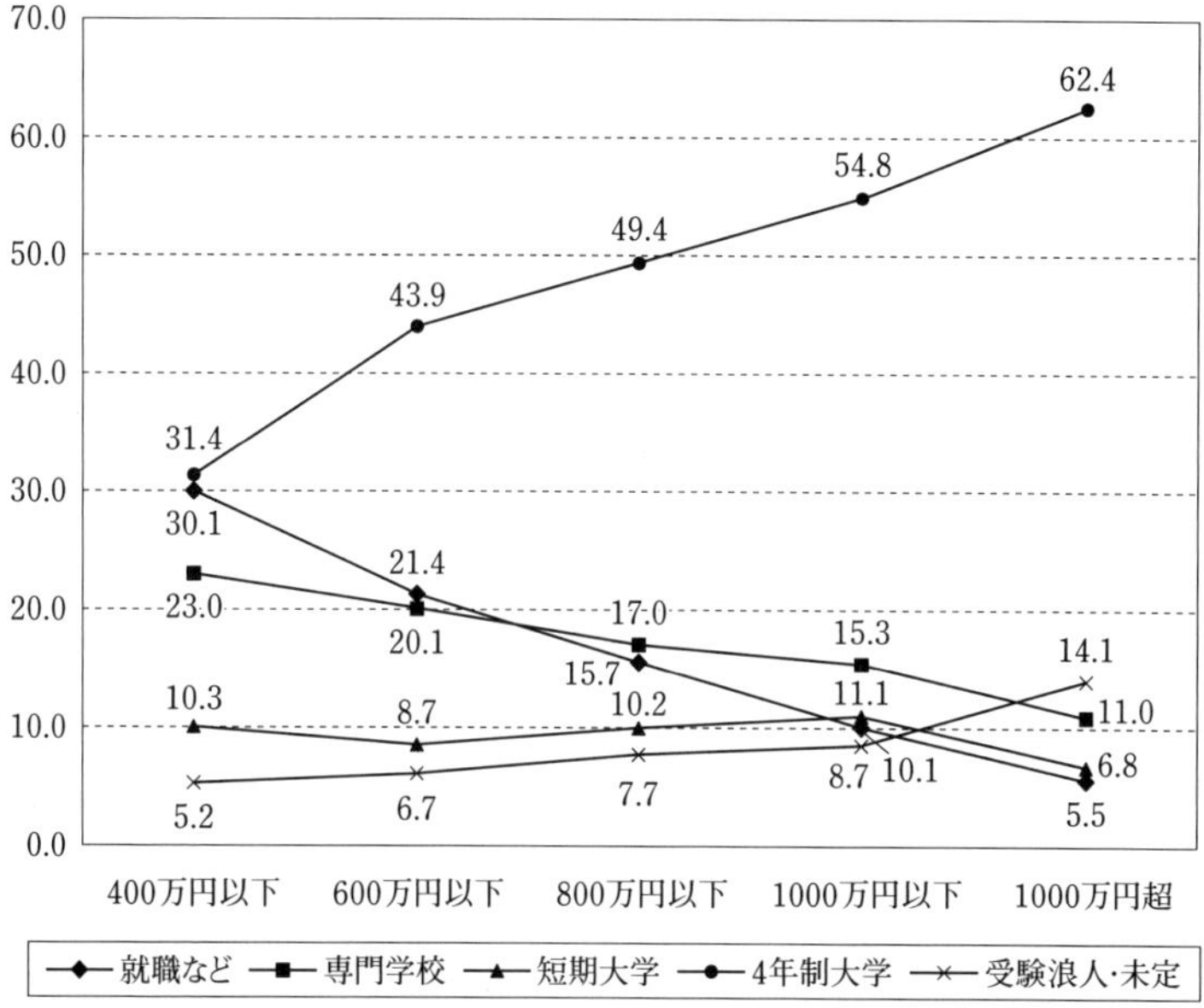

（4）非正規・不安定雇用労働者の増加

経済のグローバル化で企業間競争が激化し、バブル崩壊、アジアの金融危機、リーマンショックなど、数度にわたる世界経済危機を経験するなかで、企業はコスト削減として人員削減、新卒採用の抑制、人件費削減を行ってきた。新興国諸国の経済成長も加わり、人件費削減競争は激化（人件費ダンピング）していった。このような国内外の経済状況に対応するため、企業は「いつでも解雇、契約打ち切り」ができる非正規雇用・低賃金労働者を増やしてきた。

日本では１９８５年の労働者派遣法の制定以降、数度にわたる法改正によって非正規雇用労働が拡大してきた。非正規雇用労働者の割合は、１９８４年に15・３%だったが、１９９３年には２割を超

図表7－4　世帯タイプによる大学等進学率の差

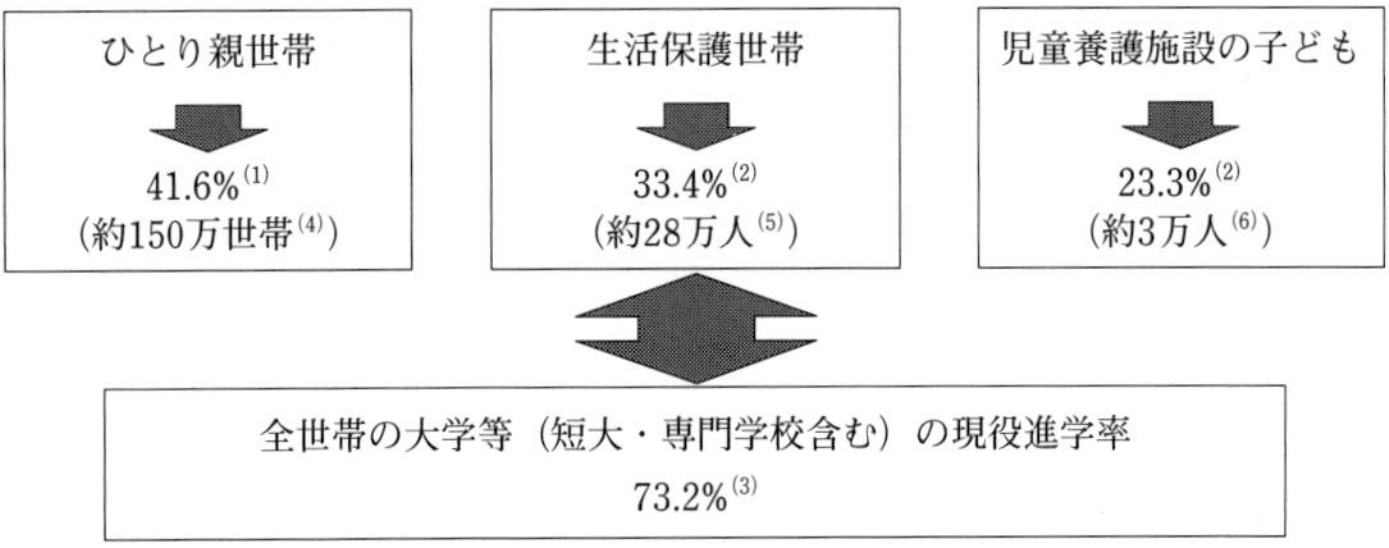

（注1）　平成23年度全国母子世帯等調査（特別集計）。
（注2）　平成27年4月1日現在、厚生労働省調べ。
（注3）　文部科学省「平成27年度学校基本調査」を基に算出。
（注4）　ひとり親世帯数として、厚生労働省「平成23年度全国母子世帯等調査結果（平成23年度11月1日現在)、20歳未満の未婚の子どもがいるひとり親の推計世帯数（母子世帯123.8万世帯および父子世帯22.3万世帯）を合計した値を記載しており、ひとり親世帯の子どもの数ではない。
（注5）　生活保護を受給している20歳未満の非保護人員（厚生労働省「平成26年度被保護者調査　年次調査〈個別調査〉(平成26年7月末日現在)」)（236,048人）を記載している。
（注6）　厚生労働省家庭福祉課調べ（平成27年10月1日現在）によると、全国の児童養護施設入所児童は27,8287人である。

え、2003年には3割を超え、2016年には37・5%（男性22・1%、女性55・9%である（図表7－5）。

「就業構造基本調査（2012年／厚生労働省）」によると、「2007年10月～2012年9月」に初職に就いた者の約4割（男性29・1%、女性49・3%）が非正規雇用であった。また、同調査によると〈雇用契約期間の定めがある〉非正規雇用労働者の1回当たりの雇用契約期間は「6か月超1年以下」が最も多く、雇用契約の更新回数は「3～5回」が多かった。

非正規雇用労働には、短時間労働、派遣、契約などの雇用形態があり、その多くは「期間の定め」がある。契約更新の有無は経営者の裁量に委ねられているため、雇用継続は不安定であり、非正規雇用労働者にとっては大きな不安を抱えることになって

図表7-5　非正規労働者数と雇用者に占める割合

（単位：万人）

年	役員を除く雇用者	非正規の職員・従業者	男	女
			非正規の職員・従業者	非正規の職員・従業者
2006	5,092	1,678（33.0）	519（17.9）	1,036（52.8）
2014	5,249	1,962（37.4）	630（21.7）	1,332（56.0）
2015	5,293	1,980（37.4）	634（21.8）	1,345（56.3）
2016	5,281	2,016（37.5）	648（22.1）	1,361（55.9）

（注）（　）内は割合。

（出典）総務省「平成28年労働力調査」。

いる。

１９８０年代前半までの非正規雇用とは、家計補助としての「主婦パート」が圧倒的に多く、低賃金であっても「主たる生計の維持者・世帯主」ではないために、社会的な問題とはならなかった。「主たる生計の維持者・世帯主」であるはずの男性に非正規雇用・低賃金労働者が増えていることが明らかになり、社会問題化してきた。２０１６年の総務省「労働力調査」で見ると、２００６年から２０１４年にかけて女性52・８％が56・０％と３・２ポイント増であるが、男性は３・８ポイント増加している。男性は、２０１４年以降22％前後であり急激な増加は見られないが、リーマンショック後の増加は大きく、以降、その比率は微増の傾向にある。

しかし、現時点での非正規雇用の問題とは実は、女性の問題ではないだろうか。非正規雇用であれば多くは低賃金であり、女性の貧困化を招く大きな要因でもある。さらに、低賃金は公的年金の受給額にも反映され、高齢女性の貧困にもつながることになる。女性が非正規雇用を選択する理由は、男女ともに根強く存在する「性別役割分業意識」があると思われるが、それ以上の問題は、是正されない男性の長時間労働と子育て支援策の不備にある。男女雇用機会均等法ができた1985年当時から求められてきた「男女ともに仕事と家庭責任を担う社会」、「男女共同参画社会」「ワーク・ライフ・バランス社会」は未だ実現していない。超少子・高齢、人口減少が進展するなかで、政府が早急に取り組むべき課題であると考える。

（5）若者非正規雇用労働者の低賃金

「平成28年　賃金構造基本統計調査／厚生労働省」結果から賃金を見ると、男女計では「正社員・正職員（以下、「正規」という）」321・7万円、「正社員・正職員以外（以下、「非正規」という）」211・8万円となっている。男性正規では349万円、非正規235・4万円であった。女性では正規が262万円、非正規は188・6万円となっている。性別での割合は、正規を100とすると、非正規の男性は67・4（前年65・8）、女性72・0（69・8）であり、前年と比べると正規と非正規の賃金格差はわずかではあるが縮小した。

奨学金を返還している多くは若者であることから、若者の賃金を見てみる。〈25～29歳〉男性の正規は250・3万円、非正規209・2万円、女性正規234・9万円、非正規192・2万円、〈30～34歳〉では男性正規293・2万円、非正規225・8万円、女性正規255・5万円、非正規196・6万円、〈35～39歳〉では男性正規331・9万円、非正規233・1万円、女性は正規268・4万円、非正規197・7万円である。

以上見てきたように正規雇用労働者と非正規雇用労働者の賃金格差は大きく、かつ非正規雇用労働者は年齢が高くなっても賃金は正規雇用労働者のように増えない。

中央労福協の調査結果では、奨学金の月々の返還額は平均で1万7206円であるが、正規雇用労働者であっても30歳代前半では男性で300万円以下、女性では255・5万円である。この賃金では返還は生活の負担となるが、非正規雇用労働者であれば、その負担はさらに重いことが想定される。

(6) 奨学金返還は少子化を加速

中央労福協が2015年に実施した「奨学金に関するアンケート調査」によると、奨学金の借入額は平均で312・9万円、1カ月の返済額は1万7206円、返還期間は14・1年である(図表7-6)。返還について正規雇用労働者の36・9%が、非正規雇用労働者では56%が「苦しい」と回答している。加えて、奨学金の返還が明らかに結婚・出産、子育てなどに影響を及ぼしている。正規雇用であっても、借入額が500万円を超えると半数が結婚に、約4割が子育てに影響があると回答している。有利子での貸与月額は最高12万円であるが、家計からの仕送りが少ない、あるいはなければ、授業料と生活費を賄うために限度額まで借り入れざるをえなくなる。返済期間が平均で14・1年という期間はちょうど結婚―出産―子育て時期にあたり、この期間を奨学金の返還を続けなければならず、家庭を築くことや住宅取得、将来の貯蓄などはかなり難しい。

さらに経済的困難な学生が直面している問題に、アルバイトがある。

学費や生活費を得るためには奨学金だけでは賄うことはできないため、アルバイト収入で不足分を補うことになる。最近では学生アルバイトに責任ある仕事や長時間労働を強要したり、病気で休むと罰金を求めるいわゆる「ブラックバイト」が横行している。学生は生活のために辞めることができず

図表7-6　奨学金返還による生活設計への影響（＜影響している＞の比率）

		結婚	出産	子育て	持ち家取得	仕事や就職先の選択	件数
	34歳以下計	31.6	21.0	23.9	27.1	25.2	2,061
	34歳以下正規計	31.2	20.1	23.1	26.5	23.9	1,812
奨学金の借入総額別	200万円未満	23.9	16.8	16.8	16.5	17.0	393
	200万円以上	27.2	16.5	21.0	25.9	19.3	618
	300万円以上	31.5	17.9	21.9	25.1	26.2	279
	400万円以上	40.3	25.8	29.7	33.5	30.5	236
	500万円以上	50.0	35.8	39.2	45.3	43.4	212
	34歳以下非正規計	36.2	28.0	30.3	32.6	36.2	218
奨学金の借入総額別	200万円未満	21.1	22.8	26.3	28.1	33.3	57
	200万円以上	48.5	30.9	30.9	35.3	42.6	68
	300万円以上	46.3	32.8	35.8	37.3	38.8	67

（注）　下線数字は「34歳以下計」より5ポイント以上少ないことを示す
薄い網掛け数字は「34歳以下計」より5ポイント以上多いことを示す
濃い網掛け数字は「34歳以下計」より15ポイント以上多いことを示す
（出典）　中央労福協「奨学金に関するアンケート調査結果」より（2016年2月）。

にアルバイトに追われ、学業もままならない事例も多くある。経済的困難にある学生、奨学金返還に苦しむ若者の窮状を見据えれば、若者が将来に夢や希望をもって学び働くことのできる社会システムを構築することが持続可能な社会の維持・発展には欠かすことのできない基盤である。

4　高等学校、大学（学部）の概況と進学、大学中退の状況

（1）高校、大学（学部）への進学状況

現在、高校や大学は何校あり、生徒数や学生数は何人か、進学率はどの程度か、文部科学省「学校基本調査」（2016年度）から見てみたい。

〈高等学校〉

中学校卒業者の高校への進学率は

98・7%となっている。

高校数は4925校、生徒数は330万9342人でいずれも減少しており、大学等進学者数は57万9738人（男子27万7815人、女子30万1923人）、大学等進学率は54・7%、大学（学部）に限定した進学率は49・2%と前年度より0・4ポイント上昇している。また、卒業者に占める就職者の割合は17・9%である。

〈**大学（学部）**〉

学校数は777校（国立86校、公立91校、私立600校、通信教育のみを行う学校（私立7校を除く）、前年度より2校減少している。

学生数は、287万3624人（男子162万5898人、女子124万7726人）、前年度より1万3414人増加している。また、学生数のうち学部学生は256万7030人、大学院生は24万9588人である。学生数を設置者別に見ると、国立64万4001人（学生数の21・2%）、公立15万5133人（5・2%）、私立211万2716人（73・5%）である。大学院等への進学者数は6万1521人で、前年より7117人減少している。

就職者総数は41万8163人で、前年より8404人増加している。卒業者に占める就職者の割合は74・7%で、昨年より2・1ポイント上昇している。また卒業者に占める就職者の割合74・7%のうち、正規の職員等である者は71・3%、正規の職員等でない者は3・4%であった。また、「一時的な職に就いた者」1・8%、「進学も就職もしていない者」は8・7%である。

（2）大学等進学率の国際比較

日本の大学等進学率は54・7％（2016年度）であり、大学（学部）は49・2％であるが、この進学率を高いと見るか低いと見るか。2012年のOECDデータによると進学率は平均62％に対して日本は51％であり、進学率が低いという指摘がある。最も進学率が高い国はオーストラリアの96％、次いでフィンランドが93％、アメリカ74％、イギリス63％、ドイツ42％となっている。日本では大学進学といえば、高校生の大学受験を思い描くが、オーストラリアやフィンランドでは高校生のほとんどが大学に進学しているのだろうかと考えてしまう。日本の大学等進学率が低いとの評価は、2013年頃から文部科学省がOECDのデータをもとに日本の進学率は低いと言い始めたことに起因しているようである。

しかし、小串聡彦氏（慶応大学EUSI研究員）によると、このOECDデータは、①生涯進学率の推定値を示したものであること、②海外からの留学生も含んでいること、③すべての国が大学・短大（Aタイプ）、専門・職業学校（Bタイプ）を区別しているわけではないこと、④フルタイムやパートタイムの学生を必ずしも区別していないことを指摘している。日本では、大学進学率は18歳進学率（18歳人口に占める大学進学者の割合）と理解されており、社会人となってからの大学入学は少なく、留学生などは約1万人にすぎない。

したがって、日本における大学等進学率については、OECDと日本の条件設定を同じようにして算出し直す必要があり、現時点で「低い」との評価にとらわれる必要はないと考える。

ただし今後、考えなければならないことは、社会人が学び直しや知識習得のために、働きながら大学へ再入学できる職場環境と、大学側の受け入れるための柔軟な環境整備が必要であると考える。

なお、大学進学率に関するＯＥＣＤデータについて、連続的なデータは２０１２年までしかなく、２０１３年以降は基準が改められたことから２０１７年６月時点では新たなデータは公表されていない。

（３）大学生の中途退学者、休学者等

文部科学省は、２０１２年度の１年間に中途退学および休学者等について調査し、２０１４年９月に「学生の中途退学や休学等の状況」結果を公表した。以下、（　）内は２００７年度調査結果である。

調査結果によると、中途退学者の総数は全学生数（２９９万１５７３人）の２・65％（２・41％）と前回調査より増加している。中途退学者のうち「経済的理由」による者は20・４％（14・０％）と前回調査より増加しており、「その他」25・３％（31・５％）に次いで多い。

休学者の総数は、全学生数のうち２・３％（１・８％）であり、「経済的理由」が15・５％（15・４％）と、「その他」47・６％（43・２％）を除けば最も多い。

さらに、授業料滞納者数は学生数の０・４％（回答数の違いにより比率は同じ）であった。

大学生の中途退学者、休学者いずれも「経済的理由」が前回調査より増加している。大学等側は、「授業料減免や奨学金等の経済的支援に関する学生相談」は71・３％が〈増加している〉と回答しており、学生への支援を主な業務とした学内組織で対応するところが増えている。

しかし、問題は中途退学者のその後である。２０１４年度文部科学省の予算から支援機構の貸与奨

学金を見ると、無利子枠は44・1万人、有利子枠が93・9万人と圧倒的に有利子枠が多いため、経済的理由で中途退学した学生の中には有利子の奨学金を利用していた者もいることが考えられることから、退学後の奨学金返還によって生活苦に陥っていないか懸念される。

5　教育がもたらす効果（便益）

(1) 教育における公的負担の根拠

なぜ、教育は公的負担が必要なのか。まず挙げられるのは、日本国憲法第26条、教育基本法第4条が規定する「教育の機会均等」の実現である。教育の機会均等を実現することは、経済的格差の是正、人材の損失を防ぐことにつながる。次に挙げられるのは、「経済的、社会的及び文化的権利に関する国際規約A規約」第13条第2項（c）に高等教育の漸進的無償化が明記されていることである。日本は、この部分を留保していたが、民主党政権下の政府は、同様に留保していた（b）中等教育の無償化も含めて、2012年9月に留保撤回を閣議決定し、国連に通告している。教育の漸進的無償化は国際公約でもある。

そして、人材育成・経済成長、生産性の向上、基礎研究の発展につながる。さらに、健康増進、犯罪の減少、労働移動・ミスマッチの緩和、少子化の緩和等にも資するといった研究もある（出典：三菱総合研究所「改革の推進のための総合的調査研究」（2009年））。このような社会的・経済的な効果から、教育は公共財であり社会的共通資本であることが、教育に対する公的負担の根拠と言える。

(2) 高等教育の経済効果――政府試算

高等教育の経済的効果については国立教育政策研究所が、文部科学省に委託した「平成22年度 教育改革の推進のための総合的調査研究～教育投資が社会関係資本に与える影響に関する調査研究～」(2010年度)を基に試算を行っている。試算では大学・大学院卒者1人当たりの費用便益を分析している。学部・大学院在学期間中の公的投資額(2012年時点)253万7524円に対して、便益(大学、大学院卒業者の公財政への貢献)は608万4468円であり、1人当たりの効果額は354万6944円と、投資額の約2・40倍の効果と試算されている(図表7-7)。

この試算の特徴は、経済的便益にとどまらずに、社会の安定の目安でもある失業や犯罪の抑制効果にも注目した点であり、その結果は高等教育が経済的効果にとどまらず、社会の安心・安定につながることを示したものと捉えることができる。

6 わが国の公財政支出の低さと、それを支える意識

(1) わが国の公財政支出

日本のGDPに占める公財政支出の割合は極めて低い。OECD諸国の平均が1・1%に対して0・6%でしかなく、高等教育における私費負担の対GDP比はOECD平均0・5%に対して日本は1・0%と倍になっている。わが国において、公財政支出の低いことが、結果として私費負担を重くしている(図表7-8)。

図表７－７　大学・大学院卒者１人当たりの費用便益分析（平成24年時点、試算）

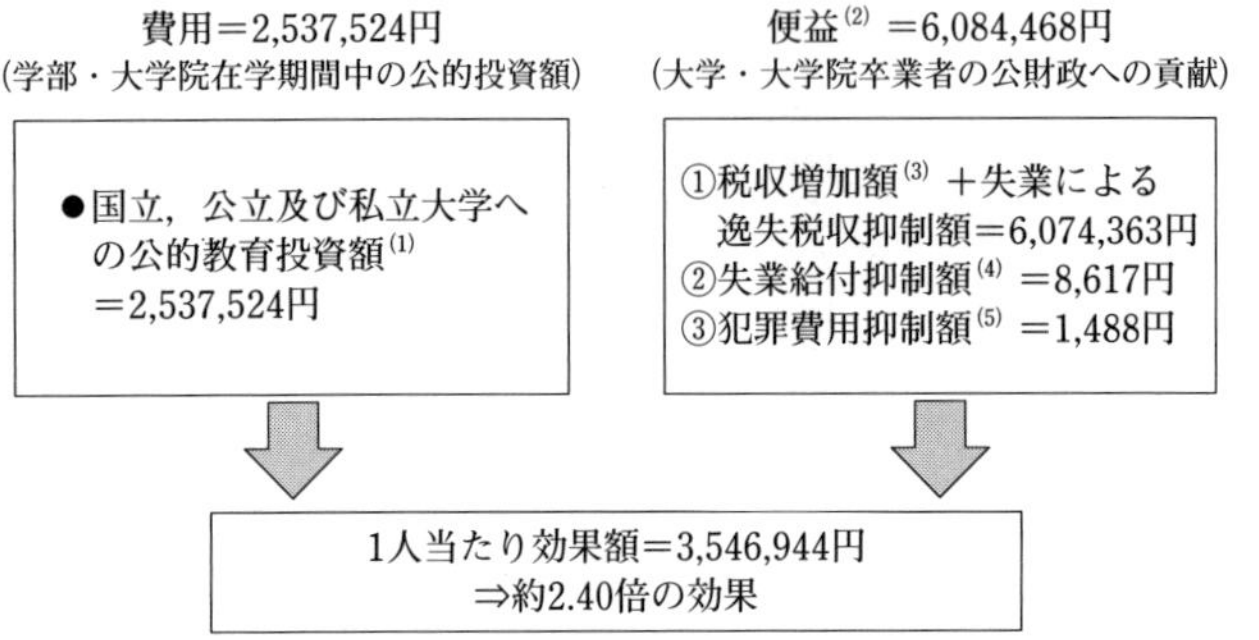

（注１）　大学学部および大学院（すべてにおいて同様）。
（注２）　大卒・大学院卒者の額から高卒者の額を差し引いたものである。
（注３）　65歳までの所得税・住民税・消費税について，各年齢の税額を19歳を起点として割引率4%による割引現在価値を示した。
（注４）　雇用保険の失業給付部分を想定したものである。
（注５）　刑務所への収容にかかる費用を想定したものである。
（資料）　平成22年度文部科学省委託調査「教育投資が社会関係資本に与える影響に関する調査研究」三菱総合研究所（2010）を基に国立教育政策研究所にて試算。
（出典）　教育再生実行会議第３分科会（第６回）国立教育政策研究所提出資料より。

高等教育に対する公財政支出の低さを政府予算で見てみる。まず、国立大学の運営交付金は、２００４年の１兆２４１５億円から減少を続け２０１３年度には１兆７９２億円まで減少し、２０１４年度には１兆１１２３億円と若干増加するが、２０１７年度には１兆９７０億円と減少した。私学助成金は、１９７８年度の２兆円超をピークに減り続け、２０１４年度は３４８０億円、２０１７年度は３１５３億円となっている。

このように、高等教育等に対する公財政支出は減少しており、その分、授業料等は高騰し私費負担は増加している。教育の機会均等が謳われ、高等教育の経済的・社会的便益や効果も試算されているにもかかわらず、公財政支出が増えないのはなぜか。背景の一つには政府の「財政事情」と言わ

図表７－８　学生支援に関する諸外国の状況

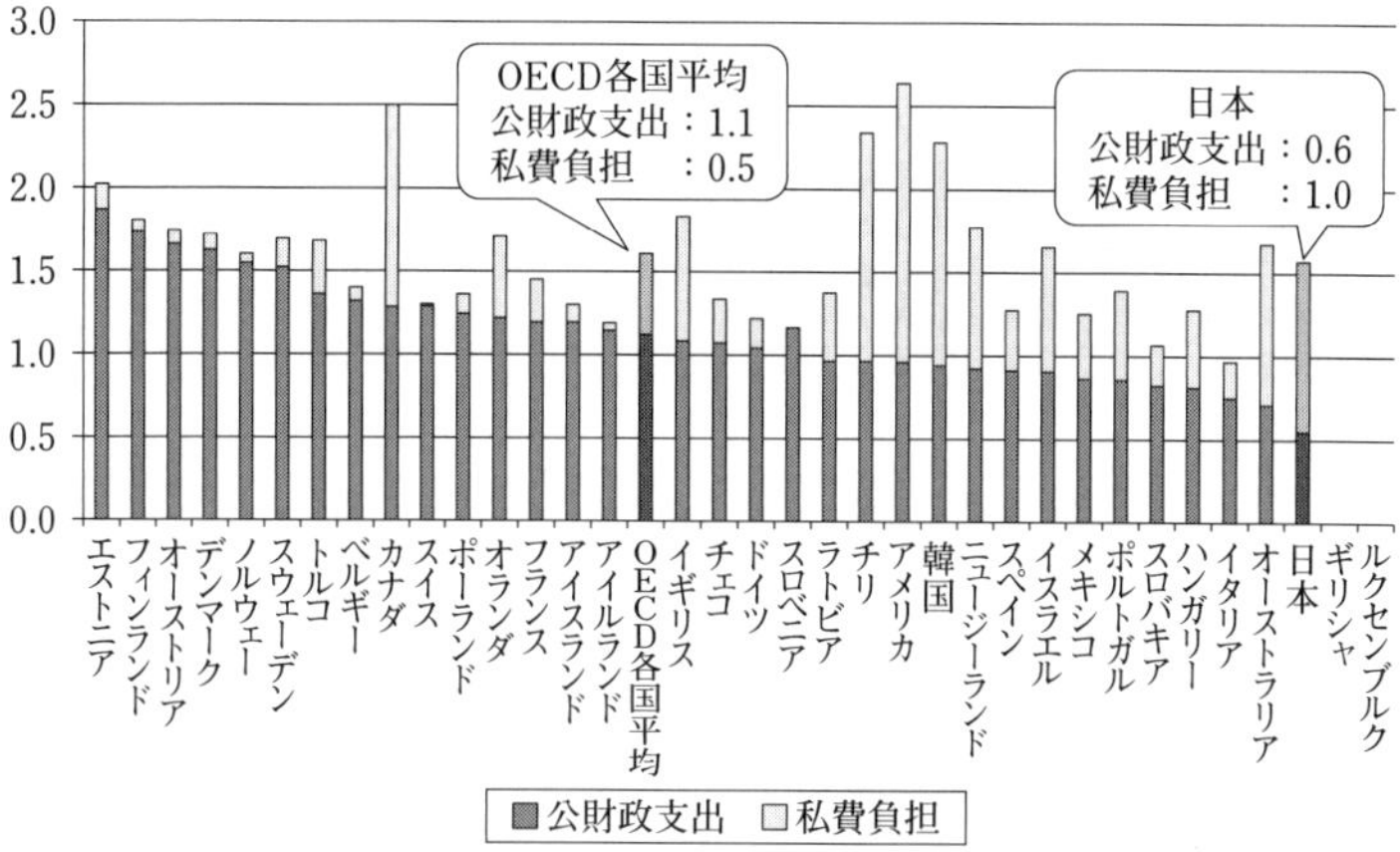

（注）　ギリシャ、ルクセンブルクはデータなし、スイスは私費負担のデータなし。
（出典）　OECD インディケータ（2016 年版）を基に調査室作成。

れているが、多くの国民が持っている教育における自己責任意識があると考えられる。

（2）　教育費における自己責任

日本の高等教育段階における私費負担は授業料等の高騰とともに、ＯＥＣＤ諸国の中でも高いことが認識されつつ、公的負担を引き上げる社会的・政治的コンセンサスが得られていない。中澤渉氏（大阪大学大学院教授）はその著書『なぜ日本の教育費は少ないのか』（中澤 2014）の中で、各種調査を引用しながら詳細な分析を行っている。教育費における自己責任をうかがわせる調査として中央労福協「奨学金に関するアンケート調査結果」を紹介する。

アンケートでは教育費の負担や奨学金について聞いている。〈そう思う・ややそう思う〉という回答は「高等教育の学費は高い」（87・4％）、「奨学金返還は返済能力を考慮すべき」（80・5

図表7-9 教育費の負担や奨学金について

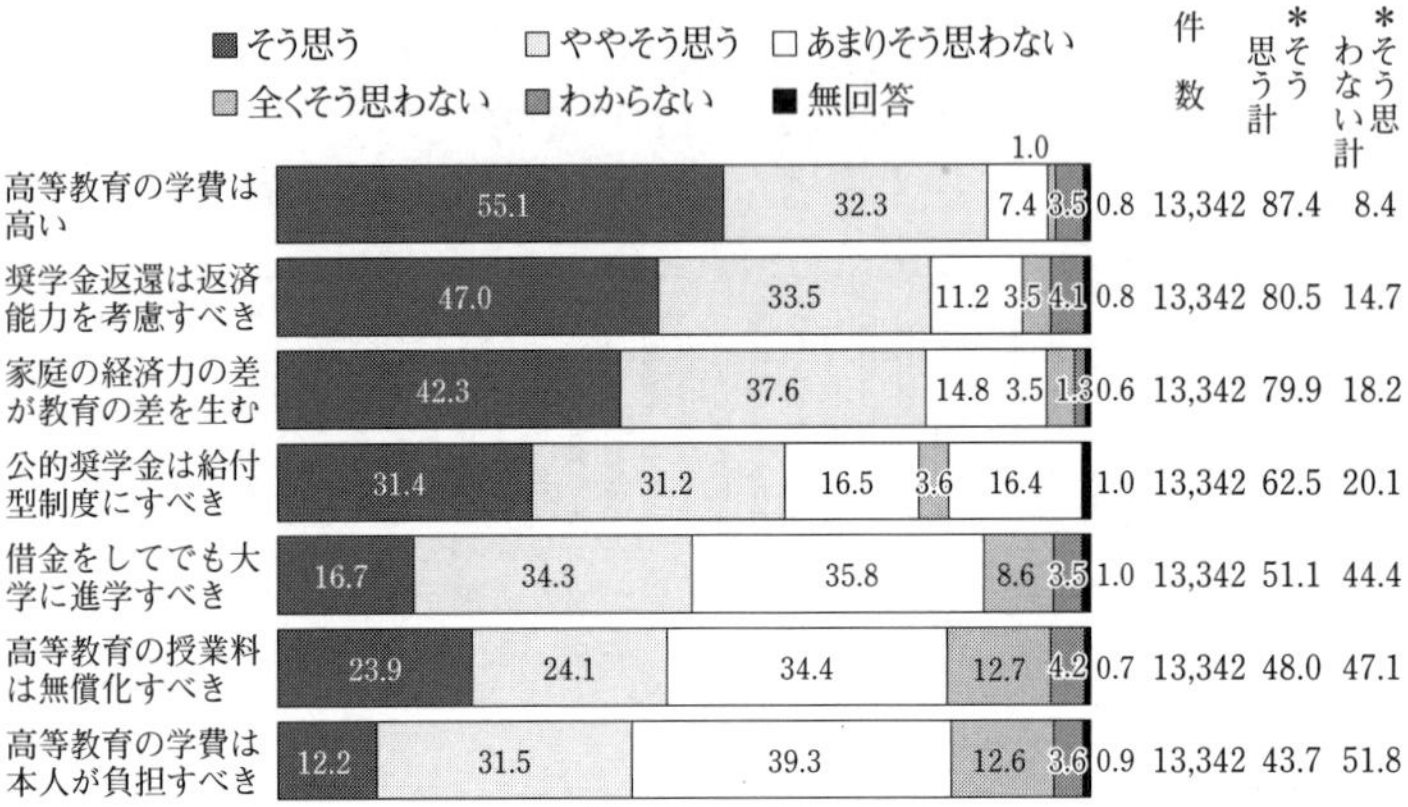

(出典) 中央労福協「奨学金に関するアンケート調査」(2016年)。

%)、「家庭の経済力が教育の差を生む」(79・9%)と、多くの人が同意している。ところが、「公的奨学金は給付型制度にすべき」は62・5%と低下し、「高等教育の授業料は無償化すべき」はさらに低下し48・0%と半数以下である(図表7-9)。この結果から考えられることは、「高等教育の学費は高い」ので、奨学金返還の配慮は望むが、高等教育の授業料無償化については消極的なことである。授業料無償化は新たな税負担を伴うと考えているか、あるいは授業料は家計(私費)で負担すべきと考えているかは不明であるが、両者かいずれかの理由ではないかと推測される。

1960年代後半から1970代前半の学生運動の主要なテーマは「学費値上げ反対」であったが、いつしかそのテーマは学生運動の衰退とともに消えてしまった。経済のグローバリズムが席巻するなかで自己責任論が強調され、高騰する学費を社会問題化することができずに、奨学金という新たな「学生ローン」(借金)によって、家計負担(私費負担)を補うことを当然視する意識が強化されたのではないだろうか。今は、この家計負担も収入の減少で困難になり、かつての「家族負担」から子どもが卒業後に返済するという「子ども負担」へと変化してきており、若者の貧困につながり少子化を加速する要因にもなっている。

このような状況を踏まえると、教育費負担における人々の意識を見据えつつ、意識改革を伴う政策の立案が必要ではないかと考える。

7　若者の未来を支える基盤である教育の機会均等と安定雇用をめざして

若者が未来に夢や希望をもって学び、働くための政策、社会的環境の整備が必要であることを述べた。雇用と教育費の面から考えてみたい。

(1) 日本は雇用社会であり、雇用の安定は社会の安定、非正規雇用の縮小

総務省の労働力調査（2016年）より、就業者数、雇用者数を見てみる。就業者数は6440万人、自営業主等681万人、雇用者数（役員を除く）は5729万人である（図表7‐10）。就業者に占める雇用者の割合は約9割であり、わが国は雇用社会である。就業者の多くが雇用者として働いているということは、その雇用のあり方が国民生活に大きな影響を及ぼすことになる。そのことは、リーマンショック後の2008～2009年にかけて、派遣労働者が雇用契約を打ち切られ、同時に住居も失い路上や公園に多くの若者が出現、失業率は5・5％まで上昇し、社会全体が不安な空気に包

図表7－10　就業者数に占める自営業主と雇用者数とその割合

（単位：万人）

年	総数	自営業主等	雇用者数	男		女	
				就業者数	雇用者数	就業者数	雇用者数
2006	6,389	881	5,478（85.7）	3,735	3,198（85.6）	2,654	2,279（85.9）
2009	6,314	800	5,489（86.9）	3,666	3,169（86.4）	2,649	2,321（87.6）
2010	6,298	772	5,500（87.3）	3,643	3,159（86.7）	2,656	2,342（88.2）
2011	6,289	756	5,508（87.6）	3,636	3,161（86.9）	2,653	2,347（88.5）
2014	6,351	725	5,595（88.1）	3,621	3,159（87.2）	2,729	2,436（89.3）
2015	6,376	705	5640（88.5）	3,622	3,166（87.4）	2,754	2,474（89.8）
2016	6,440	681	5729（89.1）	3,639	3,197（87.9）	2,801	2,531（90.4）

（注）（　）内は割合。
（出典）総務省「平成27年労働力調査」。

まれた。「派遣」という雇用形態が社会的に問われ、労働者派遣法の規制強化に向けた法改正が行われたが、政権交代によって後退した。

雇用の安定は社会の安定、国民生活の安心を確保する基盤である。したがって可能な限り非正規という雇用形態は縮小すべきである。

(2) 若者の雇用の安定と処遇改善

①就職氷河期以降の若者雇用

１９９０年初頭からバブル崩壊、アジアの通貨危機、リーマンショックと数度の経済危機を経験するなかで、企業は人員削減、新卒採用の抑制、賃金引き下げ、教育訓練の外注化など、それまでの日本的経営のあり方を大きく変えてきた。

このようななかで、若者の雇用は就職氷河期といわれその期間は「失われた10年」、「失われた20年」となった。世界経済の変動、企業経営の失敗や企業行動の変容、労働法制の規制緩和は若者に大きな犠牲を強いることになったといっても過言ではない。１９９０年代から今日まで、若者が不本意な非正規雇用でしか職に就けないことを「自己責任」に帰すことはできない。１９９５年前後の高卒・大卒者は40歳を超えており、20～25年後には高齢者となる。その間、非正規雇用労働者であれば貯蓄はおろか公的年金の受給も危ぶまれる。就職氷河期以降の若者も含めた若者雇用、働く場の創出、処遇改善が急がれる。

②働き方改革の実効性確保

２０１６年９月に内閣総理大臣を議長に厚生労働大臣、文部科学大臣、研究者、そして労使代表などが参画する「働き方改革実現会議」が総理官邸に設置され、２０１７年３月まで10回にわたって開催された。働き方改革の課題は多岐にわたるが、正規雇用労働者と非正規雇用労働者間の不合理な待遇差の解消をめざすとした「同一労働同一賃金など非正規雇用の処遇改善」と、長時間労働の是正に向けた「罰則付き時間外労働の上限規制の導入」が大きな課題として注目された。時間外労働の上限規制は、すべての労働者に影響を及ぼすものであるが、非正規雇用労働者にとっては「同一労働同一賃金」改善はより影響が大きい。

働き方改革の最終的な結論は厚生労働省の関係審議会での議論に委ねられているが、非正規雇用労働者も含めたすべての雇用労働者の雇用の安定、処遇改善につながる結論を期待したい。

③最低賃金の大幅引き上げ

非正規雇用労働者の処遇改善のもう一つの方策は、最低賃金の引き上げである。なぜなら、時給が最低賃金と同額か、わずかに上回る時給でしか支払わない事業所が多いからである。最低賃金制度は、地域別最低賃金と特定最低賃金（産業別最低賃金）があるが、ここではすべての雇用労働者に適用される地域別最低賃金を取り上げる。

地域別最低賃金は、事業主がそれ以下の賃金で支払うと事業主に罰金刑が科せられるという、非常に法的拘束力が強い制度である。

2016年度の全国加重平均では823円であり、最も高い東京では932円（前年＋25円）、最も低い宮崎・沖縄は714円（前年＋21円）である。

仮に労働時間が年間2000時間とすると、東京で働く者は186・4万円、沖縄は142・8万円である。2000時間働いてもワーキングプアを脱することはできない。少なくとも、時間給を1000円に引き上げ、さらに1500円まで引き上げる必要がある。労働組合の力が及ばない企業、事業所で働く雇用労働者の賃金を引き上げるには、地域別最低賃金の引き上げは必須である。

④その他

その他重要な課題としては、若者の能力開発・職業訓練、セクハラ・パワハラ対策の強化、育児・介護、ガンなどの病気があっても働き続けられる職場環境の整備がある。これらは雇用労働者全体にかかわる課題のため、本章では特に若者雇用の処遇改善や賃金引き上げにかかわる課題に限定したことを付け加えておきたい。

（3）高等教育の格差を是正し若者の未来を支えるための政策の実現

最も望ましいことは、すべての国民に幼児教育から高等教育まで、教育の機会均等が確実に保障されることである。政府の「財政事情」や教育費に対する国民の意識なども念頭に置きながら段階的な改善策を積み重ねることが最も現実的な対応と考える。以下、改善策として提案する。

①有利子から無利子へ、貸与から給付への流れを加速する

生徒の進学を後押しするためには奨学金の充実は欠かせない。現行の公的奨学金である支援機構の奨学金はここ数年、無利子枠を拡大してきているものの、2017年度政府予算でも133・4万人のうち81・9万人と6割超は有利子枠である。諸外国で奨学金とは給付型を指しており、貸与であっても利息はつかない。支援機構の奨学金の有利子枠を縮小・廃止し、無利子枠のみにすべきである。

また、給付型奨学金制度が2017年度から先行実施され、2018年度から本格的に導入される。給付型奨学金制度の創設は、日本では初めてのことであり、その意味では画期的ではあるが、対象者は非課税世帯の子ども2万人、（公的）給付額も月額2万円～4万円と学生生活を支えるには不十分であり、いずれも今後、拡充していくことが必要である。加えて、大学授業料の高騰は、中間層にとっても重い負担であり、住民税非課税世帯という特定の層だけでなく、中間層までに拡大していくべきである。

②教育の無償化に関する課題の整理と実施計画の策定と実行

政府は、2012年9月に「国際規約A規約」の第13条2（b）（高等教育）および（c）の規定にある「特に、無償教育の漸進的な導入により、能力に応じ、すべての者に対して均等に機会が与えられるものとする」ことを留保撤回した。教育の漸進的無償化は国際公約であり、その実現に向けて取り組むべきである。

ただし、財源の問題、国公立―私立―専門学校などそれぞれ法律や財源も異なるなかで、どのよう

に実現していくか、課題の整理が必要と考える。政府は、教育費の漸進的無償化に向けて国民的議論のもとで実行プログラムを策定し順次実行していくことに着手すべきである。

③財源について

有利子を無利子へ、貸与から給付の拡大、教育の無償化、いずれも財源が必要である。財源の確保は、教育に対する政府の責任として予算の組み替えによって捻出することが望ましい。とはいえ、各省庁間、省庁内の利害によって困難が伴うことも現実である。現在、各政党、政治家、研究者等から教育の無償化の財源として、子ども保険、子ども国債の発行、消費税2％のうち1％を充当する、企業の内部留保を使う、児童手当金拠出金の引き上げ等々、さまざまな案が提案されている。税制改正は利害関係者が多いため、その調整が政治力と言われ、与党税調が政府税調よりも大きな力を発揮していた。

どのような案を選択するにしても税は国民の納得性、公平性が重要である。現時点で筆者は教育無償化の財源を特定することはできないが、その他として富裕層に有利な所得税における最高税率45％の引き上げや、法人税の課税ベースの拡大と税率の引き上げ、相続税の基礎控除額の引き下げと税率の引き上げなども考えられるのではないだろうか。

④既返還者への支援強化と制度内容の周知

すでに述べたように、既返還者の負担軽減策として、延滞金の廃止に向けて賦課率5％の引き下げ、返還額の充当順位の変更、返還猶予期間の10年から15年への延長などが求められる。

また、2017年4月から導入される新所得連動返還型制度は、有利子にも拡大するとともに、年収0円であっても月2千円の返済を求めることは再考すべきである。諸外国の例を参照に一定以下の所得であれば返済を求めない閾値を設定する、一定期間または年齢で返済を免除する制度の導入も検討する必要がある。

さらに、支援機構の人員を増員し、奨学金利用者に対する制度の周知・広報を徹底するために、人員増など体制強化をはかるべきである。文部科学省は2017年度予算で新たに「スカラシップ・アドバイザー（仮称）」を養成し、高校等に派遣をして制度の理解・周知に努めるとしているが、その実効性に期待したい。

8 おわりに

さまざまな統計、調査結果から見てきたように、多くの若者が直面している奨学金返還の困難性は、個人の努力不足という自己責任ではなく経済的・社会的な問題である。かつては多くの兄弟姉妹のうち大学へ進学するものは1人か2人であり、長年にわたり教育費は家庭の負担でまかなってきた。超少子・高齢社会が進展し、世帯構成員数も減少し、1世帯当たりの子どもの数は平均で2人もいないにもかかわらず、大学（学部）進学者は約半数である。家計収入の減少、親・保護者および子どもも不安定雇用に陥る不安を抱え、大学授業料の高騰などで家庭は子どもの進学費用をまかないきれず、その負担は子どもである若者に移転しつつある。

雇用状況は人手不足を背景に回復しつつあり、収入も徐々に増えてきてはいるが、大学進学に要する費用の増加に追いついていない。

40年前、30年前の大学生、若者は、大学等の学費はまだ高くなく、家庭からの仕送りが少なくても、奨学金とアルバイトで何とか学生生活を送ることができ、返還も安定雇用に支えられ生活を圧迫することはなかった。しかし、今は違う。学生の半数以上が奨学金を利用し、卒業後にその返還で苦しんでいる。奨学金を利用した者の多くは奨学金に感謝している。だからこそ、「返したくても返せない」現状を自分の責任と捉えて悩んでいる。

バブル崩壊時に大学を卒業した者は、すでに40歳を超えている。正規雇用で就職できれば良いが、非正規雇用であれば収入の増加は見込めず、すでに奨学金返還で結婚や出産等に影響が表れており、少子化の要因となっている。この問題を放置しておくことは、持続可能な社会の維持・発展は不可能となる。

奨学金問題とは何度も強調してきたが、経済・社会的問題として捉え、現行の奨学金制度の改善は当然として、私的な教育費負担の軽減のための公財政支出の増額、長時間労働の法的規制の強化、安定雇用の確立、最低賃金の大幅引き上げなど雇用・労働分野における改革を急がなければならない。

参考文献・資料

宇沢弘文（2000）『社会的共通資本』岩波書店。
ＯＥＣＤデータ２０１６年。
大内裕和（2017a）『奨学金が日本を滅ぼす』朝日新書。

大内裕和（2017b）「格差と貧困を助長する奨学金制度を考える」『月刊誌「生活協同組合研究」ｖｏｌ４９３、公益法人生協総合研究所。

教育再生実行会議第八次提言・参考資料、２０１５年。

小林雅之（2014）『教育投資・財源の検討のために　高等教育の場合』教育再生実行会議第３分科会提出資料。

小林雅之（2017）「高等教育機会の格差の実情と課題」『月刊誌「生活協同組合研究」ｖｏｌ４９３、公益法人生協総合研究所。

下村博文（2016）『教育投資が日本を変える』ＰＨＰ研究所。

奨学金問題対策全国会議編（2013）『日本の奨学金はこれでいいのか！』あけび書房。

鈴木大裕（2016）『崩壊するアメリカの公教育』岩波書店。

中澤渉（2014）『なぜ日本の教育費は少ないのか』勁草書房。

平成29年度　文部科学省予算案。

耳塚寛明編（2014）『教育格差の社会学』有斐閣。

文部科学省「学生の中途退学や休学等の状況」調査参照（２０１４・９）。

文部科学省『給付型奨学金制度検討チーム参考資料』２０１６年、２０１７年。

文部科学省「学校基本調査」（２０１６年度）。

第8章　脱貧困の年金保障
――基礎年金改革と最低保障――

鎮目真人

1　はじめに

本章では、諸外国の年金制度の事例比較研究を通じ、年金制度の形態と貧困防止効果との関係を明らかにし、年金制度が改革されうる形態（類型）を踏まえて、日本の基礎年金制度における問題を解決するには、どのような戦略に基づきどのような改革が必要なのかということを明らかにする。

２００４年改革では、基礎年金の給付水準に関するベンチマークが明確ではなくなり、２０１４年に行われた財政検証により、今後、その給付水準の低下が鮮明になっている。そうした状況に対して、公的年金制度による防貧機能を高めるためのプランについて考えてみたい。

2　年金の財政方式と貧困

防貧にかかわる諸外国の年金制度を見ると、普遍主義的原理に基づく基礎的年金、報酬比例年金の一部として最低額を保証する制度、資力調査を要件として生活保障を行う年金といった3つのタイプを挙げることができる。

(1) 基礎的年金

基礎的年金は定額の年金を給付するもので、その財源方式は、大別すると税方式と社会保険方式の2つに区分できる。税方式の年金とは財源を税でまかなうものであり、社会手当型とデモグランド型（居住歴（Residence-based）を基礎とした型）に分けられる。日本では社会保険方式の基礎年金がそれに該当する。社会手当型とは、所得制限を設けて所得の低い高齢者だけを対象とする制度である。日本の社会手当型年金としては老齢福祉年金がある。老齢福祉年金は、社会保険方式による年金発足当時すでに高齢に達していたため、それに加入できなかったか加入を要しなかった者でかつ収入が一定以下の者に対して、税を財源として給付される年金である。デモグランド型年金とは、年齢、国籍・居住条件などを条件に、その条件に該当する者に対して年金を支給するものである。デモグランド型年金は、給付を受ける際に最低居住年数（多くは5～10年）を満たす者に最低額の年金を支給し、居住年数が増えるにつれ年金額も増えていき、それが一定以上（通常40年程度）を超えると満額の年金を保障する形式をとっている。デモグランド型年金では、一定以上の所得がある場合には、給付を減額する仕組みがとられるケースが多い。たとえば、カナダの老齢年金（ＯＡＳ）では一定所得以上の所得がある場合には、その額に応じて年金給付を削減するクローバックという仕組みが適用され、スウェーデンやフィンランドなどの最低保障年金では、所得比例型年金等の公的年金給付が一定額以下の場合に最低保障年金の満額を支給する形の年金テストと呼ばれる併給調整的な仕組みが導入されている。

満額年金を受給するのに必要な年数は税方式か社会保険式かを問わず、40年が一般的である（例外的に主要国ではイギリス35年、オーストラリアとニュージーランドは10年）。他方、受給権を得るのに必要な最低年限は各国によって相当異なっており、5年以下（オランダ（2）、イギリス（1）、スウェーデン（3）、ノルウェー（3）、フィンランド（3））、10年以下（アイルランド、ルクセンブルク、カナダ、デンマーク、オーストラリア、ニュージーランド）など多様である（カッコ内は年数、OECD 2015: 49）。日本では受給権を得る資格期間が２０１７年８月から10年に短縮されたが、それまでは25年であった。

基礎的年金の給付水準は対平均賃金比で見ると、40％程度のニュージーランドから、30％程度の国（ノルウェー（30％）、オランダ（27％）、オーストラリア（27％））、20％程度の国（スウェーデン（23％）、デンマーク（17％）、フィンランド（17％））、15％程度の国（イギリス（16％）、日本（16％）、カナダ（13％））、そして、10％程度のルクセンブルク（11％）となっており、受給必要年数と同様に、大きなばらつきがある（OECD 2015: 50）。

諸外国の年金制度の財源方式を見ると、基礎的年金については、そのほとんどが税方式である。近年、従来デモグランド型であったスウェーデンやフィンランドの年金制度は、基礎的年金以外の他の公的年金給付が一定額以下の場合に基礎的年金を支給するといった具合に併給調整（年金テスト）が導入されて、社会手当型の要素を取り入れている。社会保険方式の国では、通常、所得の一定パーセントの保険料を納付する定率負担制をとっており、低所得者でも保険料を拠出しやすくかつ給付について不利にならない方式になっているところが多い（イギリス、オランダなど）（OECD 2015: 49）。

（2）報酬比例年金における最低額保障

基本的に報酬比例年金を中心的な公的年金としている国の中には、報酬比例年金の一部として、一定の拠出期間を満たせば最低の給付が保証される形式の最低保証額を設けている場合がある。最低保障額を得られるのに必要な期間は国によって異なる。主要国の中では、フランス41・25年、ベルギー30年、ルクセンブルクとイタリア20年などとなっている。給付額は対平均賃金比で、40％程度のルクセンブルク（37％）、30％程度のベルギー（29％）、20％程度のイタリア（21％）、フランス（22％）などと各国で大きな相違がある（OECD 2015: 50–52）。

（3）資力調査付き年金

年金受給年齢に達したものを対象に、一般の社会扶助とは別個の制度として、あるいは、社会扶助制度のバリエーションの一つとして、資力調査に基づいて最低保障年金を給付するものである。前者

図表8－1　セーフティネット給付と65歳以上貧困率（相関係数は0.489）

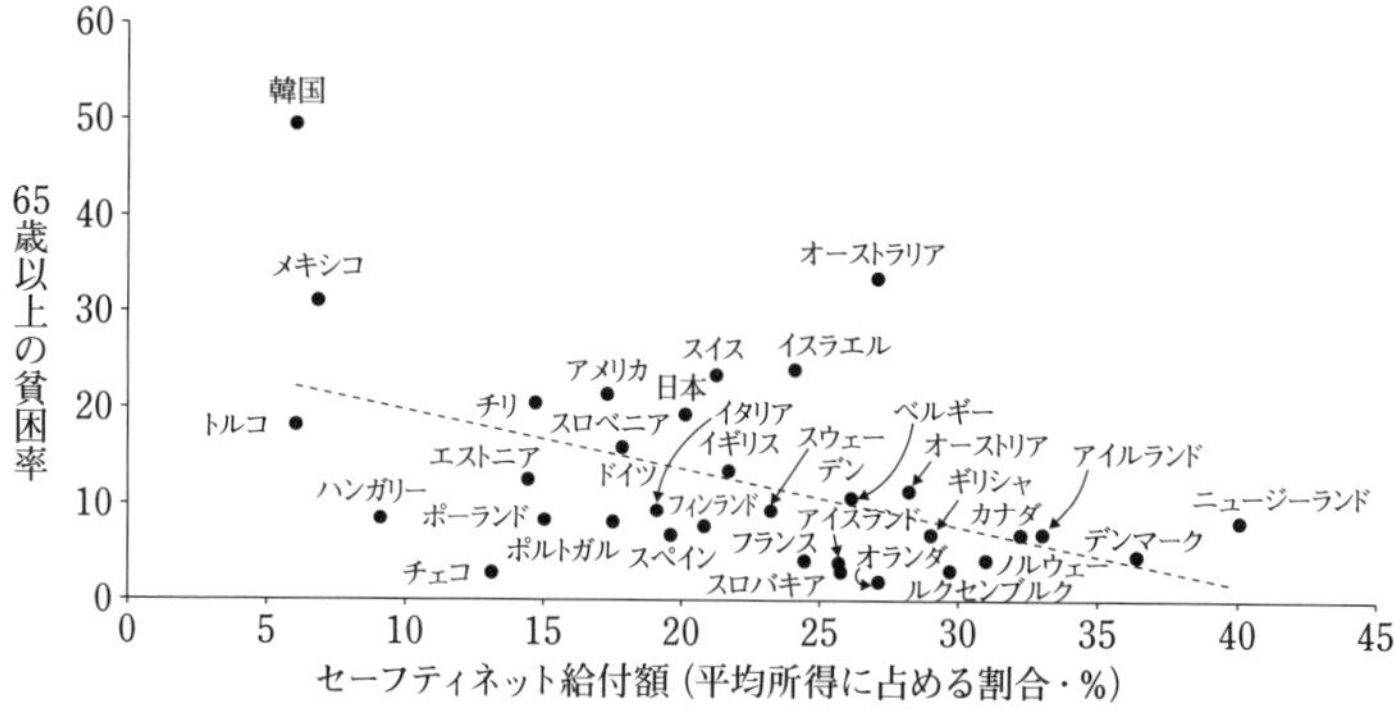

（出典）OECD（2015: 61）を改編。http://dx.doi.org/10.1787/9789264235120-en.

の例としては、フランスの老齢連帯基金（Allocation de solidarité aux personnes âgées）があり、後者の例として、特別基準のもとに最低生活保障を行うドイツの基礎保障制度（Grundsicherung）がある。ドイツの基礎保障制度では、扶養義務のある親族の所得が一定額以下であれば、償還請求無しに扶助の受給が可能となっており、扶養義務が緩和されている（永合・村上 2011）。

（4）高齢期の貧困と年金

年金給付という所得保障による貧困削減効果は、給付水準×カヴァレッジ（給付範囲）によって規定されると考えられる（OECD 2009: 63-64）。

基礎的年金の給付と高齢者（65歳以上）の貧困率との関係を見ると、満額の給付水準が貧困線以上に設定されている場合には緩やかではあるが貧困の削減効果があるといえるだろう（図表8－1参照）。また、カヴァレッジについては、デモグランド型の年金の場合には給付対象を広げられるため、貧困削減効果が高くなる（貧困率は、オランダ2

%、ノルウェー4・1%、デンマーク4・6%、カナダ6・7%、スウェーデン9・4%、フィンランド7・8%、ニュージーランド8・2%)。逆に、満額の給付水準が貧困線以下であり、税を財源としていても資力調査付きであったり(同、オーストラリア33・5%)、保険料方式のもとで、その拠出を条件として受給権が確保されるような場合(同、日本19・4%、イギリス13・4%)には、そのカヴァレッジが広がらないため、貧困削減効果は小さくなる(OECD 2015: 61)。

日本では、基礎的年金として基礎年金制度があるが、それは保険料の拠出と給付の対応関係が明確で逆進的な定額負担制度をとっている。上記したように、基礎年金では受給権を得るための期間が短縮されたとはいえ短い部類には入らず、低所得者に対しては保険料の減免措置がとられているものの、保険料が減額された場合には給付もそれに応じて減額されるため、基礎年金による貧困の削減効果を期待しにくい。そのため、基礎年金による防貧機能を高めるには、その給付水準とカヴァレッジを引き上げる取り組みを強化する必要がある。

3 年金制度改革の類型——縮減改革類型と給付改善改革類型

年金制度は、長期設計に基づき、給付対象が広い制度であるため、加入者や受給者に対して給付・加入の期待権が形成され、そのもとで制度の維持に関する政策学習効果などが生じ、一旦制度が立ち上げられると、その制度形態に応じて、その後の発展が決まるといった経路依存性(Path Dependency)が発生しやすい制度構造をもっていると想定できる(鎮目 2001)。そのため、すでに成立後30年以上を経ている基礎年金を改革する場合にも、経路依存性を念頭に置いた上で、改革可能なオプションを考慮にいれる必要があるだろう。そこで、こうした状況下でどのようなタイプの制度改革が行われうるのか、制度改革の類型に沿って考えてみたい。

(1) 縮減改革類型

少子高齢化というトレンドのもとで避難回避をしつつ給付を削減する際には、漸進的な制度改革が行われるのが常であるため、そうした改革に関する分析枠組みが必要となる。そうした分析枠組みとして代表的なものに、ハッカー(Hacker)による制度改革類型がある(Hacker 2004)。この制度改革類型は、制度改革に対する承認上(authoritative)の障壁の程度(拒否点を行使するプレイヤーの多寡)と制度における内在的な障壁の程度(政策の自由裁量の余地と政策への支持の強弱)に応じて制度変化を類型化するものである。それによれば、制度改革のバリエーションは、「放置(drift)」、「転換(conversion)」、「階層化(layering)」、「改廃(revision)」の4つに分けられる。「放置」は制度を取り巻く環境が変化するのにもかかわらず、制度をそれに適応させないというもので、これによって経路依存の条件である制度の収穫逓増は満たせず、既存の制度は環境変化に適応した新たな制度にとって代わられるという変化が生じる可能性が高くなる。「転換」は既存の制度の目的を新たな環境の変化に応じて変化させる改革であり、制度自体の変化はないため大きな改革は伴わないが、その目的が変わるため制度の基本的な性格は変化する。「階層化」は既存の制度に対して新たな制度を付け加えるというもので、その新たに付け加えられた制度が旧来の制度よりも中心的な役割を果たすようになりうる。「改廃」は制度・機能の縮減を意図して既存の制度を廃止、もしくは、根本的に見直す改革である。

こうした制度変化は3つの要因（拒否点の数、制度における自由裁量性、制度への支持の程度）からもたらされるとされ、制度変化の類型別に見たその要因は次のとおりである――「放置」：拒否権を行使するプレイヤーが多いこと、制度・政策の自由裁量性は小さいこと、制度・政策の支持基盤が厚いこと、「転換」：拒否権を行使するプレイヤーが多いこと、制度・政策の自由裁量性が大きいこと、制度・政策の支持基盤が弱いこと、「階層化」：拒否権を行使するプレイヤーが少ないこと、制度・政策の自由裁量性が小さいこと、制度・政策の支持基盤が厚いこと、「改廃」：拒否点を行使するプレイヤーが少ないこと、制度・政策の自由裁量性が大きいこと、制度・政策の支持基盤が弱いこと――以上である。

(2) 制度給維持・持続改革類型

他方、制度の縮減改革とは逆に制度を維持・持続させるためにその給付改善を行う場合についても多様なバリエーションが考えられる。ハッカーの制度改革に対する制度改革における承認上の障壁の程度と制度の内在的な障壁の程度という指標を用いて、既存の制度の維持に向けて給付の改善を行う場合も考慮に入れて制度改革類型を拡張することができる（図表8-2参照）。

ここで、「増分」は「放置」の逆で、既存の制度を取り巻く環境変化に応じて、制度を増分主義的に膨らますものであり、これによって、制度の存続が保障される。「拡大」は「転換」の逆で、既存

図表8－2　政策変化の8類型

			縮減局面での制度転換に対する内部障壁		維持局面での制度転換に対する内的障壁	
			高	低	高	低
			（小さな裁量、および／または、強い支持）	（大きな裁量、および／または、弱い支持）	（小さな裁量、および／または、弱い支持）	（大きな裁量、および／または、強い支持）
制度改革に対するフォーマルな障壁	高	（多くの拒否権プレイヤー）	**放置**（制度を取り巻く環境変化に順応しないことによって生じる制度の劣化）	**転換**（制度を取り巻く環境変化に対する現行制度内での適応による制度の性質の変化）	**増分**（環境変化に適合した制度の順応）	**拡大**（制度の改良による機能の拡充・強化）
				2004年改革		2000年改革
	低	（少ない拒否権プレイヤー）	**階層化**（現行制度に対して新たな制度を並存）	**改廃**（現行制度改革、制度の置換、あるいは、現行制度の廃止）	**上乗せ・横出し**（現行制度の中、もしくは、その上に制度を付加）	**創設**（現行制度の発展的制度改革、現行制度の再構築）
					2012年改革	（一元的年金構想）

（出典） Hacker（2004: 248）を一部改変。

の制度の目的を維持したまま、新たな環境の変化に応じて制度に改良を加える改革であり、制度の根本的な性格は変化せずに、その目的達成のために制度を大きく改善するものである。「上乗せ・横出し」は「階層化」の逆で、既存の制度に対して内容の拡充を図るか、既存の制度と同じ目的をもつ制度を付け加えるというもので、これによって既存の制度の役割遂行を促進するものである。「創設」は「改廃」の逆で、既存の制度の目的を保持したまま、その機能の維持や拡充を意図して、根本的に制度を見直すか、新たな制度を創設する改革である。

ハッカーによる制度の縮減改革における3要因（拒否点の数、制度における自由裁量性、制度への支持の程度）に基づいて、制度維持・拡充における類型別に見た改革を促す、あるいは、阻止する要因は次のとおりである――「増分」：拒否権を行使するプレイヤーが多いこと、制度・政策の自由裁量性は小さくても良いこと、制度・政策の支持基盤が厚くなくても良いこと、「拡大」：拒否権を行使するプレイヤーが多いこと、制度・政策の自由裁量性が大きいこと、制度・政策の支持基盤が厚いこと、「上乗せ・横出し」：拒否権を行使するプレイヤーが少ないこと、制度・政策の自由裁量性が小さくても良いこと、制度・政策の支持基盤が厚くなくても良いこと、「創設」：拒否点を行使するプレイヤーが少ないこと、制度・政策の自由裁量性が大きいこと、制度・政策の支持基盤が厚いこと――以上である。ここで、これらの改革を促す要因については、制度・政策の自由裁量性と支持基盤の内容が縮減改革類型とは逆の関係になっていることに留意する必要がある。

以下で見るように、近年、基礎年金制度では縮減改革による改革が推し進められてきたが、他方で、制度維持・拡充政策もとられている。今後、防貧機能を高めるには、基礎年金制度において、給付維持・拡充改革をさまざまなかたちで行う必要がある。

4　貧困対策と基礎年金の改革

１９８５年の基礎年金創設以降、財政再計算ごとに、年金制度において最低保障にかかわる年金改革は、１９８９年改革、１９９４年改革、２０００年改革、そして、２００４年改革として行われてきた。２００４年改革以降は、２００９年と２０１４年に財政検証がなされ、２００４年改革によって成立した保険料固定方式の年金制度のもとでの給付見通しが示されている。ここでは、抜本的な改革がなされたとされる２００４年改革以降の制度改革の内容を見てみたい。

（1）転換改革による制度の縮減

自公連立政権下で行われた２００４年改革では、保険料固定方式がとられ、従来までの確定給付型の給付を重視した制度から、負担を重視した制度へと「転換」改革が行われた。改革の際には、公明党の坂口力厚労相を核にした要求によって、厚生年金の給付水準の確保に関しては自民党から譲歩が引き出され（Shinkawa 2005、鎮目 2010）、所得代替率50・2％という給付水準の目安が示されたが、基礎年金の給付水準の設定においては、従来とられてきた高齢期の基礎的生活の保障という考え方が明確に位置づけられなくなり、給付に関するベンチマークが不明確となったという大きな特徴がある（鎮目 2006）。そして、マクロ経済スライドが２００４年10月から導入された。この仕組みにより「調整率」が設定され、その分を年金額から控除することになった。「調整率」は公的年金全体の被保険者の減少率（直近3か年度の実績値の平均値０・６％）と平均余命の伸びを勘案した一定率（０・３％）を合計したものである（２０１４年財政検証では、被保険者の減少率は０・６〜０・９までの幅で設定〔吉原・畑 2016: 283〕）。ただし、マクロスライドの実施に際しては名目下限措置がとられ、賃金や物価の伸びが小さい場合は、名目額を下限として給付が部分的に調整され、賃金や物価がマイナスの場合には、給付調整はなされないという給付削減に関する歯止めがかけられた（通常の物価・賃金の下落局面でのマイナススライドのみ適用）。

その後、デフレ下で賃金と物価が下落するなか、２０１４年の財政再計算において、マクロ経済スライドの適用期間が長引くことによって、将来の年金給付が少なくなることが鮮明になり、将来世代の給付削減幅の縮小とそのためのスライド調整期間の短縮とを理由として、マクロ経済スライドの強化とスライド方式の変更を含む諸改革が２０１６年になされた。

このうち、マクロ経済スライド強化策としては、２０１８年４月から、年金額の名目下限措置は維持しつつ、物価・賃金の上昇の範囲内で前年度までの未調整分（キャリーオーバー）を含めて減額することとなった。また、スライドの方式の変更については、２０２１年４月から、現役世代の負担能力に応じ、賃金変動が物価変動を下回る場合には賃金変動に合わせて年金を改定するということになり、既裁定年金受給者の年金額が抑制されることとなった。具体的には、物価と賃金の上昇率がマイナスで、物価以上に賃金の減少率が大きい場合、スライドのルール（物価が賃金を上回る状況下でのルール）にしたがえば、新規、既裁定とも賃金スライドが基本であるが、これが適用されると既裁定者の年金改定率は実質価値を割り込んでまで新規裁定者の改定率と同等に調整されることとなる。そのため、その影響を考慮して、このケースでは新規・既裁定とも物価スライドが適用されてきた。しかし、改正内容は新規・既裁定年金とも、減額幅の大きい賃金スライド率で給付を調整するというものであり、これにより、既裁定者にとっては新たに年金の実質価値の低下がもたらされることになった。また、物価上昇率はプラスだが賃金上昇率がマイナスの場合、上記したスライドのルールでは新規・既裁定とも賃金スライドが適用されるのが基本であるが、これが適用されると既裁定者の年金改定率は名目額を割り込んでまで新規裁定者の改定率と同等に調整されることとなる。そのため、その影響を考慮して、このケースでは新規・既裁定ともスライド調整は何も行われてこなかった。しかし、改正内容は、新規・既裁定ともにマイナスの賃金スライド率を適用して給付を調整するというものであり、これにより、既裁定者にとっては新たに年金の名目額の低下がもたらされることになった。

(2) 拡大改革、上乗せ・横出し改革による制度の維持

他方、これまでの基礎年金改革では、上記した縮減だけでなく、制度の維持・持続を目的にした給付の改善策もとられている。

その第1に挙げられるのは、基礎年金における国庫負担の2分の1への引き上げによる制度の維持を目的とした拡大改革である。2000年改革では、基礎年国庫負担引き上げに関する改正案が自民党と自由党の連立政権下で協議された。この当時、自民党は基礎年金の国庫負担の引き上げが消費税の引き上げと結び付くのを恐れ、「安定した財源」を確保することを条件に国庫負担を引き上げる方

針であった（『読売新聞』1999年3月5日）。しかし、自由党は基礎年金の税方式化を主張し、自民党に対して、年金制度改革の関連法案に何らかのかたちで税方式化に関する事項が盛り込まなければ法案提出に応じない方針を強調し、それに渋る自民党を妥協させ、改正法案の附則2条に2004年までに安定した財源を確保し、国庫負担の割合の2分の1への引き上げを図るとする内容を盛り込ませた（大谷 2000: 71-72，日本経済新聞社 2004: 67-68）。2004年改革ではそれを受けて、国庫負担の引き上げは、2004年度から着手され、2009年度までに完了することが決められ、2009年の財政検証時に、国庫負担2分の1が恒久化される措置がとられた。これとあわせて、2009年には保険料全額免除期間の月数が保険料納付済期間の月数の2分の1と評価されることになった。こうした基礎年金の国庫負担2分の1の恒久化は、12年改革において、税制抜本改革の実施時期に合わせた2014年4月からの実施というかたちで引き継がれている。

基礎年金の「空洞化」を改善し、現行制度の延長線上で上乗せ・横出し的にカヴァレッジを広げる改革は民主党と国民新党の連立政権下での2012年改革で検討された。同改革では、2017年10月からの適用を目途に、無年金者の減少（17万人）を目的に、年金受給に必要な加入期間を25年から10年に短縮することが検討された。ここでは、現在無年金である高齢者に対しても施行日以降、納付期間等に応じた年金支給を行うこととされた。この改正時には、消費税の引き上げと同時にこの措置を行うことが決められたが、その後、消費税の引き上げが先送りされたため、2016年に無年金対策法案として再編され、2017年8月から実施された。これと関連して、2012年改革では、2016年10月からの適用を目途に、短時間労働者に対する厚生年金適用拡大も検討された。ここでは、

図表8－3　基礎年金と生活支援者給付金・補足的給付

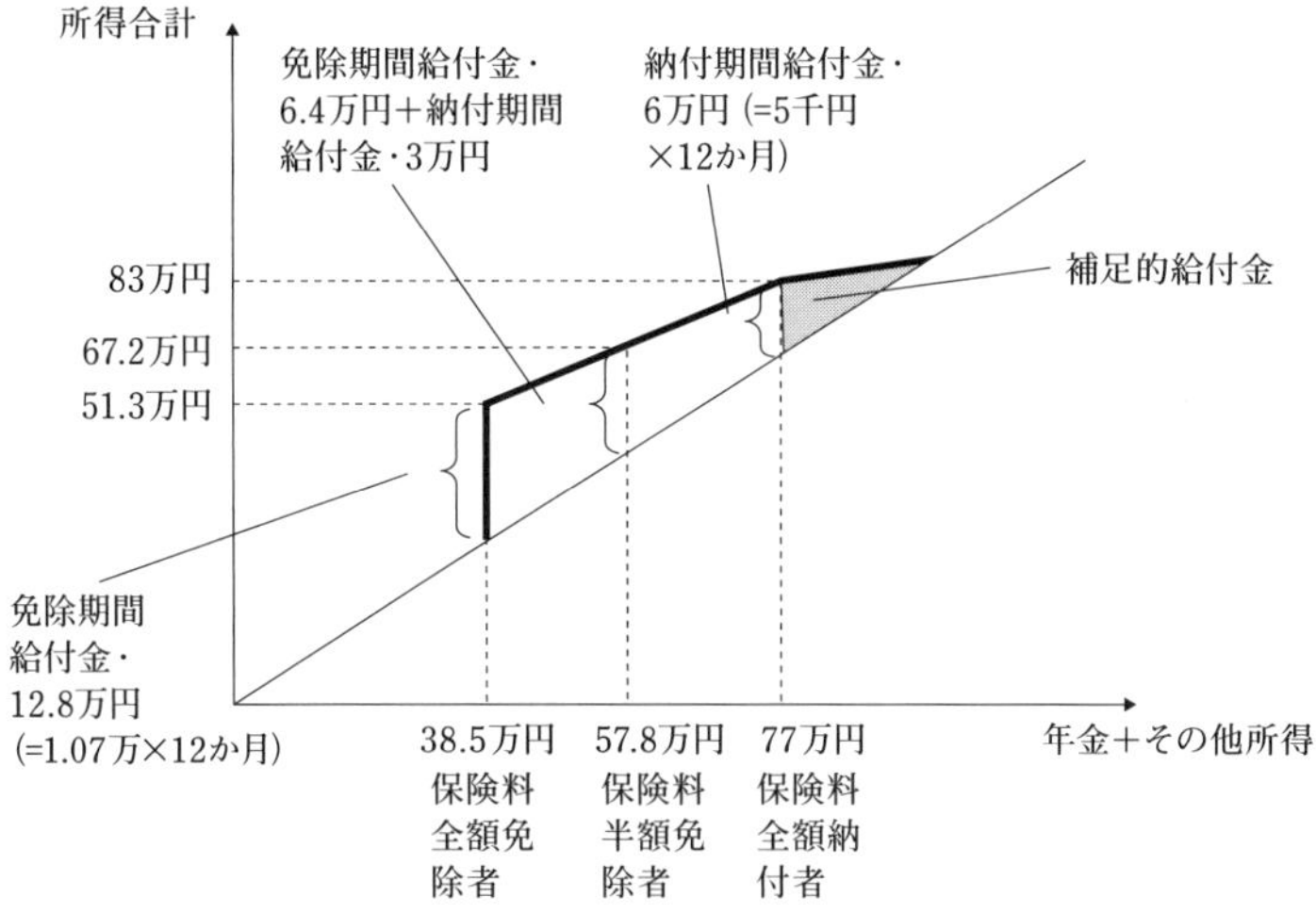

（出典）　厚生労働省資料より作成。www.mhlw.go.jp/file/06-Seisakujouhou-12600000.../nenkin04.pdf

以下の条件を満たす者を対象に、厚生年金の適用を拡大することになった。①所定週労働時間20間以上、②月額賃金8・8万円以上（年収106万円以上）、③勤務期間1年以上、④学生は適用外、⑤従業員501人以上の企業に従事する者。これによる新たな厚生年金の対象者は45万人と見込まれている。こうした流れは2016年改革にも引き継がれ、500人以下の企業のパート社員でも、労使合意があれば厚生年金に加入可能となるよう対象が拡大された。こうした厚生年金の適用拡大は間接的に基礎年金の空洞化を軽減するものと評価できる。

給付面については、上乗せ・横出し改革として、2012年改革において、遺族基礎年金で父親を単親とする世帯にも給付対象が広げられたことが挙げられる（2014年10月〜）。また、この改正時には、基礎年金に対する上乗せ給付として、年金生活者支援給付金の導入が検討された（図表8－3）。これは、2015年10月からの実施を目指して、500万人の低年金者を対象に、基礎年金の給付の上乗せ給付として、以下の2種類の給付を行うことを意図したものであった。それは、①保険料納付済み期間に応じた加算として、納付済み期間に応じて最大月額5千円を給付（40年間納付）するとともに、②保険料免除期間に応じた加算として、保険料の免除額に応じて、最大老齢基礎年金の6分の1相当の月額1万700円を給付（40年免除）するものである。また、満額の基礎年金を受給する低所得者の高齢者に対しては、年金生活者支援給付金を受給する者との所得の逆転現象が生じないよう、補足的老齢年金生活者支援給付金を支給することも検討された。しかし、2016年6月の消費税引き上げの見送りに伴い、その実施は延期されている。ただし、2016年に、65歳以上の高齢者向け給付金（年金生活者等支援臨時福祉給付金）と障害・遺族年金受給者向け給付金（年金生活者等支援臨時福祉給付金）が一時金（3万円）として支給されている。

（3）現在の問題点

上記のように、2004年改革以降、財政安定化を目的に、基本的には保険料固定方式にしたがい、スライド方式の変更や被保険者の拡大といった諸改革を通じて、持続可能性を高めることを名目とした給付改善策が一部で行われたものの、基礎年金の給付額については転換改革によって縮減が進められてきたといえる（鎮目 2010）。

直近での2014年6月の財政検証では、その傾向が鮮明になっている。その理由は、近年の物価と賃金上昇率が想定よりも小さい経済環境では、名目下限措置によってマクロ経済スライドが発動されずに所得代替率が高止まりしており、そうした状況で、保険料固定方式のもとで約100年のスパンでの収支均衡を図るためには、積立金の少ない基礎年金では、マクロ経済スライドを長期間適用して、給付水準の削減を行わなければならないとされているからである（週刊社会保障 2014b: 24-25）。マクロ経済スライドの適用期間は財政再計算・検証のたびに変わっており、2004年財政再計算時には2004〜2024年、2009年財政検証時には2009〜2039年であったものが、2014年財政検証時では2014〜2044年となっている。

その結果、厚生年金の所得代替率に比して、基礎年金の所得代替率はより大きく削減されざるをえないと見込まれている。具体的には、厚生年金の所得代替率の見込みは、2004年財政再計算には、2004年の25・7％が2024年に21・8％、2009年財政検証時には、2009年の25・6％が2019年には23・4％になると想定されていた。他方、2014年財政検証では、内閣府試算の「経済再生シナリオ」での労働市場への参加が進む経済の高成長を前提に、物価上昇率2・0％、実質賃金上昇率2・3％、賃金に対する運用利回り1・1％のケースAから、物価上昇率1・2％、実質賃金上昇率1・3％、運用利回り1・7％のケースEまでの試算と「経済再生シナリオ」が成立せず、労働市場への参加が進まない経済の低成長を前提に、物価上昇率1・2％、実質賃金上昇率1・3％、運用利回り1・5％のケースFから、物価上昇率0・6％、実質賃金上昇率0・7％、運用利回り1・0までのケースHまでの試算が示され（厚生労働省年金局 2014）、図表8－4のとおり、ケースHを除き、その水準はさらに低下する見込みとなっている。そのため、将来の公的年金の所得代替率の低下の大部分は基礎年金の水準低下によって生じることが明らかである。

表 8-4　2014 年財政再計算結果

	2014 年時点	ケース A	ケース B	ケース C	ケース D	ケース E
基礎年金	36.80%	25.6%	25.8%	26.0%	26.0%	26.0%
厚生年金	25.90%	25.3%	25.1%	25.0%	24.8%	24.5%
合計	62.70%	50.9%	50.9%	51.0%	50.8%	50.6%
最終調整終了年	—	2044 年	2043 年	2043 年	2044 年	2044 年

	ケース F-1	ケース G-1	ケース H-1	ケース F-2	ケース G-2	ケース H-2
基礎年金	27.0%	28.1%	29.5%	22.6%	20.1%	23.0%
厚生年金	23.0%	21.9%	20.5%	23.0%	21.9%	16.0%
合計	50.0%	50.0%	50.0%	45.7%	42.0%	39.0%
最終調整終了年	2040 年	2038 年	2036 年	2050 年	2058 年	2055 年

（注）　ケース F-2 から H-2 は財政バランスがとれるまで機械的に調整を進めた場合の所得代替率。
（出典）　第 21 回社会保障審議会年金部会（平成 26 年 6 月 3 日）、資料 1-1。

財政上の持続可能性が基礎年金の給付水準に優先するのは、上記したように、基礎年金には厚生年金とは異なり給付水準の下限が規定されていないことによる（鎮目 2006）。社会保障審議会年金数理部会（部会長山崎泰彦）による「平成26年度財政検証・財政再計算に基づく公的年金制度の財政検証（ピアレビュー）」でも、給付水準の調整期間の長期化により、「基礎年金しか受給できない者については、厚生年金の標準的な年金のケースに比べ給付水準調整による目減りが大き」く「少なくとも国民年金の給付水準の安定性は厚生年金に比べ低い」などと指摘され、基礎年金の給付水準の低下は大きな問題となっている（週刊社会保障 2016: 8）。

堀（2014）によれば、厚生労働省は、基礎年金の給付水準の低下に対して、就労年齢の延長（拠出期間の延長）と受給繰り下げで対応する方針であるとされるが、２０１６年の改正案では基礎年金水準の低下対策はとられていない。なお、堀（2015）は、

図表8－5　年金水準、カヴァレッジと年金改革

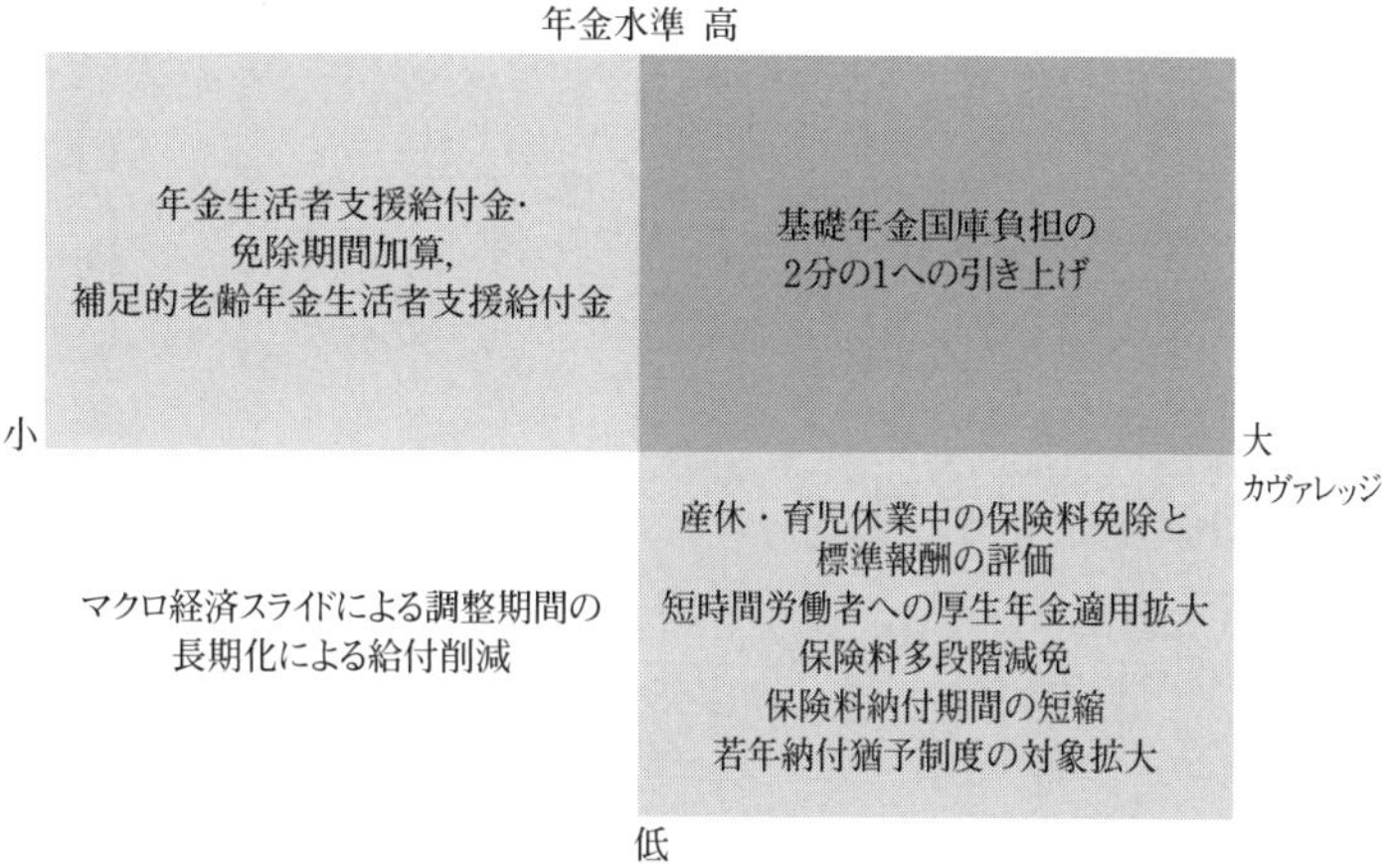

20歳以上65歳未満への保険料延長案では、40分の45倍だけ給付額が増えるが、財源の問題だけ見れば、その期間の国庫負担の増額や第3号分の被用者年金の保険料の増額、保険料免除者の増加に伴う負担増などが必要になるとしている。また、受給開始年齢引き上げ案（65歳以降への「繰り下げ受給推進案」）については、繰り下げ受給を誘導するための財政負担が問題になるとしている。

基本的に、基礎年金の防貧効果を高めるには、上で見たように、基礎年金の給付水準の向上とカヴァレッジの拡大をフィージブルな改革案を実行することによって達成する必要があるが、とくに、カヴァレッジを維持、ないし、広げながら、給付水準をいかに引き上げるかが重要な課題であるといえよう（図表8－5の濃い網掛け部分）。

5　脱貧困に向けた年金改革のオプション

(1) 審議会等におけるさまざまな改革案

過去に行われた改革では実現しなかったが、年金における防貧機能を強化する対策への検討は審議会や政党になど政策を策定するアクターによってさまざまな角度からなされてきた。

たとえば、社会保障審議会年金部会（２００８年９月）では、低年金・低所得者に対する年金給付における対応として、①最低保障年金制度を設ける、②（低所得高齢者に対し）加給金の給付を行う、拠出における対応として、③所得に応じて保険料の一部を軽減する、④税方式を導入すること、などの選択肢を挙げている（週刊社会保障 2008: 7–9）。

また、社会保障国民会議（座長、吉川洋）では、２００８年11月に最終報告が出され、ここでは、基礎年金を税方式化した場合、２０２５年度の必要額は15～31兆円であり、消費税率に換算すると３・５％～８％に上ることが示されている。また、社会保険方式を前提とした低年金・無年金対策をとった場合には、低年金者への免除制度の積極的活用、非正規雇用者・厚生年金未適用事業所雇用者への厚生年金の拡大・雇用主による代行徴収、基礎年金の最低保障額の設定、弾力的な保険料追納などがその方策として挙げられ、２０２５年度時点での必要額は２・９兆円、消費税率に換算すると１％弱に相当すると述べられている（週刊社会保障 2009: 25–26）。ここでの社会保険方式を前提とした場合の低所得者対策は、上記した２０１２年の年金機能強化法に結びついたと思われる。

また、2009年9月には、民主党、社会民主党、国民新党の3党連立政権創設の政策合意として、所得比例年金と最低保障年金を組み合わせた一元的年金制度を2013年度までに成立させる構想が打ち出された。その内容は、40年程度の移行期間を見込んで、職業にかかわりなく同じ制度に加入する所得比例年金（保険料率15％程度）と最低保障年金とを組み合わせた年金制度を創設するというものであった。ここでは、最低保障年金に関しては、財源は消費税でまかない、給付額は月額7万円（基礎年金の給付水準に消費税5％分を上乗せした額）とし、現役時代の所得が600万円程度から給付を減額し、1200万円を超えると給付を全額停止するという想定がなされた（週刊社会保障 2010: 70–73）。この新しい年金制度の創設は「社会保障・税一体改革成案」でも主張されたが（週刊社会保障 2011a: 57–62）、2012年改革では現行制度の改善が優先事項として検討され（週刊社会保障 2011b: 6–11）、最終的には、上記したように、最低保障などにかかわる現行制度の改善と報酬比例年金の一元化のみが実現し（週刊社会保障 2012a: 6–11, 2012b:6–9）、その後の政権交代により、新しい年金制度の創設は画餅となった。

（2）給付とカヴァレッジの拡充に向けた改革案

上で論じたように、長期給付である年金制度においては経路依存的な改革が一般的であり、また、低成長と少子高齢化という資源制約を考慮にいれると、年金の給付水準とカヴァレッジを引き上げる上で、民主党が構想したような最低保障年金の「創設」改革を一気に達成するのは難しい。制度改革における制約条件を念頭に置いた場合、制度の改善に向けた改革におけるフィージビリティは、上述した制度の維持・持続に関する類型に沿って言えば、最も改革が容易なのが「増分」であり、次に「上乗せ・横出し」、もしくは、「拡大」、そして最も改革が困難なのが「創設」であると想定できる。

①「増分」

ここで、基礎年金の給付の増加を意図した「増分」改革としては、以下の政策が考えられる。

・物価や賃金の伸びが低い場合にもマクロ経済スライドを適用し、調整期間を短縮化し、給付水準を維持する（堀 2015: 50）。

・基礎年金にはマクロ経済スライドを適用しない。

・基礎年金に一定水準以上の年金額を保障するように基準を設定して保証する。

このうち、最初のマクロ経済スライドのフル適用については、2016年改正で検討されている物価スライドルールの変更と同じく、調整期間の短縮化を目指したものであり、それによって将来世代の給付額の低下を抑えようとするものである。物価ルールの変更により、マクロ経済スライドの調整期間は2043年から37年になり、2043年時点での所得代替率は26％から27・8％になると厚生労働省は試算している（『朝日新聞』2016年10月18日）。しかしこの場合、たとえ調整期間が短縮されて削減幅が小さくなったとしても、基礎年金の絶対額が充分かどうかという点で問題がある。

また、2つ目の基礎年金に対するマクロ経済スライドの非適用については、現在の基礎年金の水準は生活扶助などとは連動していないため、その水準が現行のままで保たれたとしても、最低保障機能の点からするとやはり問題が残る。そのため、基礎年金の給付面での「増分」改革としては、生活扶助基準と連動した一定額以上（たとえば、2級地―2の生活扶助額7万円）の給付を最低保障することが望ましい。

②「上乗せ・横出し」

「上乗せ・横出し」改革については、財源との関係から棚上げにされている、年金生活者支援給付金・免除期間加算、および、補足的老齢年金生活者支援給付金の実施とその拡充が考えられる。ただし、その実施に際しては、基礎年金本体における最低保障水準の設定と合わせて、この付加的給付の目的を改編する必要がある。

現在導入が検討されている年金生活者支援給付金・補足的給付は、上述したように、基礎年金本体の給付に達しない者を中心にそれを補うものとなっているが、基礎年金本体で最低保障が確保されなければ、2014年の財政検証で示されたように基礎年金の給付水準が下がり続けるため、基礎年金本体は残余的な制度へと「転換」し、本来補足的な給付である生活支援者給付金・補足的給付のほうが基礎的な生活保障を担う役割が大きくなり、年金制度の普遍的保障性が損なわれる恐れがある。また、基礎年金の給付要件を満たさない者はそもそも補足的給付の対象とならないという問題もある。

補足的給付の水準は基礎年金本体の水準に応じて規定されるという関係にあるため、基礎年金本体で基本的な最低保障を担保した上で、「上乗せ・横出し」的付加給付は、報酬比例年金や稼働所得との給付調整を行うことを前提に、住居費や地域に応じた生計費の違いなどを保障するものへとその目的を変更し、基礎年金本体とあせて実質的に最低生活の保障を担う上乗せ給付制度として再編することが必要である。

基礎年金のカヴァレッジを広げる負担面での「上乗せ・横出し」改革としては、多段階免除制度の拡大や所得比例保険料（国民健康保険料、介護保険料方式）の導入などが考えられるが、後者については、従来、所得捕捉の問題が指摘されてきたが、マイナンバー制の導入などによって、その問題の改善が図られれば、現実的な選択肢になるかもしれない。ただし、多段階免除や所得比例保険料は保険料の上限が定められた保険料固定方式のもとでは、基礎年金制度が保障する給付水準の向上には寄与しない。

③「**拡大**」

最後に、「拡大」改革としては、基礎年金に占める税の割合を増やすことが防貧機能の強化とその財源確保という点からすれば考えられる（たとえば、当面、3分の2まで拡大）。税によって保険料負担を抑制する方策は、すでに税投入割合が5割を超えている国民健康保険と同じであるが、それによって、保険料を支払わないことによる「社会保険型選別主義」（里見 2008: 156–158）による制度からの排除を抑え、給付とカヴァレッジを拡張することができる。また、こうした税割合の拡大は、第1号被保険者の保険料負担（1万6900円）と第2号被保険者との間の保険料負担格差解消と厚生年金の適用範囲の拡大にも寄与する。厚生年金に加入する第2号被保険者で標準報酬等級1級（8万8千円）の将来保険料額は月額1万6102円（保険料率18・30％）になるのに対して、第1号被保険者の保険料は1万6900円となる見通しである。そのため、現行制度のままだと第2号被保険者と第1号被保険者の保険料負担に格差が維持され、その格差はより低所得のパート従業員も厚生年金の対象としようとすれば広がる恐れがある。基礎年金の税割合を増やし、それによる保険料の引き下げを第1号被保険者にも適用すれば、こうした問題も解決できる。

上記の諸改革を実行するには、税の追加投入が必要になるが、最低保障を普遍的に保障するということに力点を置くなら、追加財源の投入の財源として第1に考えられるのは、公的年金等控除の見直しによる財源確保が挙げられる。高齢者に対する課税は、2004年に老年者控除（合計所得が1000万円以下の者に50万円）が廃止され、公的年金等控除の最低保障額が140万円から120万円に引き下げられるなど、課税強化の方向にある。その結果、現在、公的年金等控除は、①定額控除（50万円）、②定率控除（定額控除後の収入が360万円まで25％、720万円までの部分15％、720万円以上5％）、③最低保障額（65歳以上の者120万円、65歳未満の者70万円）といった諸控除に関して、①＋②、または、③のうち、大きい額が適用される仕組みになっているが（週刊社会保障 2013: 6-9）、こうした状況でも公的年金等控除は給与所得控除と比べて過大であり、これを給与所得控除と均衡させることによって、その課税強化分を基礎年金の財政強化に用いることが主張されている（堀 2016: 63）。なお、これと類似した改革として、2012年の年金機能強化法で高所得者への年金額の調整が検討された。これは、税制抜本改革の施行時期に合わせて2015年10月以降、所得550万円（年収850万円相当）以上の者から老齢基礎年金額の一部の支給停止を開始し、所得950万円（年収1300万円相当）以上の者については、老齢基礎年金の半額を支給停止する（満額年金額6・4万円のうち国庫負担相当額3・2万円を限度に支給停止）するというものであった。しかし、この案は社会保険方式のもとで高額所得者に対する給付を排除するというもので、高額所得者を中心にして保険料支払いのインセンティブを抑制し、制度の空洞化を加速させ、その縮小を導く「転換」を促進させる恐れがある。

図表8－6　最低保障額と給付金を組み合わせた所得保障

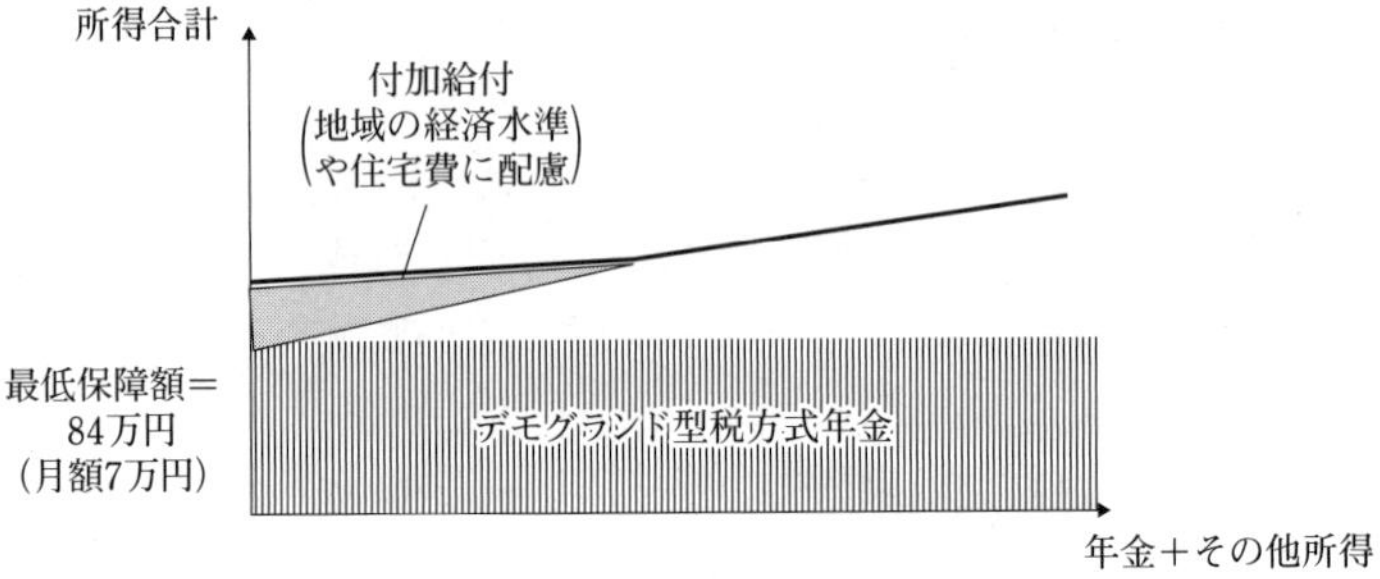

財源の一部として次に考えられるのは、生活保護費の削減効果によるその財源活用である。生活扶助基準以上の最低保障がなされれば、生活保護費の削減が可能となるため、その余剰財源は基礎年金に対する追加税財源として活用しうる。生活保護総額を4兆円、生活保護受給世帯における高齢世帯の生活保護率を50％、生活扶助割合を35％として計算すると、概算で7千億円の余剰、あるいは、2級地―2の生活扶助額を約7万円、高齢受給世帯数を83万として計算すると概算で6千億円の余剰が生まれる。

最後に、法人関係諸税の課税強化による財源確保が考えられる。基礎年金において税の割合を増やしていけば、相対的に企業の社会保険料負担が減ることになるため、その分を法人関係課税により税の追加財源として用いることができる。これについては、里見が指摘するように法人税の引き上げのほか、支払い賃金総額を課税ベースとしてそれに一定率を課す賃金税といった方式も考えられる（里見 2008: 211-213)。

こうした改革を通じて、本章で最終的な姿として想定するデモグランド型の年金は図表8－6のとおりである。この制度デザインは基本的にデンマークの国家保障基礎的年金（State Funded Basic

Pension）と所得調査給付（Income-tested supplement）、そして、報酬比例年金（ＡＴＰ）を組み合わせた制度に近いが、同制度では基礎的年金と補足的給付の給付水準が高いため、所得再分配効果、経済変動に対する給付の安定性、育児や失業などによる所得の中断に対する補償などの点で優れていると指摘されている（Sørensen, et al. 2016）。

以上、最低保障機能を強化するためのさまざまな給付改善策とその財源について論じてきたが、「増分」改革による最低生活を保障するに足る年金水準向上とあわせて「上乗せ・横出し」改革による上乗せ給付を行いつつ、「拡大」改革による税投入を進めれば、最終的に、基礎年金制度を広いカヴァレッジと給付水準の高いデモグランド型の年金へと導くための「創設」改革へのハードルは低くなるであろう。逆説的ではあるが、保険料固定方式によって保険料上限が定まっている現状は、デモグランド型税方式への年金の路を拓く好機でもあるのではないだろうか。

6　おわりに

２００４年の公的年金改革では保険料固定方式が導入され、マクロ経済スライドや賃金や物価スライドの調整措置により、今後、公的年金は縮小する方向に向かっている。その給付水準の低下は老齢給付だけでなく、障害給付や遺族給付にも及ぶ。他方、職域年金や個人年金については、２００１年に新たに確定拠出年金が制度化され、その重みが増しつつある（鎮目 2017）。そうしたなかで、確定拠出年金の拠出限度額は退職所得の６割を公的年金とあわせて確保する水準に設定されており（厚生労働省 2008）、厚生年金の減額分を主として従業員の負担する私的年金で代替するという「インテグレーション」的な政策志向は明確である。しかし、本章で論じたように、公的年金の中で、大きく給付が削減されるのは基礎年金であり、それを目的や機能の点で異なる私的年金で代替するには大きな限界があるといえるだろう。基礎年金の縮小を私的年金で代替させようとしても、そのカヴァレッジは拡大せず、高齢期や障害などがある状況下で、貧困が深刻化する可能性が高い。

　こうした状況を改善するためには、短期的には、基礎年金本体によって最低生活を保障する「増分」改革と年金生活者支援給付金・免除期間加算などの捕足給付の再編による「上乗せ・横出し」改革が必要である。また、中・長期的には、税方式の基礎年金制度の実現に向けて、基礎年金における税の割合を高める「拡大」改革を実現することが課題である。こうした改革を通じて最終的に基礎年金制度をデモグランド型基礎的年金に再構築して防貧機能を高め、すべての高齢者に最低生活保障を行うことが格差社会への処方箋となろう。

参考文献

大谷泰夫（2000）『ミレニアム年金改革　２０００年年金改正法の全容と解説』国政情報センター。

厚生労働省年金局（2014）「年金額の改定（スライド）の在り方」第26回社会保障審議会年金部会（平成26年10月15日）、資料1、http://www.mhlw.go.jp/file/05-Shingikai-12601000.../0000061312.pdf.2016.10.1.

厚生労働省年金局企業年金国民年金基金課（2008）「企業年金の『基礎知識』⑩」『週刊社会保障』No.2483、63ページ。

里見賢治（2008）『新年金宣言―基礎年金を公費負担方式（税方式）へ―』山吹書店。

鎮目真人（2017）「日本における年金の公私ミックスの動向と課題」『季刊 個人金融』11／4、36―47ページ。

鎮目真人（2010）「２００４年、２００９年改革による基礎年金制度の給付水準と改革のゆくえ―非経路依存変化類型に依って―」『社会政策研究』10号。

鎮目真人（2006）「国民年金制度と基礎的生活保障：２００４年公的年金改革による生活保障のゆくえ」『社会福祉学』47／1、5―17ページ。

鎮目真人（2001）「公的年金支出の決定要因―制度論アプローチによる計量分析―」『季刊社会保障研究』37／1、85―99ページ。

社会保障国民会議事務局（2009）「持続可能性と機能強化のための改革―社会保障国民会議の最終報告をみる―」『週刊社会保障』No. 2512、14―27ページ。

週刊社会保障（2016）「基礎年金の給付調整長期化への対応が必要に―年金数理部会が公的年金制度ピアレビューをとりまとめ―」『週刊社会保障』No. 2863、6―11ページ。

週刊社会保障（2014a）「基礎年金の給付水準低下への対応が今後の検討課題に―平成26年財政検証の評価等を有識者に聞く―」『週刊社会保障』No. 2783、44―45ページ。

週刊社会保障（2014b）「給付水準の調整による基礎年金削減に対応を―日本年金学会が『財政検証』でシンポ等―」『週刊社会保障』No. 2799、24―29ページ。

週刊社会保障（2013）「世代内・世代間の公平を見据えた見直しも必要―公的年金の課税制度のあり方を考える―」『週刊社会保障』No. 2748、6―9ページ。

週刊社会保障（2012a）「最低保障機能等の強化で国年法改正案を提出へ―民主党・合同会議が社会保障・

税一体改革関連で法案審査—」『週刊社会保障』No. 2671、6—11ページ。

週刊社会保障（2012b）「社会保障制度改革推進法法案等一体改革八法案を衆院で可決—消費税改正法案には民主党から五七人が反対票—」『週刊社会保障』No. 2684、6—9ページ。

週刊社会保障（2011a）「消費税引き上げ時期は『二〇一〇年代半ば』で決着—政府・与党が『社会保障・税一体改革成案』を決定—」『週刊社会保障』No. 2636、6—11、57—62ページ。

週刊社会保障（2011b）「年金改革は最低保障機能の強化から検討を開始—社会保障・税一体改革の内容をみる（下）—」『週刊社会保障』No. 2638、6—11ページ。

週刊社会保障（2010）「所得比例＋最低保障の新制度で五月中に『基本原則』」『週刊社会保障』No. 2578、70—73ページ。

週刊社会保障（2009）「基礎年金国庫負担割合一／二で国年法等一部改正案を提出—厚生労働省の通常国会提出予定法案の内容—」『週刊社会保障』No. 2516、36—41ページ。

週刊社会保障（2008）「低所得者への年金加算や保険料軽減など複数案を提示—社保審年金部会が16年規制後の課題で「選択肢」を議論—」『週刊社会保障』No. 2501、6—11ページ。

永合位行・村上寿来（2011）「ドイツの基礎保障制度」『国民経済雑誌』２０３（２）、31—49
堀勝洋（2016）「平成二八年年金改正と年金制度の諸問題」『週刊社会保障』No. 2873、60—65ページ。

堀勝洋（2015）「公的年金の水準—モデル年金の代替率及び基礎年金の水準を中心に—」『週刊社会保障』No.2811、46—51ページ。

堀勝洋（2014）「基礎年金水準低下がアキレス腱」『週刊社会保障』No. 2783、50—51ページ。

吉原健二・畑満（2016）『日本公的年金制度史—戦後七〇年・皆年金半世紀—』中央法規。

日本経済新聞社編（2004）『年金を問う』日本経済新聞社

Hacker, Jacob S. (2004) "Privatizing Risk without Privatizing the Welfare State: The Hidden Politics of Social Policy Retrenchment in the United States", *American Political Science Review*, 98, pp. 243–260.

Organisation for Economic Co-operation and Development (2015) *Pensions at a Glance: OECD and G20 Indicators*, Paris: Organisation for Economic Co-operation and Development.

Organisation for Economic Co-operation and Development (2009) *Pensions at a Glance: Retirement-income systems in OECD Countries*, Paris: Organisation for Economic Co-operation and Development.

Shinkawa, Toshimitsu (2005) "The politics of pension reform in Japan: Institutional legacies, credit-claiming and blame avoidance", Giuliano Bonoli and Toshimitsu Shinkawa (eds.) *Ageing and pension reform around the world: evidence from eleven countries*, Cheltenham: Northampton, Mass.: Edward Elgar, pp. 157–181.

Sørensen, Ole, Beier, Billig, Assia, Lever, Marcel, Menard, Jean-Claude, and Settergren, Ole (2016) "The interaction of pillars in multi-pillar pension systems: A comparison of Canada, Denmark, Netherlands and Sweden", *International Social Security Review*, Vol. 69, 2, pp. 53–84.

第9章　高齢期に貧困に陥らないための新戦略

藤森克彦

1　はじめに

「下流老人」という言葉が流行し、高齢期における貧困への不安が広がっている。日本の高齢者は豊かな高齢者と言われてきたが、貧困に陥っている高齢者の割合は2割程度と見られており、国際的に見ても高い水準にある。

長らく日本では、正社員として働く夫と妻と子どもからなる世帯を「標準世帯」として、さまざまな生活上のリスクに対応してきた。公的年金制度も、正社員として40年間働いて、男性の平均的な労働報酬を切れ目なく受給した夫と、専業主婦の妻からなる世帯を「モデル世帯」としてきた。「モデル世帯」であれば、夫婦二人分の国民年金（基礎年金）と夫の厚生年金で、高齢期に貧困に陥らない生活が見込まれてきた。

しかし、未婚の高齢単身世帯など、「標準世帯」から外れる高齢者が増えている。また、現役世代を見ても、非正規労働に従事する中年未婚者が増加している。これらの人々が高齢期を迎えた場合、貧困に陥る人の増加が懸念される。

そこで本章では、「標準世帯」に属さない高齢者であっても貧困に陥らないようにするために、社会としてどのような対応が必要か、単身世帯を中心にしながら、高齢期に向けた新戦略を考える。

2　高齢者の貧困の実態――高齢単身世帯を中心に

(1) 高齢者の相対的貧困率

「標準世帯」に属さない高齢者の貧困状態を見るために、ここでは世帯類型別に貧困に陥る高齢者の割合を比べていこう。

貧困に陥る人々の割合を測る指標としては、所得をベースにした「相対的貧困率」が一般的である。相対的貧困率とは、世帯員ごとに、所属する世帯の可処分所得から世帯規模を調整した「等価可処分所得」を算出した上で、等価可処分所得の中央値の50％（貧困線）未満で生活する人々の割合を示す。ちなみに、厚生労働省『平成25年国民生活基礎調査』によれば、２０１２年の貧困線は年収１２２万円であり、これに満たない人の割合が相対的貧困率となる。

高齢者全体の相対的貧困率（２０１２年）を見ると、男性15・1％、女性22・1％である。世帯類型別に見ると、「単身世帯」の相対的貧困率が最も高く、男性29・3％、女性44・6％である。高齢

図表9－1　世帯類型別に見た高齢者の相対的貧困率（2012年）

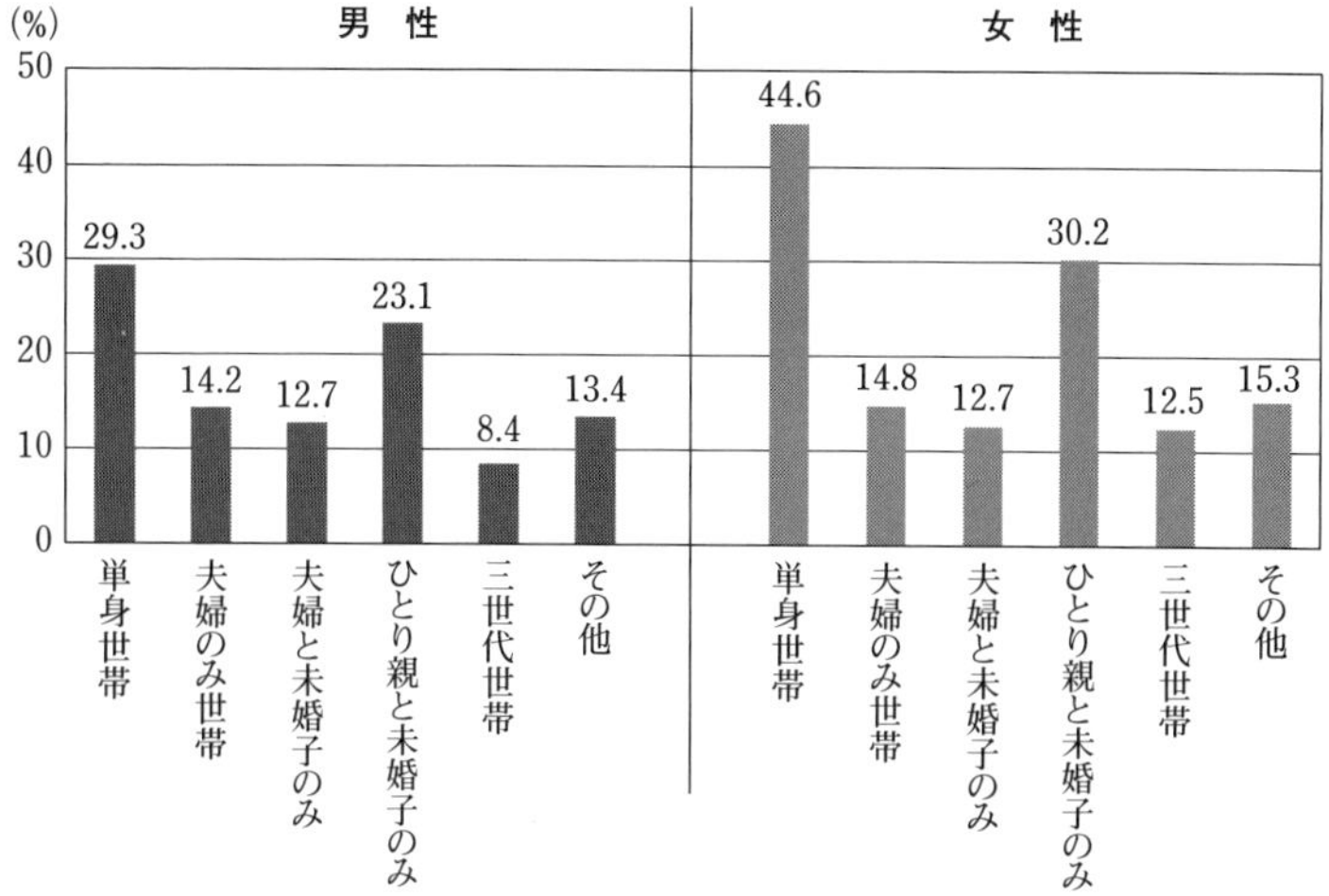

（注）　所得の定義は、等価可処分世帯所得（再分配後所得）。
（出典）　阿部彩（2014）「相対的貧困率の動向」貧困統計ホームページより引用。

単身世帯の貧困率は、男女ともに高齢者全体の貧困率の2倍程度の高い水準になっている（図表9－1）。また、「ひとり親と未婚の子のみからなる世帯」も単身世帯に次いで高い割合であり、高齢者全体の相対的貧困率を上回っている。

一方、「夫婦のみ世帯」「夫婦と未婚子のみ世帯」「三世代世帯」は、高齢者全体の相対的貧困率を下回っている。これら世帯の年金額は不明であるが、多くの世帯ではおそらく現役期に正社員として働いた人がいると推察される。

(2)　高齢期に低所得となる人々の特徴――公的年金との関係から

それでは、高齢期に貧困に陥る高齢者は、どのような要因から「低所得」になるのだろうか。以下では、高齢期の収入源として比重が高い公的年金との関係から、①公的年金の二階部分（厚生年金）を受給できないこと、②公的年金の二階部分を受給していても、現役時代の賃金が低いか、就労期間が短いこと、③公的年金を受給できないこと（無年金者）、といった3つの要因について、高齢単身世帯と高齢夫婦世帯を比較していこう。

①公的年金の二階部分を受給できないこと

第1に、国民年金（基礎年金）のみを受給し、厚生年金や共済年金といった「公的年金の二階部分」を受給していない高齢者は貧困に陥りやすいことを指摘できる。厚生年金や共済年金は、労使折半で保険料が支払われ、高齢期には国民年金（基礎年金）に所得比例年金が上乗せされるので受給額が高い。換言すれば、二階部分を受給しない場合、公的年金としては、満額で月額6・5万円の国民年金（基礎年金）のみを受給することになる。月額6・5万円では、他の収入がない限り経済的には厳しい老後生活となることが推察される。

図表9－2は、高齢単身世帯の男女と高齢夫婦世帯について、厚生年金・共済年金（遺族厚生年金、遺族共済年金を含む）の受給の有無を尋ねたものである。世帯内に厚生年金・共済年金の受給者がいない世帯に属する人の割合は、夫婦世帯では1・7％なのに、単身男性では7・8％、単身女性では14・7％の人が厚生年金・共済年金を受給していない。

そして、厚生年金・共済年金を受給しない単身世帯の公的年金受給額は、それらを受給する単身世帯の受給額の3分の1程度の水準になっている（前掲、図表9－2）。また、世帯収入150万円未満

図表9－2　世帯類型別に見た公的年金の受給状況（2012年）

	受給者に占める構成比（%）		公的年金受給額（万円）		世帯収入（万円）		世帯収入150万円未満の世帯の割合（%）	
厚生年金・共済年金の有無（注1）	あり	なし	あり	なし	あり	なし	あり	なし
単身男性	92.2%	7.8%	187.1	60.3	245.3	119.8	28.8%	80.8%
単身女性	85.3%	14.7%	151.8	53.8	181.3	73.9	45.0%	91.7%
夫婦世帯	93.9%（注2）	1.7%（注2）	216.2（注3）	99.6（注3）	298.6（注4）	196.7（注4）	10.3%（注5）	58.1%（注5）

（注1）　調査対象は、厚生年金および国民年金の受給者23,000人（有効回答数13,495件、回収率58.7%）。

（注2）　夫婦世帯では「あり」「なし」を合計しても100%にならない。これは、「有無不明」が4.4%（224件）あるため。また、夫婦世帯では夫婦のどちらかに厚生年金・共済年金があれば「あり」となる。

（注3）　夫婦世帯の年金額や世帯収入は、世帯員数の平方根で除した「等価所得」を示した。原数値は「あり」（305.7万円）、「なし」（140.8万円）。

（注4）　上記注3と同じ。原数値は「あり」（422.3万円）、「なし」（278.3万円）。

（注5）　夫婦世帯では200万円未満（等価所得ベースで141万円未満）の世帯割合を示した。

（出典）　厚生労働省（2012）『老齢年金受給者実態調査』により筆者作成。

の低所得世帯の割合も、厚生年金・共済年金を受給する単身世帯では3～4割なのに対して、厚生・共済年金を受給しない単身世帯では8～9割程度の高い水準にのぼる。厚生年金・共済年金を受給できるか否かは、単身世帯の収入に大きな影響を与えている。

②現役時代の賃金が低いか、就労期間が短いこと

第2に、厚生年金を受給できる世帯であっても、現役時代の賃金が低いことや、就労期間が短い場合に貧困に陥りやすい。図表9－2（前掲）に示されているとおり、厚生年金・共済年金を受給する単身世帯でも、単身男性では28・8％、単身女性では45・0％が年収150万円未満となっている。厚生年金や共済年金の給付水準は、現役時代の賃金水準や就労期間の影響を受ける。賃金が低かったり、就労期間が短かったりすれば、それに応じて公的年金の給付水準も低下する。

とくに、単身女性では、厚生年金・共済年金の受給者のうち45・0％が年収150万円未満となっている。厚生年金・共済年金を受給する単身男性の同割合（28・8％）よりも著しく高い。この背景には、女性の賃金が低いことや、正規労働者として働く期間が短いことがあると推測される。

③高齢単身世帯は無年金者の比率が高い

第3に、高齢単身世帯は、男性を中心に無年金者の比率が高い。無年金者は公的年金を受給できないために、貧困に陥る可能性が高い。公的年金を受給するには、受給資格期間として「保険料納付済み期間」と「保険料免除・猶予期間」などを合算して25年を満たすことが必要である。この期間を満たさないと無年金者となり、公的年金を受給できない。

では、無年金者は、どの程度いるのだろうか。厚生労働省『平成25年国民生活基礎調査』（2013年）において、「65歳以上の者のいる世帯」のうち「公的年金・恩給受給者のいない世帯」の割合を見ると、夫婦のみ世帯では2・9％なのに、単身男性では9・7％、単身女性では4・7％が無年金者になっている。単身男性における無年金者の割合は、他の世帯類型と比較して著しく高い水準にある。

なお、2017年8月から老齢基礎年金の受給資格期間は、現行の25年間から10年間に短縮された。狙いは、受給資格期間の短縮によって、無年金者を減少させることにある。しかし、受給資格期間の短縮によって、10年を超えて払い続ける人が減少する可能性も考えられ、低年金者が増加しないか懸念される。

④厚生年金を受給しない高齢者とは？

それでは、厚生年金を受給せずに、国民年金（基礎年金）のみを受給する高齢者は、どのような人々なのだろうか。

公的年金は二階建て構造になっていて、一階部分が20歳から60歳未満のすべての国民が加入する「国民年金（基礎年金）」である。そして、国民年金加入者のうち、「サラリーマン（被用者）グループ」だけが二階部分の「厚生年金」に加入できる。換言すれば、「自営業者グループ（農業従事者や学生などを含む）」や、「サラリーマンを配偶者にもつ専業主婦（主夫）グループ」は二階部分の厚生年金に加入できない。ただし、「サラリーマンを配偶者にもつ専業主婦（主夫）グループ」に属する人は、世帯全体として見れば、配偶者の厚生年金を含めた収入で暮らしていくので、実質的には国民年金（基礎年金）のみの受給者というわけではない。

ちなみに、パートタイム労働者の多くは、サラリーマン（被用者）であるにもかかわらず「自営業者グループ」に加入しており、厚生年金を受給できない。後述する通り、この点が将来貧困に陥る高齢者を増やす要因になりうるので、改正していく必要がある。

国民年金（基礎年金）のみを受給する高齢者としては、たとえば、現役時代にパートタイムで働いていた非正規労働者が、未婚のまま高齢期を迎えた場合が考えられる。また、家族で自営業や農業従

図表9－3　65歳以上の老齢年金受給者の現役時代の経歴と老後の年収（2012年）

（単位：%）

		高齢男性		高齢女性	
		年収100万円未満	構成比	年収100万円未満	構成比
老齢年金受給者総数		12.1	100.0	48.3	100.0
	収入を伴う仕事をしていない期間中心	42.9	0.1	65.3	16.0
	アルバイト中心	42.2	1.3	61.0	2.5
	自営業中心	36.2	16.0	56.5	17.2
	中間的な経歴	26.6	1.6	60.0	10.2
	常勤パート中心	16.4	1.5	44.4	11.0
	正社員中心	3.6	72.7	17.4	23.2
	不　　明	35.4	6.7	58.1	19.8

（出典）　厚生労働省『平成24年老齢年金受給者実態調査』により筆者作成。

業者であった人が廃業すれば、高齢期には公的年金としては国民年金（基礎年金）のみを受給することになる。

そして65歳以上の老齢年金受給者について、現役時代の主たる経歴と年金額の関連を見ると、現役時代に「正社員中心」であれば、年収100万円未満の人の割合は、男性3・6%、女性17・4%と低い水準である。一方、現役時代に「収入を伴う仕事をしていない期間中心」「アルバイト中心」であれば、年収100万円未満の人の割合が4割以上の高い水準になっている（図表9－3）。現役時代に非正規労働や無職の期間が長かった人が、未婚のまま高齢期を迎えると、貧困に陥りやすいことが考えられる。

（3）高齢単身世帯と孤立

次に、高齢単身世帯の孤立状況について見ていきたい。一般に、低所得層ほど会話頻度が少なく孤立しがちなことが指摘されている。具体的には、国立社会保障・人口問題研究所『生活と支え合いに関する調査報告書（2012年）』によれば、会話頻度が「2週間に1回以下」の人は、所得階層上位20％では0・9％なのに対して、所得階層下位20％では4・9％となっている。「現代の貧困」は単に経済的に困窮しているだけでなく、社会的孤立と一緒になって生じている。

そして、世帯類型別に高齢者の会話頻度を見ると、高齢単身世帯は、男性を中心に会話頻度が低い。具体的には「会話頻度が2週間に1回以下」の高齢者の比率を見ると、高齢夫婦のみ世帯の男性4・1％、同女性1・6％なのに対して、高齢単身男性は16・7％、高齢単身女性3・9％となっている。

3　今後も増加していく「標準世帯」に属さない人々——中年未婚者の増加

前節で見たように、非正規労働に従事する未婚者など、いわゆる「標準世帯」に属さない人々において、高齢期に貧困に陥るリスクが高い。そして現在、中年層で未婚者が増加しており、これら人々が高齢期を迎えると、貧困リスクが高まることが懸念される。

以下では、「標準世帯」に属さない人々として、40代・50代の中年未婚者を取り上げて、中年未婚者の生活実態と老後のリスクを考察する。

（1）中年未婚者の増加状況

まず、40代・50代の中年層における未婚化の進展状況を、総務省『国勢調査』から見ていこう。

図表9－4　40代と50代の未婚者数――1995年と2010年の比較

（単位：万人）

	総数			男性			女性		
	1995年	2010年	倍率	1995年	2010年	倍率	1995年	2010年	倍率
40代・50代人口（①）	3650.0	3308.3	0.91倍	1818.4	1652.5	0.91倍	1831.6	1655.8	0.90倍
うち未婚者（②）	277.3	525.1	1.89倍	180.3	340.5	1.89倍	96.9	184.6	1.90倍
（②／①）	7.6%	15.9%	―	9.9%	20.6%	―	5.3%	11.2%	―
うち親と同居（③）	112.6	263.5	2.34倍	74.0	169.5	2.29倍	38.6	94.1	2.43倍
（③／②）	40.6%	50.2%	―	41.0%	49.8%	―	39.9%	51.0%	―
うち単身世帯（④）	120.6	206.7	1.71倍	81.3	140.5	1.73倍	39.3	66.2	1.69倍
（④／②）	43.5%	39.4%	―	45.1%	41.3%	―	40.5%	35.9%	―

（注）　年齢階層別の「親と同居する未婚の子ども」については、1995年の「国勢調査」から掲載されるようになった。また、総務省『平成27年（2015年）国勢調査』では、親子の同居等について集計した「世帯構造等基本集計結果 」は2016年11月時点で未発表となっているため、総務省『平成22年（2010年）国勢調査』を活用した。そこで、上記では1995年と2010年の比較を行った。

（出典）　総務省『国勢調査』1995年版と2010年版により筆者作成。

1995年から2010年にかけて全国の40代・50代人口（合計）は、少子化によって0・91倍に減少しているが、40代・50代の未婚者数は同期間内に1・89倍に増えている（図表9－4）。

そして40代・50代の未婚者を「親と同居する未婚者」と「単身世帯の未婚者」に分けてみると、共に大きく増加している。具体的には、「親と同居する未婚者」は、1995年の112・6万人から、2010年には263・5万人へと2・34倍になった。また、「単身世帯の未婚者」も、1995年の120・6万人から、2010年には206・7万人へと1・71倍増加した。

図表9－5　男女別・年齢階層別に見た雇用者に占める非正規労働者の割合

（単位：％）

	男性			女性		
	25～34歳	35～44歳	45～54歳	25～34歳	35～44歳	45～54歳
1990年	3.2	3.3	4.3	28.2	49.7	44.8
1995年	2.9	2.4	2.9	26.8	49.0	46.9
2000年	5.7	3.8	4.2	32.0	53.3	52.0
2005年	13.2	7.1	9.1	38.3	54.4	56.7
2010年	13.2	8.2	7.9	41.6	51.1	58.0
2016年	15.9	9.5	9.3	40.6	54.1	59.5

（注）　1990-2000年は2月の数値。2005-2016年は1～3月の平均値。
（出典）　総務省『労働力調査』により筆者作成。

非正規労働者化と未婚化

では、なぜ中年未婚者が増加するのだろうか。中年未婚者の増加の背景には、女性の社会進出、非正規労働者の増加、男女の出会いの場の変化、一人暮らしを支える社会のインフラ整備などが考えられる。ここでは、非正規労働者の増加という要因を見ていこう。男女別・年齢階層別に雇用者に占める非正規労働者の比率を見ると、男性を中心に顕著に非正規労働者の比率が増加している。たとえば25～34歳の男性雇用者に占める非正規労働者の割合は、1990年は3・2％であったが2016年には15・9％にまで上昇した（図表9－5）。

そして、非正規労働者の増加は、男性を中心に未婚化の一因となっていることが推察される。就業形態別に30代男性の未婚率を見ると、正規労働者の未婚率は30・7％なのに対して、非正規労働者は75・6％と2倍以上の水準になっている（図表9－6）。ちなみに、女性の就業形態別未婚率は、男性とは異なり、正規労働者のほうが非正規労働者よりも高い。これは、女性の場合、結婚や育児のために退職して、その後に非正規労働者として働き始める人が相当程度いることの影響と考えられ

図表9－6　就業形態別に見た未婚率（2010年）

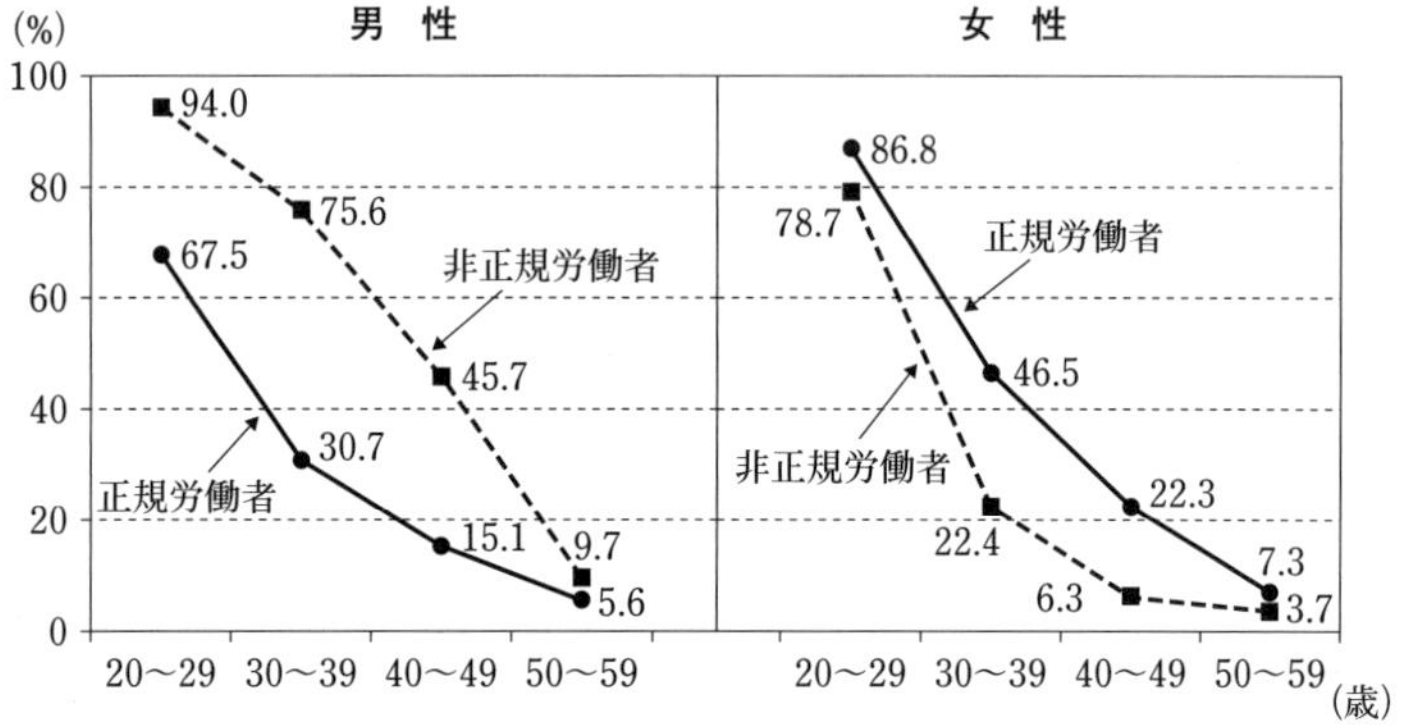

（出典）　厚生労働省『平成22年社会保障を支える世代に関する意識等調査報告書』により筆者作成。

る。

(2) 中年未婚者の生活実態と老後のリスク

では、中年未婚者の経済状況や老後への備えは、どのようになっているのだろうか。以下では、公益財団法人年金シニアプラン総合研究機構が実施した『第4回　独身者（40代～50代）の老後生活設計ニーズに関する調査』に基づいて、中年未婚者の生活実態と公的年金の加入状況を見ていこう。

右の調査は、全国の40代と50代の独身者――一度も結婚したことがなく、かつ現在、異性と同棲をしていない人――を対象に、2015年12月10日～14日の間に行ったインターネット調査である。同調査の回収状況を見ると、調査客体数は3506サンプルに対して、有効回答数は2275サンプルであり、回収率は64・9％となっている。

ここでは40代と50代の中年未婚者の全体像とともに、中年未婚者を「単身世帯の男女」と「二人以上世帯の男女」に分けた考察もする。ちなみに、二人以上世帯を形成している40代・50代の中年未婚者の93・4%は親と同居している。親が亡くなれば単身世帯となる可能性が高いので、「単身世帯予備軍」と呼ぶことができよう。

①経済状況

まず、40代・50代の中年未婚者の経済状況を「本人が過去1年間に得た年収」から見ると、年収100万円未満の割合が、26・5%となっている。中年未婚者の4人に1人強は、本人年収が100万円未満である。また、中年未婚者の従業上の地位をみると、正社員は39・5%、非正規社員は26・5%、無職者は16・9%となっている（図表9-7）。

この点、総務省『平成22年国勢調査』によれば、40代・50代の有配偶の男性世帯主の7～8割が正規雇用者となっている。おそらく、有配偶男性世帯主の多くは「標準世帯」に属している人の比率が高いと思われる。これに対して、40代・50代の中年未婚者は、有配偶の男性世帯主に比べて、非正規労働者や無職者の比率が高く、生活上のさまざまなリスクへの対応力が弱いことが推察される。

次に、40代と50代の中年未婚者を、単身世帯と二人以上世帯——二人以上世帯の93・4%は親と同居——に分けて見ていこう。「本人が過去1年間に得た年収」を比べると、二人以上世帯は、単身世帯に比べて、年収100万円未満の低所得者の比率が高い。具体的には、本人年収100万円未満の人の割合は、二人以上世帯女性38・5%、二人以上世帯男性25・4%、単身男性19・6%、単身女性15・5%となっている。

図表9－7　中年未婚者の従業上の地位

	正社員	非正規社員	自営業・家族従業員	自由業・内職	無職	その他	合計
二人以上世帯男性	**39.8%**	19.6%	14.9%	4.6%	**18.7%**	2.5%	100%(n=571)
二人以上世帯女性	**31.8%**	34.7%	6.6%	5.0%	**20.3%**	1.6%	100%(n=680)
単身男性	47.7%	19.0%	12.3%	3.1%	13.9%	4.0%	100%(n=447)
単身女性	43.4%	31.2%	4.4%	7.5%	11.7%	1.8%	100%(n=385)
合計	**39.5%**	**26.5%**	9.7%	4.9%	**16.9%**	2.4%	100%(n=2083)

（注）「非正規社員」は、「パート」「アルバイト」「契約社員・嘱託」「派遣社員」の合計。「その他」は、「経営者・役員」「その他」の合計。
（出典）（公財）年金シニアプラン総合研究機構『第4回 独身者（40代、50代）の老後設計ニーズに関する調査』2015年12月実施により筆者作成。

また、従業上の地位を見ると、二人以上世帯を形成する中年未婚者は、単身世帯を形成する中年未婚者と比べて、正社員の比率が低い（前掲、図表9－7）。すなわち、単身世帯の4割強～5割弱が正社員となっているのに対して、二人以上世帯では3割～4割に留まる。また、二人以上世帯を形成する中年未婚者では、単身世帯と比べて無職者の割合も高く、2割前後が無職となっている。

こうした状況を見ると、未婚の二人以上世帯の多くは、本人の年収だけで生活を維持することが困難なために親との同居によって、生計を維持している人が相当程度いることが推察される。実際、二人以上世帯において親が「世帯の生計維持の中心者」となっている人の割合は、男性43・9％、女性66・8％である。さらに、本人年収100万円未満の二人以上世帯に限ってみると、「親」が生計維

図表9－8　公的年金の加入状況

	厚生年金に加入	国民年金のみに加入（第1号被保険者）				合計
			国民年金全額支払中	国民年金の免除を受けている	国民年金未納中	
二人以上世帯男性	34.0%	**66.0%**	40.8%	14.9%	**10.3%**	100%（n=571）
二人以上世帯女性	39.3%	**60.7%**	41.0%	14.1%	5.6%	100%（n=680）
単身男性	45.0%	55.0%	33.6%	11.2%	**10.3%**	100%（n=447）
単身女性	51.4%	48.6%	27.0%	14.8%	6.8%	100%（n=385）
合計	41.3%	**58.7%**	36.8%	13.8%	**8.1%**	100%（n=2083）

（注）　本調査は未婚者を対象としているので、厚生年金に加入していない人は、国民年金第1号被保険者となる。そこで、「国民年金加入者（国民年金第1号被保険者）」は、「各グループの総数」から「厚生年金に加入している人」を差し引いて算出した。
（出典）（公財）年金シニアプラン総合研究機構『第4回 独身者（40代、50代）の老後設計ニーズに関する調査』2015年12月実施により筆者作成。

持の中心者の割合は、男性の70・4%、女性の80・2%に上っている。

②公的年金の加入状況

次に、公的年金の加入状況を見ると、40代・50代の中年未婚者の58・7%は、国民年金のみに加入していて、厚生年金に加入していない。また、国民年金保険料の未納者も8・1%に上っており、これら人々は将来無年金者となる可能性がある。一方、先述のとおり、40代・50代の有配偶男性世帯主では、その7～8割が正規社員となっているので、国民年金のみの加入者は2～3割程度と推察される。中年未婚者が高齢期を迎えた場合に、厳しい経済状況となることが懸念される。

また、二人以上世帯の未婚者と、単

身世帯の未婚者に分けて公的年金の加入状況を見ると、二人以上世帯では6割を超える人が国民年金のみの加入者となっている（図表9－8）。一方、単身世帯では5割前後の人々が国民年金のみの加入者となっていて、二人以上世帯のほうが国民年金のみに加入している人の比率が高い。

4　非正規労働者の課題と対策

以上のように、40代・50代の中年未婚者は、40代・50代の有配偶男性に比べて、正規労働者の比率が低い。また、同じ中年未婚者であっても、親と同居する中年未婚者のほうが、単身世帯の中年未婚者よりも経済状況が厳しく、親との同居によって生計を維持している人が相当程度いるものと推察される。

そして、中年未婚者がこのまま高齢期を迎えると、貧困に陥るリスクが高いことが懸念される。では、高齢期の貧困に対して、どのような対策が必要であろうか。

筆者は、正規労働者と非正規労働者の不合理な格差を是正していくとともに、①パートタイム労働者の厚生年金の適用拡大、②社会による生活安定化機能の強化、が重要だと考えている。以下、各々について見ていこう。

（1）パートタイム労働者への厚生年金の適用拡大――高齢期の貧困予防

非正規労働者が増加する一因は、非正規労働者は社会保険の適用を除外できるルールがあるため、企業は、社会保険料を負担せずに非正規労働者を活用できることが挙げられる。企業にとって、非正規労働者は安上がりな労働力になっている。

筆者は、非正規労働の抱えるさまざまな課題の中で、非正規労働者への社会保険の適用除外ルールの見直しが優先的な課題であると考えている。

高齢期への貧困予防という点では、非正規労働者の5割程度を占めているパートタイム労働者への厚生年金の適用拡大が重要である。パートタイム労働者への厚生年金の適用拡大は、パートタイム労働者が高齢期に貧困に陥らないための予防策であり、今から実施をしていくべき施策である。この問題を放置すれば、近い将来、主たる生計者としてパートタイム労働に従事してきた人々が高齢期に貧困に陥ることが懸念される。

定額保険料・定額給付の国民年金の背景

先述のとおり、パートタイム労働者は「自営業者グループ」に加入し、高齢期には国民年金（基礎年金）のみを受給する。では、なぜ「自営業者グループ」は、厚生年金に加入できないのか。この点、厚生年金は所得比例で保険料が課せられ、所得比例で給付額が支払われるので、「所得」が基準になっている。しかし、自営業者グループは、その肝心要の「所得」を正確に把握することが難しい。たとえば、税務署が課税対象となる所得をどの程度を把握しているかを見ると、給与所得者は9割、自営業者は6割、農林漁業従事者は4割と言われている。こうした状況は「クロヨン」と呼ばれてきた。それだけ、自営業者や農林漁業従事者の所得の捕捉は難しい。そこで、定額保険料で定額給付の「国民年金」のみに加入して、厚生年金は適用されなかったのである。

また、自営業者や農業従事者の場合、サラリーマングループと違って定年がないので、高齢期になっても収入が得られることが考えられる。換言すれば、国民年金制度は、月額6万5千円（満額）の基礎年金だけで生活することを想定していない。

問題は、パートタイム労働者が「自営業者グループ」に加入していることである。パートタイム労働者は、被用者なので正確に所得を把握できる。また、パートタイム労働者には定年があり、高齢期に収入を得る手段は乏しい。つまり、パートタイム労働者は、正確な所得の把握ができ、定年もあるのだから、「サラリーマングループ」に加入すべきである。パートタイム労働者が厚生年金が適用されないことは不適切である。

不十分な厚生年金の適用拡大

もっとも、2016年10月に施行された年金機能強化法によって、パートタイム労働者に厚生年金の適用が拡大された。具体的には、週30時間以上働く人に加えて、週20時間以上のパートタイム労働者にも厚生年金の適用が拡大された。しかし、同法による適用拡大には、従業員数501人以上の企業に限るなどさまざまな条件が付けられている。この結果、新たに25万人のパートタイム労働者が厚生年金の適用対象になったものの、週20〜30時間で働くパートタイム労働者400万人のうち、今回の適用拡大の対象者はわずか6％である。

パートタイム労働に従事してきた人々が高齢期に貧困に陥らないように、今からパートタイム労働者への厚生年金への適用拡大を行って貧困予防を強化すべきである。

(2)「生活安定機能」を社会で整備する

第2に、非正規労働者が増加するなかで、正規労働者に与えられた「生活安定機能」をいかに提供していくかという課題がある。日本型雇用システムのもとでは、正規労働者は、長時間労働、配置転換、転勤などの「企業による強い拘束」を受ける一方で、年功賃金や社宅などの「生活安定機能」もセットで提供されてきた。

しかし、こうした「生活安定機能」は正規労働者を対象としたもので、非正規労働者には付与されてこなかった。主婦パートのように家計補助として非正規労働に従事する場合は「生活安定機能」の必要性は低かったが、現在では、主たる生計者として非正規労働に従事する人々が男女を問わず増えている。これまで企業が担ってきた「生活安定機能」を、社会としてどのように担っていくのかを考える必要がある。

この点、正規労働者は年功賃金をベースに、50代前半をピークとする賃金カーブを描いている。一方、40代後半から50代は、教育費や住宅ローン返済額などの負担が高まる時期である。つまり、企業が支払う年功賃金は、こうした負担をまかなえる生活給の要素が入っている(図表9-9)。しかし、非正規労働者の賃金を見ると、正社員より低い上、年齢を重ねてもほぼフラットに推移する。このため、非正規労働者が結婚したいと思っても、子どもの教育費や住宅費などが大きなハードルになりうる。非正規労働者が自助努力で克服できる範囲を超えており、社会としての対応が必要だ。

図表9－9　年齢階級別に見た正規／非正規労働者の賃金および教育費、住宅ローンの負担額（月額）

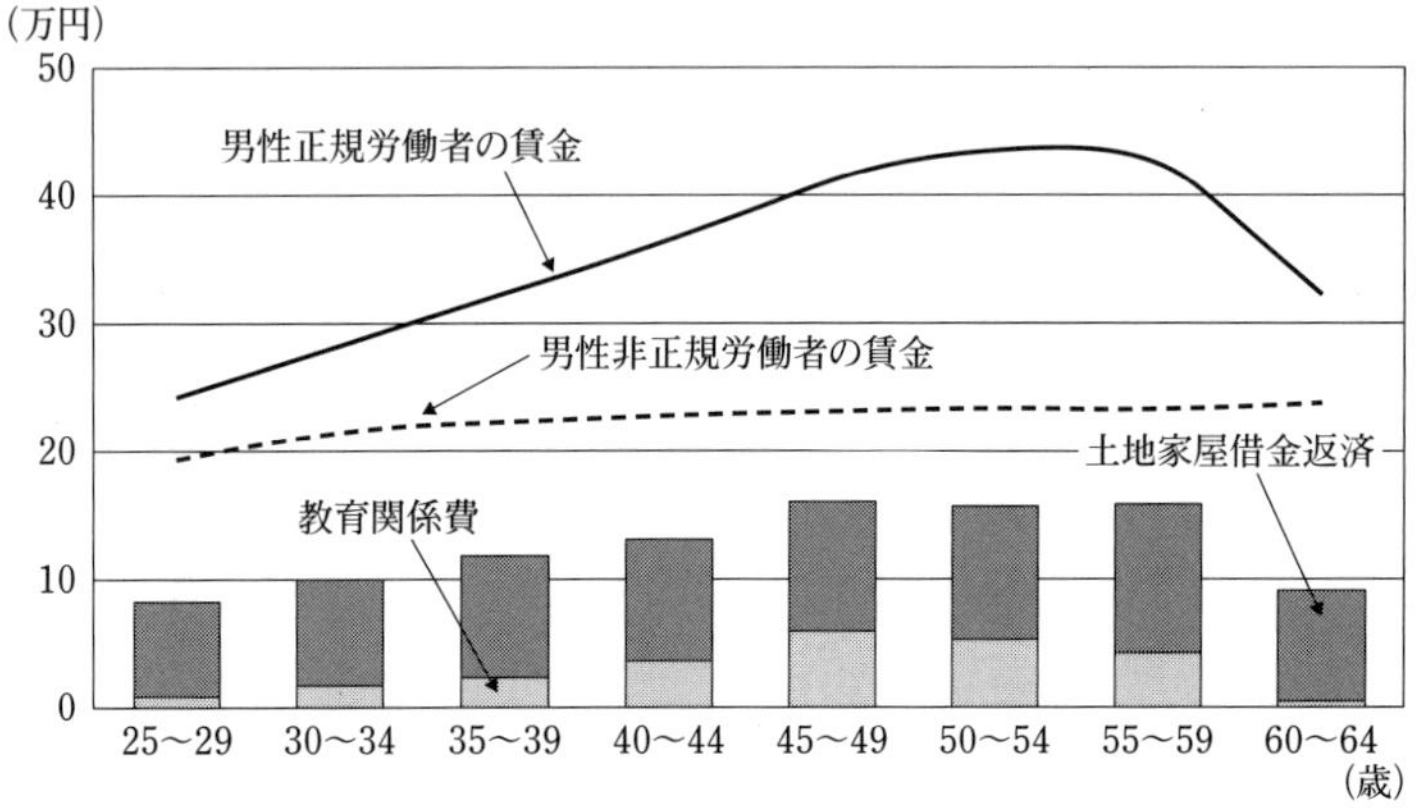

（注1）「教育関係費」と「土地家屋借金返済」は、二人以上の勤労世帯で住宅ローンを返済している世帯の支出額。
（注2）　正規労働者と非正規労働者の賃金は、おのおの総世帯の賃金であって、教育費や土地家屋借金返済の負担をしている世帯の賃金ではないことに注意。
（出典）　総務省『平成26年家計調査』（2014年）および厚生労働省『賃金構造基本調査』（2014年）により筆者作成。

この点、欧州では大学の授業料の多くは公的に負担され、低い額に抑えられている。給付型の奨学金制度も、日本よりも充実している。また、低所得者層などに対して、生活保護制度とは別に家賃補助制度をもつ国が多い。日本においても、企業が生活給として負担してきた部分を、社会として負担していく必要がある。それは、経済的要因から結婚を躊躇していた人々に別の選択肢を与え、中間層を育てることにつながるだろう。

5　働き続けられる社会の構築

先に見たとおり、高齢単身世帯は、他の世帯類型に比べて貧困や社会的孤立に陥る人の比率が高い。では、どのようにして、貧困や社会的孤立を防げばいいのか。

月並みに思われるかもしれないが、就労意欲があって元気な高齢者であれば、「働くこと」が貧困や社会的孤立の予防にとって重要である。働けば収入を得られるので、安定した生活の基盤になる。また働けば、職場の同僚と人間関係が生まれる。さらに、仕事を通じて社会との接点をもち、自己有用感を得やすい。働くことは、単に収入を得るための手段ではなく、社会的孤立にも有効なのである。

また、高齢期には公的年金を主たる収入源とする人が多いが、今後、少子高齢化の進展に伴って公的年金の給付水準の低下が予想されている。給付水準の低下を補うためには、働く意欲がある人は、できる限り長く働き続け、受給開始年齢を遅らせることによって割増された公的年金を受け取るといった対応が望まれる。そのためには、社会として働き続けられる環境整備が必要である。

以下では、公的年金の給付水準の低下とその対応と、働き続けられる社会に向けた施策を考えていく。

(1) 今後の公的年金の給付水準の低下を防ぐには

先述のとおり、今後は少子高齢化に伴って公的年金の給付水準の低下が予想されている。というのも、2004年の年金制度改革で、公的年金の歳入と歳出のバランスを保つために、保険料を納める現役世代の減少や、年金を受け取る高齢者数が増えていけば、高齢者の年金給付の伸びを自動的に抑制する仕組み（マクロ経済スライド）が導入されたためである。

では、公的年金の給付水準は、今後どの程度減少していくのだろうか。以下では、40年間厚生年金に加入し、平均年収が厚生年金（男子）と同額の夫と、40年間専業主婦であった妻からなる世帯（モデル世帯）の所得代替率――現役世代の手取り収入額に対する、65歳時点の年金額の割合――を見ていこう。

厚生労働省が発表した「平成26年財政検証」によれば、2014年のモデル世帯の所得代替率は62・7％である。つまり、モデル世帯であれば、現役世代の手取り収入額の6割強を年金額として受け取れる。

今後を見ると、最終的な所得代替率は、経済成長が最も高いケース（ケースA）から最も低いケース（ケースH）まで、8つのケースで示されている。そして、マクロ経済スライドによる給付水準の調整が行われる結果、最も経済が成長した場合（ケースA）であっても所得代替率は50・9％（2044年度）に低下し、最も低い成長の場合（ケースH）では35・0～37・0％になると推計されている（図表9－10）。マクロ経済スライドによる給付水準低下の影響が大きい。

働き続けることは年金額を増加させる――繰り下げ受給

ところで、現行の公的年金制度は、20歳以上60歳未満の人が40年間を保険料拠出期間として、65歳から年金受給を開始することを基本としている。しかし本人が希望すれば、受給開始を65歳以降に繰り下げることができ、その場合には年金額が割り増しされる。これは、「繰り下げ受給」と呼ばれている。たとえば、68歳から受給を始めれば、65歳に受け取り始めた場合に比べて、25％増の年金額を死亡するまで受け取れる。もし70歳から受け取り始めれば、42％増の年金を受け取れる。

図表 9 - 10　所得代替率の将来見通し（2014 年財政検証）

（単位：%）

	①	②	③	④	⑤
	現行制度			制度改正	
	40 年拠出＋65 歳受給開始	40 年拠出＋68 歳受給開始	40 年拠出＋70 歳受給開始	45 年拠出＋65 歳受給開始	47 年拠出＋67 歳受給開始
ケース A	50.9（2044 年）	63.7	72.3		
ケース B	50.9（2043 年）	63.7	72.3		
ケース C	51.0（2043 年）	63.9	72.4	57.6	68.7
ケース D	50.8（2043 年）	63.6	72.1		
ケース E	50.6（2043 年）	63.4	71.9	57.1	68.2
ケース F	45.7（2050 年）	57.2	64.9		
ケース G	42.0（2058 年）	52.6	59.6	48.4	57.8
ケース H	35.0 ～ 37.0（2054 年）	43.8 ～ 46.3	49.7 ～ 52.5	47.9（注 4）	57.2（注 4）

（注 1）　②と③の列は、筆者が、「40 年拠出＋65 歳受給開始（①)」に繰り下げ受給の増減率（②は 25.2%、③は 42.0%）を用いて計算。

（注 2）　④の「45 年拠出＋65 歳受給開始」は、基礎年金給付算定時の納付年数の上限を現在の 40 年（20 ～ 60 歳）から 45 年（20 ～ 65 歳）に延長し、納付年数が伸びた分に合わせて基礎年金が増額する仕組みに変更した場合。また、65 歳以上の在職老齢年金を廃止。

（注 3）　⑤の「47 年拠出＋67 歳受給開始」も上記 2 と同様に制度変更をして、納付年数の上限を 47 年に延長した場合。

（注 4）　所得代替率 50%を下回る場合には、50%で給付水準調整を終了して、給付と負担のバランスを再検討することとされている。しかし、ケース F からケース H は、50%で終了せずに機械的に給付水準調整を進めた場合の値。

（注 5）　2024 年度以降の 20 ～ 30 年間の実質経済成長率は、「ケース A：1.4%程度」～「ケース H：－0.4%程度」。

（出典）　①の列は、厚生労働省（2014）「国民年金及び厚生年金に係る財政の現状及び見通し―平成 26 年財政検証結果」（第 21 回社会保障審議会年金部会、資料 1 － 1、11 頁、2014 年 6 月 3 日）から引用。④と⑤の列は、厚生労働省（2014）「国民年金及び厚生年金に係る財政の現状及び見通しの関連試算―オプション試算結果」（第 21 回社会保障審議会年金部会、資料 2 － 1、13 頁、2014 年 6 月 3 日）から引用。②と③の列は筆者が計算。

なお、厚生労働省年金局（2014）『高齢期の就労と年金受給のあり方』（第 25 回社会保障審議会年金部会資料 2014 年 10 月 1 日）と、権丈（2015：174）の図表 4 - 12 を参考にした。

先ほどの所得代替率の低下を見ると、もし68歳から繰り下げ受給をすれば、ケースA～ケースEでは、現在の所得代替率（62・7％）よりも高い所得代替率を受け取れる。一方、ケースHの所得代替率も43・8～46・3％と改善するが、5割の水準は割り込む。もし70歳からの繰り上げ受給をすれば、ケースA～ケースFまで現在よりも高い所得代替率になる。ケースHの場合も、49・7～52・5％となって、5割前後の水準になると予想される。

働き続けて公的年金の受給開始年齢を遅らすことができれば、マクロ経済スライドによる所得代替率の低下を大幅に改善することができる。

保険料拠出期間を40年間から45年間に制度改正した場合

また、年金制度改革を行って、現在の40年間（20歳～60歳）の保険料拠出期間を45年拠出（20歳～65歳）にすれば、給付額は12・5％（45年／40年）増加する。

厚生労働省が2014年財政検証で行ったオプション試算によれば、「45年保険料拠出65歳受給開始」のケースHの所得代替率は47・9％、さらに繰り下げ受給を組み合わせた「47年保険料拠出67歳受給開始」では57・2％になると推計されている。

このように、繰り下げ受給の活用と保険料拠出期間の延長によって、マクロ経済スライドによる所得代替率の低下を防ぐことができる。平均寿命も健康寿命も伸びているのだから、その分長く働き続けるという選択肢があって良い。また、働き続けることは重要な生活防衛手段になるだろう。そして、本当に働けなくなった時に、十分な年金をもらえるようにすることが、個人の選択として重要である。

（2）高齢になっても「働き続けられる社会」に向けてどのような対策をすべきか

では、働き続けられる社会に向けて、企業はどのような対応をすべきか。

近年の高齢者雇用に向けた企業の取り組みを見ると、2004年の高年齢者雇用安定法の改正（2006年4月施行）や2012年改正によって、原則として希望者全員に65歳までの雇用が事業主に義務づけられた。そして、厚生労働省（2014d）の調査によれば、全企業の81・7％が継続雇用制度を採用している。

2006年の同法の施行によって、60代前半の就業率は大きく上昇している。具体的には、60代前半の就業率が2003年には50・7％だったが2013年には56・9％に高まった。ちなみに、2013年の60代後半の就業率は38・7％、70歳以上では13・1％となっている。今後、60代後半の就業のあり方についても議論していく必要があろう。

上記のように、65歳までの就業率は上昇したとはいえ、高齢者の雇用には課題がある。第1に、継続雇用者は定年後の賃金が大幅に減少するために、モチベーションの維持が難しいという課題がある。（独）労働政策研究・研修機構（2014）の調査によれば、継続雇用者の90・9％は、継続雇用後の仕事の内容は定年到達時と同じと回答している。また、勤務日数や時間も定年前から変わらないという回答は86・0％となっている。しかし、継続雇用者の賃金は、定年到達時の年間給与の68・3％となっている。このように、定年前後で仕事の内容や労働時間はあまり変わらないのに、賃金が大幅に下落しているのは、働く側としては不合理だろう。この結果、60代前半の6割は、仕事の内容に満足しているが、賃金に対する満足度は3割程度となっている。

コミュニティビジネス

第2に、65歳以上の雇用を考えた場合、同じ企業に勤め続けるというのではなく、地域におけるコミュニティビジネスに貢献するという選択肢も求められている。「ソーシャルビジネス」には一律の定義があるわけではないが、社会の課題解決に向けて、ビジネスの手法を活用して取り組む事業といえる。

たとえば、千葉県柏市では、高齢者の「生きがい就労事業」に向けた取り組みを始めている。「生きがい就労」とは、働きたいときに無理なく働けて（プチ就労）、その働きが地域の課題解決にも貢献していくというものだ。2010年5月に、柏市、都市再生機構、東京大学の三者が協定を結んで共同開発をした。

具体的には、「農」「食」「保育」「生活支援」「福祉」の5領域で、「都市型農業事業」「ミニ野菜工場事業」「屋上農園事業」「コミュニティ食堂」「移動販売・配食サービス」「保育・子育て支援事業」「生活支援・生活充実事業」「福祉サービス事業」の8つの就労事業モデルを開発した。そして、2014年5月までに235名が就労した。多くの事業で最低賃金以上の賃金が支払われているという。

そして「生きがい就労」事業に参加した高齢者は、収入を得られただけでなく、認知能力の向上、生活習慣の改善、健康向上といった点での効果があったことが指摘されている。

地域によって課題は異なるので、どのような事業が向いているか考えていく必要があるが、こうした場の提供も重要になるだろう。

多様な働き方の推進

第3に、多様な働き方の推進である。「元気な高齢者」といっても、フルタイムの労働には耐えられない人もいるだろうし、そのような働き方を好まない人もいる。週3日労働、短時間労働やフレックスなど、企業は多様な働き方を提示して、雇用者に選ばせるなどの工夫が必要だ。

6　貧困高齢者にはセーフティネットをしっかり張る——生活保護制度の改善

最後に、貧困に陥った高齢者には、憲法第25条で保障された「健康で文化的な最低限度の生活」を実現するために、生活保護制度で救済していく。

この点、OECD34か国を対象にした調査（OECD 2013）によれば、2010年の日本の高齢者の相対的貧困率は19・4%であった。他の主要先進国の貧困率（2010年）を見ると、フランス5・4%、カナダ7・2%、イギリス8・6%、ドイツ10・5%、イタリア11・0%、アメリカ19・9%であった。日本の高齢者の貧困率は、アメリカとほぼ同程度である。日本の高齢者は「豊かな高齢者」と言われてきたが、低所得者の比率が高いことを認識する必要がある。

今後日本の低所得高齢者対策として検討課題は、「高齢者向けの特別な公的扶助制度」の創設と考えられる。そして、「高齢者向けの公的扶助制度」は、アメリカ、イギリス、ドイツ、フランスなどの主要先進国でも設置されている。各国ごとに制度内容は異なるが、一般の公的扶助制度に比べて資力調査が緩和されていることや、給付水準が高めに設定されていることなどの特徴が見られる。

また、日本の生活保護制度は、欧米諸国に比べて扶養義務者の範囲が広い。このため、生活困窮者の中には、福祉事務所から扶養義務者への照会によって生活保護の申請を親戚などに知られることを恐れて、申請を躊躇する人もいる。厚生労働省の資料によれば、日本では「配偶者間、親子間、兄弟姉妹間およびその他3親等内の親族」に扶養義務が課せられている。一方、イギリス、フランス、スウェーデンの扶養義務の範囲は、「配偶者間および未成年に対する親」となっている。高齢期の貧困を防ぐためには、資力調査を緩和して給付水準を高めに設定した高齢者専用の公的扶助制度を設けるとともに、扶養義務者の範囲も見直す必要があるのではないか。

7　おわりに

本章では、「標準世帯」に属する人々が減少していくなかで、高齢期に貧困に陥らない新たな戦略として、下記の点を指摘した。

第1に、現役時代から高齢期に貧困に陥らない予防措置として、パートタイム労働者に厚生年金の適用拡大と、住宅や教育に関する費用など生活安定化機能の社会化を提言した。とくに、後者については、不本意ながら一人暮らしとなったり、親と同居する中年未婚者の結婚への障壁を低下させることになろう。最終的には、中間層の育成に資するものと考えられる。

第2に、働き続けられる社会の構築である。働き続けることによって、公的年金の給付水準の低下を防止することができる。健康で就労意欲をもつ高齢者は多いので、就労促進に向けた環境整備は重要な施策である。また、地域の課題を解決する形で退職後の高齢者が働き続けられるコミュニティビジネスの場を構築することは、本人の生きがいと地域づくりの双方にとって鍵となろう。

第3に、就労が難しく、貧困に陥った高齢者に対しては、生活保護制度で救済していくことが重要だ。本章では、資力調査を緩和して給付水準も高めに設定した「高齢者専用の生活保護制度」などを提言した。

長らく日本では、正社員として働く夫と妻と子どもからなる世帯を「標準」として、さまざまな生活上のリスクに対応することができた。日本型雇用慣行のもとで、生活給込みの年功賃金が支給され、世帯内の男女の役割分担のもとで、親の介護や子育てを乗り越えてきた。

しかし、「標準世帯」に属する人は確実に減っている。確かに重苦しい現実はあるのだが、こうした施策によって、未来に別の選択肢を描くことができるのだと思う。

参考文献

木村清一（2016a）「長寿社会のまちづくり（柏プロジェクトの実践）」（『電機連合NAVI』2016年春号）。
木村清一（2016b）「柏市の生きがい就労と地域包括ケアの構築に向けた取り組み（基調講演資料）」（み

ずほ情報総研イノベーションフォーラム、２０１６年3月22日）。

金明中（2015）「非正規雇用増加の要因としての社会保険料事業主負担の可能性」（『日本労働研究雑誌』No.659、２０１５年6月）。

権丈善一（2015）『年金、民主主義、経済学―再分配政策の政治経済学Ⅶ』慶應義塾大学出版会。

厚生労働省ＨＰ（2016a）「外国の公的扶助制度の比較」（http://www.mhlw.go.jp/stf/houdou/2r98520000004c72-att/2r98520000004ca7.pdf）２０１６年7月26日閲覧。

厚生労働省ＨＰ（2016b）「一緒に検証！公的年金～所得代替率の見通し」（http://www.mhlw.go.jp/nenkinkenshou/verification/index.html）２０１６年9月30日閲覧。

厚生労働省（2014a）「国民年金及び厚生年金にかかる財政の現況及び見通し―平成26年財政検証結果」（第21回社会保障審議会年金部会、資料1―1、２０１４年6月3日）。

厚生労働省（2014b）「国民年金及び厚生年金にかかる財政の現況及び見通し―オプション試算結果」（第21回社会保障審議会年金部会、資料2―1、２０１４年6月3日）。

厚生労働省（2014c）『短時間労働者に対する被用者保険の適用拡大』（第24回社会保障審議会年金部会資料、２０１４年9月18日）。

厚生労働省（2014d）「平成26年『高年齢者雇用状況』集計結果」。

駒村康平・山田篤裕・四方理人・田中総一郎・丸山桂（2015）『社会政策―福祉と労働の経済学』有斐閣。

濱口桂一郎（2014）『日本の雇用と中高年』ちくま新書。

濱口桂一郎（2009）『新しい労働社会』岩波新書。

藤森克彦（2017）『単身急増社会の希望』日本経済新聞出版社。

藤森克彦（2016）「中年未婚者の生活実態と老後リスクについて――『親などと同居する2人以上世帯』

と『単身世帯』からの分析」（Web Journal『年金研究』No. 3、公益財団法人年金シニアプラン総合研究機構、２０１６年６月）。

藤森克彦（2012）「低所得高齢者の実態と求められる所得保障制度」（『年金と経済』第30巻4号、２０１２年1月）。

（独）労働政策研究・研修機構（2014）「改正高年齢者雇用安定法の施行に企業はどう対応したか」（『ＪＩＬＰＴ調査シリーズ』１２１号、２０１４年５月）。

（独）労働政策研究・研修機構（2012）「高年齢者の継続雇用等、就業実態に関する調査」（『ＪＩＬＰＴ調査シリーズ』94号、２０１２年３月）。

OECD（2013）*Pension at Glance 2013.*

終　章　鼎談：「転げ落ちない社会」に向けて

神野直彦・宮本太郎・湯澤直美

1　日本の社会保障・社会福祉の流れ

宮本　今日の日本社会に広がる困窮や格差、孤立の問題についてはさまざまな議論が積み重ねられてきました。橘木俊詔先生の『日本の経済格差』（岩波新書）が1998年に出版されて、格差社会が論じられるようになり、さらにワーキングプアや、子どもの貧困をめぐる議論は、小泉構造改革が展開された後、2005～06年に浮上してきたと思います。そこから計算をしてももう10年以上たつわけですが、困窮や格差、孤立の解決についてはは進展を見ているわけではありません。とくにこの10年を振り返って、皆さん、どういうふうにこの展開を評価されるか、というところから入っていきたいと思います。

湯澤　全労済協会の研究会の中では、私からは、子ども・家族にかかわる問題をテーマに発表させていただきました。2000年以降の社会の動向において、私の研究領域における大きな変化は、子ども・家族をめぐる政策に貧困問題の視座を介在させ、「子どもの貧困」が社会問題であると認識されるようになった点にあると思います。1990年代の段階では、子ども虐待が社会問題として認識されるという経過がありながらも、子ども虐待と貧困の関係性を問うという視点は欠落していました。少子化対策の必要が強調される中で置去りにされてきた貧困という問題が、格差・不平等をめぐる研究や世論の広がりの中で、子どもという視角からも貧困を可視化する動きが出てきたことは、大きな進展だと思うのです。そこで、「子どもの貧困の再発見」と言われたりしています。

しかし、問題は、「どのように再発見されているか」という点です。つまり、「子ども」に焦点が当てられると、「子どもには罪はない」といった観点から社会的な合意が進みやすいということがあります。最近では、子どもの貧困対策推進法の施行によって、政府による「子どもの貧困」に関する国民運動まで展開されていて、母子世帯への支援が重要だということも言われるようになってきました。しかしながら、第二次世界大戦後の状況から見ても、母子世帯は一貫して際立った貧困状況に置かれてきたのです。いわゆる「戦争未亡人」など死別母子世帯が多かった時代には所得保障政策を構築する動向がありましたが、離婚など生別による母子世帯が増えてくるにつれ、所得保障を抑制する方向に舵が切られてきています。つまり、「女性の貧困」問題としては、貧困は再発見されてこなかったし、女性の権利の確立という視点では、母子世帯への支援策は着目されてこなかったのです。「子どもの福祉」としてしか再発見できないという点に、貧困問題をめぐる社会意識が見て取れるのではないかと思います。

それでもなお、市民の善意によって、地域での取り組みが進んでいることは、変化の一つといえるでしょうか。たとえば、子ども食堂といった取り組みの急速な広がりは、かつてないものがあります。その一方で、「子どもはこんなに頑張っているのに、親は何をやっているんだ」という親の養育責任を問うような言動が見聞きされるようにもなっています。

マスメディアは、「悲惨な子ども」を描くことに熱心ですので、子どもの惨状として社会の視線が注がれれば注がれるほど、親の責任や姿勢を問う世間のまなざしが強化されているのです。そのような中で、「常に自分が責められているようで辛い」という貧困のただ中にある保護者の声も聞かれています。

この間の政策の潮流を見ると、結局は「家庭の学校化」がさまざまな領域で進められている、ともとれるのではないでしょうか。「家庭の学校化」とは、牧野カツコさん（お茶の水女子大学名誉教授）が使っておられる言葉です。「雇用労働者家族」という性質をもつ近代家族は、消費共同体という性格を帯びるようになっていて、「子どもの価値」が変化している、という指摘なんです。つまり、「良い学校を出て良い職業に就かせることが父親の役目となり、子どもの学校の成績をあげることが家庭教育の目標」になる。家庭では、「経済的な勝者になることを目指し、子どもの経済的な価値を高めるために塾や家庭教師、おけいこごとへの投資」が行われていく。そのような意味で、牧野先生は、「家庭の学校化」が進んでいると言っておられます（牧野カツコ「子育ての場という家族幻想―近代家族における子育て機能の衰退」『家族社会学研究』第21巻第1号、２００９年）。

一方で、学校教育はどうかというと、全国学力テストの向上をはじめとして、学力向上のための施策が打ち出されていて、「確かな学力」向上のための「学力向上アクションプラン」(文部科学省)が策定されたりしていますよね。学習意欲を喚起させる家庭学習習慣が大事だという指摘もあって、家庭の教育的機能が重視される傾向が強まっているといえると思います。

さらに、2006年12月に改正された教育基本法では、「家庭教育」に関する条文が新たに盛り込まれているんです。自治体で家庭教育支援条例を制定する動きも広がりつつありますね。その先陣をきった熊本県の条例では、「各家庭が改めて家庭教育に対する責任を自覚し、その役割を認識する」必要性が強調されているわけです。「早寝早起き朝ご飯運動」をはじめ、家庭の役割は多方面から強調されています。

子どもの貧困対策は、そのような政策潮流の中に置かれていることを私たちは敏感に見ていかねばならないのではないか、と感じています。貧困や格差を是正するような所得の再分配政策をきちんと進めない中で、貧困がもたらす子どもへのしわ寄せやひずみを、地域の善意や親の責任に委ねていくのであれば、子どもの貧困対策も現代社会の矛盾を覆い隠していく装置になりかねません。

子どもの貧困対策が、そのような動向に対して軛(くびき)を打ち込めるのか、そういうことが問われているのでは、という点が、最近、気になっているところです。

宮本 質問も兼ねて述べさせていただくと、私は先ほど、不用意にも2006年あたりから困窮や孤立の問題が浮上したと申し上げたのですが、もちろん子どもの貧困を含めて困窮問題は一貫してあったわけです。湯澤さんは再発見という言葉も使われたのですが、振り返ってみて、日本社会における家族・子どもの貧困について一貫して放置されてきた問題というのは、何なのでしょうか。とくに諸外国と比較してみた場合いかがでしょうか。また、打開の道筋として家族というものが強く打ち出されているわけですが、日本はもともとそういう家族の負荷を高めてきたことが今日の問題に結びついているという議論もあります。そのあたりはどうつながるでしょう。

湯澤　貧困問題を考えるとき、そこには、当然、資本主義社会が生み出す構造的な矛盾や不平等があるわけです。先ほどの私の話では、雇用の問題にはまったく触れなかったのですが、雇用の変容が家族の負荷をいかに高めているか、また、とくに女性への負荷をいかに高めているか、という点を考えることはとても重要であると思います。

経済のグローバル化の中で、雇用労働市場の流動化も進み、巧みに雇用の再編が図られてきた中に、現代の貧困問題の複雑さがあるわけですが、非正規雇用が男性に及んできてはじめて、ワーキングプアが社会問題化されたわけです。補助的労働力とされてきた女性たちは、ずっとワーキングプア状態に置かれてきたわけですが、そのことは社会問題としては認識されないままでした。「ワーキングプアの再発見は男性によってしかなされなかった」とも言えるのでしょうね。

また、諸外国と比べると、日本は失業率が低いということが言われています。しかし、失業保険制度が脆弱な中で、「何であれ働く」ように就労自立を促す政策によって、「働く貧困層」がつくり出されているという指摘もありますね。

家族の負荷という点では、ケアの問題を考えることが欠かせないのではないでしょうか。かつて、日本型福祉社会という構想が打ち出されましたが、そこでは、家族を「福祉の含み資産」と見たわけです。子どもや高齢者などのケアは、家族の自立自助や相互扶助を基本として、家族依存主義的な政策が展開されてきた経緯があります。

近年の研究動向では、ケアという概念を再考し、「依存と自立」という二項対立ではなく、人間の生存に不可避なケアを個人に押し付けることなく、公正という観点らら社会にいかに位置づけるのか、という議論が積み重ねられています。所得が得られない、生活資源が確保できないことだけが貧困問題ではなく、そもそも生存に必要なケアと雇用をどう両立できるかというところで考えていかないと、貧困問題は解消できないのです。その鍵が子どもの貧困対策にあるはずなのですが、どうもそこまで行っていない感じがしています。

最近の動きでいくと、女性が総活躍することが求められる時代になっていますが、そのことについては、「女性活躍ではなくて、母性活用だ」と三浦まり先生（上智大学法学部教授）などは指摘しています。女性は、次世代の労働力を生み出す性とし、また、自ら労働力となり、ケアも担う性として期待され、幾重にもコントロールされる存在になっていくことが懸念されます。

宮本　とくに女性や子どもの貧困に関しては、再発見とは言いつつ、それ以前との継続性や女性に就労も母性発揮もより強く求める新たな傾向というのは大変重要なご指摘だと思います。

実はこれまでも日本の社会の中で、社会保障・福祉の支出は、低所得層のほうに回っていなかったという現実があるからです。80年代の終わりからの福祉改革が普遍主義をめざしました。普遍主義が重視されなければならないのはそのとおりですし、実は普遍主義の再生というのはこの本のテーマでもあるのですが、誤解してはならないのは、普遍主義が乗り越えようとした選別主義というのは、アングロサクソン諸国の社会保障の福祉のあり方に見られたように、支出の規模は抑制されていますが、その分、公的扶助の比重が高く困窮層にお金を回していくことを優先してきたことです。

ところが日本の場合、所得保障に関して言うと、61年以降、皆保険皆年金が実現されていった中で、低所得層に回っていったお金の割合は必ずしも多くなかったのです。低所得層の所得保障が十分でなかった分、これまでは社会保障・福祉ではなくて、公共事業や零細な業界の保護などで、何とかそこを補ってきたわけです。

福祉改革において普遍主義というそれ自体は正しいスローガンを掲げつつも、公共事業や業界保護が期待できなくなり中間層の解体が始まり、普遍主義という本来お金がかかる改革をやる財源ももう底をついた後に、このスローガンが登場した。そして、なるべく節約しながら普遍主義を進めましょう、中間層にまでサービスを広げていくような改革をやりましょう、そのためには自己負担も我慢してください、保険料も忍んでくださいということになった。こうして低所得者にさらにしわ寄せが行く事態が進んでしまったわけです。

こうした中で、先ほどの湯澤さんのいう再発見というものがあったのかなと思います。この問題の根の深さも押さえておかないと、何かそれまで経済成長が続いていて豊かな社会があったのだけれども、グローバル化で、ある種必然的に、こういう事態に追いやられたという見方は、これはおそらく処方箋を誤ってしまうことになるのかなと思うのです。神野先生、いかがでしょうか。

神野　ここで取り上げる現在の日本の格差や貧困の問題については、状況を正しく整理することが大切だと考えています。そうすれば、そこには解決策の半分は含まれていると思います。

これまでの日本の格差や貧困の状態について見ると、ヨーロッパの経験を基準に、ヨーロッパの議論を安易に修辞学的に言説的を弄ぶところがあったと思います。今では誰もがわかっているように格差や貧困が溢れ出て、社会的な問題として苦しんでいるのは、日本だけではないのです。そのため鹿鳴館時代の「脱亜入欧」から脱け出すことなく、日本型経営なり日本型労働市場政策からヨーロッパ型へ転換すれば、問題が解決するかということにはならないと思います。日本型をメンバーシップ型、ヨーロッパ型をジョブ型と言い換え、長時間労働問題や待遇格差などの労働問題を、日本型からヨーロッパ型に転換すれば万事解決という議論は、あまりに安易だと考えます。

かつて労働管理の現場に身を置いていた私の視点からすると、重化学工業化の時代にあった1973年ぐらいあたりまではヨーロッパのジョブ型も、日本のメンバーシップ型もうまくいってきたわけです。つまり、日本的なやり方もヨーロッパのやり方も、「黄金の30年」と言われている時代にはうまくいっていた。

しかし、重化学工業化を基盤にした工業社会から、ポスト工業社会へと時代は大きく転換した。私の専攻している財政学の立場からすれば経済構造とか、社会構造とか、それに規定された政治構造というサブシステムが大きく変化したことを考慮しなければならないことになります。つまり、日本型にしろヨーロッパ型にしろ、重化学工業化の過程では確かに機能したものが、ポスト工業社会では機能不全に陥り、いずれのモデルも改革が迫られていると考えるべきだと思います。

私の70年の人生を振り返ってみると、高度成長期はもとより、高度成長期が終わっても、未来を信じていた時代だったと思います。ところが、現在は未来を信じていた時代が終わったという印象を受けます。私たち社会科学に携わる者は検証可能な事実の相互連関を解明し、問題点を正しく整理しつつ、この時代閉塞状況から脱出するシナリオを創りだしていく責任はあると考えています。

宮本　欧米のモデルを何でも入れてくれれば良いというものではなく、それはとくにメンバーシップ型の雇用をジョブ型に転換すれば良いわけでもないということですね。

神野　それは一つの事例にすぎませんが。

宮本　こうした雇用の類型を提起した濱口桂一郎さん（労働政策研究・研修機構労働政策研究所長）は決して雇用のあり方を入れ替えれば良いなどという議論をしているわけではありません。ただ90年代の半ばぐらいから、たとえば新時代の日本的経営などと言われるようになってから、実はメンバーシップ型雇用ではそこそこお金がかかるので、ジョブ型雇用をそこに入れ込んでいって、ハイブリッド型をつくっていこうという流れがありました。今は「働き方改革」といって、長時間労働を是正するという話の流れの中ではありますが、むしろジョブ型雇用をスタンダードにして、その処遇の水準に今のメンバーシップ型雇用を引き下げていくかの議論も現れています。

神野　これもまた非常に感想めいたもので申しわけないのですが、終戦直後は戦災孤児が溢れ、子どもの貧困は悲惨な状態にありました。たまたまなのですが、今年の4月から、私は厚生労働省の委託金で運営されている日本社会事業大学の学長を務めさせられています。日本社会事業大学もＧＨＱが、こんなひどい貧困状態では――ＧＨＱにニューディーラーたちが結集していたからだと思いますが――ソーシャルワークが必要だということで、つくらされた学校です。ところが、70年を経過した今まで、子どもの貧困が溢れていると言われます。そうすると私の人生の70年は何だったのかと考え込んでしまいます。

ただ、明らかに言えることは、終戦直後の状況と現在の生活困窮という状況とを比較すると、明らかに違っているところがあるのです。現在には過剰な豊かさがあるのです。これは貧困の要因として視野に入れておかないといけません。資本主義である以上、格差と貧困は必然なことだという宿命論ではすまない論点ではないかと思います。

この10年間について言うと、私が参加している税制調査会で『経済社会の構造変化を踏まえた税制のあり方に関する論点整理』（平成27年11月）を参照していただければと存じます。白波瀬佐和子さん（東京大学大学院人文社会系研究科教授）をはじめ、格差や貧困などの問題に取り組んでいる研究者にも参加していただいてまとめた報告書です。この報告書では、日本型福祉社会と言われてきたような家族や企業が提供してきたセーフティネット機能は機能不全に陥っているとしています。したがって、これからは政府というか財政がセーフティネットを張っていかざるをえないのではないかという結論になっているのです。

１９７３年の石油ショックが福祉国家の時代の終わることを告げた一つの事件だとすると、日本は締め切りぎりぎりで福祉国家をめざしたということができます。１９７３年に初めて福祉国家を掲げて、福祉元年としたからです。

宮本　１９７３年に日本の社会保障支出は先進国の最後尾くらいの水準となりました。

神野　そうですね。福祉国家は重化学工業化による経済成長の時代に成り立つので、日本の福祉国家化は条件としては締め切りぎりぎりでした。しかも、福祉国家を支えるブレントンウッズ体制とか、国際的な枠組みも、そこで崩れます。福祉国家を所得再分配国家と言ってしまえば言い過ぎかもしれませんが、一国内で所得再分配を行い、各国民国家間での自由な貿易構造をどうにか両立させようというのがブレトンウッズ体制です。一方で、本来はパクス・ルッソ・アメリカーナ（アメリカとソ連という二大超大国による平和）という世界情勢が背景にあったので、社会主義という東側があったから福祉国家が形成されたのだという説も成り立たなくもないのです。日本の福祉国家形成が締め切りぎりぎりだったことから、本来、福祉国家が戦後に機能していればやっていたような金銭的な意味での所得再分配が、有効に機能していないのです。そういう福祉国家の上に現在があるのです。その後も一応、1989年あたりまでは財政のほうから言うと、租税負担水準が急速に上がっていくのです。それとも、1985年ぐらいまでと言ったほうが良いのでしょうかね。プラザ合意ぐらいまでは急速に税負担を上げていったわけです。

宮本　90年は租税負担率がピークですよね。

神野　そうです。そこまでは急速に上がっていくわけです。租税負担水準を上げることを一方でやっていくのですが、減税圧力が強まり、それに行革の圧力が加わります。そこで日本型福祉社会という言葉が流布していて、日本はそれほど政府が生活保障の責任を負わなくても、家族やコミュニティー、それから企業が生活保障の機能をしているではないですかと唱えられます。むしろそういったところをサポートしていくので十分で、政府が出て行く必要はないですよねという思想が、非常に強い流れとしてありました。しかも、それは小さな政府論とセットになって、第二次臨調が明確に小さな政府を打ち出します。その後ずっと、小さな政府論の流れが形成されています。

ところが先に述べました税調の『論点整理』は、日本型福祉社会が機能しなくなっていることを明確に宣言したわけです。その前に格差社会については、一応、麻生内閣のときに政府が認めるわけです。そういうことを言い始めたわけです。この10年間、あるいはもう少し長く25年と言っても良いかもしれませんが、明らかに言えることは、格差や貧困と同時に、人間の共同体的な関係が崩されてきたということです。そもそも人間が社会を形成するのであれば、少し言い方が難しいのですが、家族関係とかコミュニティーの関係とか、自発的に結ばれていた企業内の人間関係、もちろん労働組合とかを含めてですが、そういうものが必要だと思われるのですが、それらがぐずぐずに崩されてきたわけです。これはトータルシステムとしての社会を弱めてきた重要な原因ではないかと思います。つまり、他者に対する関心を失っているということです。

宮本先生たちがおやりになった調査がありましたね。格差や貧困が溢れ出ていることを国民の多くは認めているのですが、それを是正しろという意見は少ないのですね。

私は年金改革にたずさわっていてとくに感じることは、いずれの先進諸国も年金問題に苦しんでいるということです。それは高度成長期というか福祉国家の時代につくり上げたものだからと考えられますが、年金問題に共通するのには3つの原因があると思います。

一つは、賃金率の成長が停滞していることです。経済成長が停滞していると言って良いかもしれません。それからもう一つは、人口構造がどこの国でも大きく変わったことです。さらにもう一つ重要なのは、人間は家族内で世代間の連帯が機能していないと、生命の鎖をつなげないということを忘れているということです。つまり、人間は労働能力のない子どもたちや、労働能力を喪失した高齢者を、家族内の世代間連帯によって扶養して、生命の鎖をつないできたわけです。しかし家族の機能が弱まってくると、なかなか一つの家族では困難なので、それを社会化したのが年金なのだという意識が失われ始めたのです。

年金は家族内の世代間連帯の社会化だということが忘れられると、年金は「世代間の闘争」の資金に性格が変えられてしまいます。つまり、社会制度の基盤にある連帯を支える共同体的人間関係の稀薄化が、年金問題に苦しむ重要な要因なのです。

格差や貧困が溢れ出てしまって、放ったらかしておいたことも原因ですが、共同体的人間関係や家族関係を市場関係に置き換えろということが行われ、急速に市場の領域が拡大したために、人間と人間との結びつきが弱まってきてしまった不安感が現在の混乱をもたらしていると思います。つまり、格差社会が不安社会になってしまっているのではないかと思います。人間と人間の結びつきが弱くなったという不安感が今、世界中に憎悪と暴力を溢れ出させている原因になっていますし、日本ではさまざまな社会問題につながってきているのではないかなと思っています。

宮本　神野先生は、ご自分の幼少期には貧困という点ではもっとひどい現実があったが、今と一つ違うのは、今は貧困と過剰な豊かさが併存していると言われました。にもかかわらず、国民の世論として、困窮の是正の優先度を上げていかなくてはいけないという議論になぜならないのか。

日本では低所得層の人々がそもそも政治に福祉を期待していない、という分析も現れています。同志社大学の西澤由隆さん（同志社大学法学部教授、投票行動、計量政治が専門）が90年代からの衆参の国政選挙における階層別の政党支持について綿密に分析されていて、そこで実は日本の有権者、とくに低所得の3割の人たちは、政党選択の基準として福祉を重視せず、むしろ福祉を言わない政権党に投票する傾向があることを明らかにしています。

生活保護の捕捉率が2割を切っていて、多くの低所得層がその恩恵にあずからず、むしろ一部の人々が過剰に保護されているという見方すらされています。加えて、その後の福祉改革の中で、先ほど申し上げたような事情で、普遍主義が自己負担や保険料の上昇を伴って広がっていって低所得層が排除される結果となりました。今度の介護保険改革も、一部の中間層の自己負担を3割にすると同時に、市町村課税最低限所得以下の人たちの保険料の減免措置を1500億円ぐらいかけてやるはずだったのですが、これは棚上げとなりました。結果的に低所得層も社会保障・福祉で自分たちの生活を変える選択をせずに、むしろ減税だとか、景気だとか、そういうスローガンに共鳴をしていく傾向が明らかにあるということです。つまり、一方では中間層の中で弱者が過剰に保護されているというイメージが広がり、その一方で低所得層もまた社会保障・福祉を自分たちの生活改善のてこにするという発想から遠のき始めている現実があります。結果的に今、神野先生がおっしゃった過剰な豊かさを少し緊締させていくという政治的な解を閉じてしまっていることになるのかなと思います。

その日本でも、遅まきながら税の審議会等で、あるいは社会保障国民会議、安全社会実現会議、さらにはその後の社会保障制度改革国民会議等の中で、セーフティネットを現役世代を対象にきちんと張り直さなければいけないという議論も一応続いてきています。それをベースに、この段階で欧米の福祉国家の経験を踏まえつつも、経済と社会の新しいかたちに見合った新しい施策を構想していこうとする動きもあります。

ここで「ポスト福祉国家」という言葉が適切かどうかわかりませんが、この段階でどういう施策が可能なのかを考えてみたいと思います。先ほどとは逆に神野先生からお願いします。

2　改革は下からの積み上げで

神野　私たち研究者の責任から言えば、先ほども申し上げましたけれども、言説をもてあそびすぎたのではないかと思います。たとえば子どもの貧困などは、いまだに私には正確にはわからないのです。ワーキングプアもそうですね。言葉は共通体験に裏打ちされ、人々が正しく問題を整理するための導き糸にしなければいけないわけです。正しく問題を整理して、あなたの責任だけではなくて、社会の仕組みのこういうところが問題なのではないかとか、つまり、これは共同の問題なのですよというように提示する必要があると思います。しかも、社会とは相互依存の運命共同体なのに、「あなたも積極的に参加して、こういう問題に取り組もう」という行動に結びつかないのです。

生活困窮に陥っても、自分に悪かった点があるのではないかと思っている。そのため制度が変われば自分にも運が巡ってくるのではないかと期待し、今の制度を壊そうということに熱狂して賛成するのです。「とにかく壊してしまえば良い、つくる必要はない」という考え方に共鳴してしまいます。

言説でやろうとしますと、どうしても空疎な雄弁による大衆操作という言説の政治になってきて、ポピュリズムみたいなものが出てきて足をすくわれたりするのです。私は苦しくても、自分たちの問題を共同事業や共同作業によって解決していく体験というか経験を少し時間がかかっても積み重ねていく必要があると思っています。そして身近なところに公共空間をつくって行くべきだと考えてきたわけです。

もともと社会政策を考えたアドルフ・ワグナー（ドイツの経済学者・財政学者）などは、そういう身近なところに公共空間を落とせば、先ほど言った家族とかコミュニティーとか、宮本先生がやられているような連帯経済（協同組合やＮＰＯが大きな役割を果たす経済）と融合して、うまく機能するようになるのだと言っています。その上で、補完性の原理というと少し手垢にまみれてしまって、いろいろ誤解はあるかもしれませんが、下から上に公共空間を積み上げていくことが大切になってくるわけです。

現在では上の枠組みが崩れ落ちているのです。世界体制とかがですね。ニューディールとはトランプの配り直しのことを言うのだけれども、トランプの配り直しでも解決しないかもしれません。つまり、今、右にしろ左にしろ、ポピュリズムとかが起きている状況は、何も特定の人間が出てきたことだけではなく、社会にしみ込んでいる問題です。

私は財政学を共同体を形成して生活を営む人間の研究だと思っているのですが、そういう視点から公共空間は下から積み上げていかないと、と考えています。上から政策をやるのではなく、現場に決定権限を落としながら、下から政策を形成していくことが求められているのではないかなと思っています。

したがって、そういう意味では、労働組合とか協同組合とかを含めて、失われつつある共同作業を担ってきたところがもう一度動かないといけません。

そのためには実行可能なところから、共同作業を実行していくことだと考えています。祭りでも何でも良いのです。未来を信じられなくて私たちは絶望するのではなくて、手と手をつなぎ合って、人間は生きていくものだとすれば、そういう関係も下からつくり上げて、公共空間に上げていくことが重要だと思っています。

3 「3つの場」と「3つのステージ」

宮本 今、神野先生におっしゃっていただいた公共空間、とくに身近な共生の場の組み直しが求められていると思います。既存の制度が瓦解してくる中で、きちんとそこをまずかためる必要があるということです。このことを本書の中身に引きつけてパラフレーズをさせていただくと、福祉国家が揺らぎ始めた後、特に困窮や格差の問題については、たとえば単なるセーフティネットではだめなので、トランポリンにしましょうとか、スプリングボードにしましょうという議論が出てきました。しかし、やはりこれだけではだめなのです。

まず一つは、いくらトランポリンではね戻しても、それを支える社会が相変わらずアナボコだらけであるならば、基本的には元の木阿弥になってしまうわけです。こうした中で、この本の提起は、もちろんそうしたスプリングボードやトランポリンみたいなものも部分的に必要なのですが、それに加えて、アナボコだらけで、少し足を踏み違えると、あっと言う間に転げ落ちてしまいかねない社会の中で、このアナボコを塞ぐというか、人々を受け止める「3つの場」を形成し、この3つの場も組み合わせながら、ライフサイクルにおいて足下がもっとも危うくなる「3つのステージ」に対拠する支援体制をつくっていきましょうと。そういう提起をしていると思うのです。

「3つの場」とは、「就労」「家族」「居住」です。まず「就労」については、西岡論文（第4章）にあるようにちゃんと支援を組み込んでいくことです。「家族」については、湯澤論文（第1章）にあるように、標準世帯を基準にするかたちから、多様な家族のあり方をきちんと踏まえた上で、先ほどのご発言に示されたように、そこにひたすら負荷をかけていくのとは逆に、家族が元気であるためにも、サポートを組み込んでいくことです。「居住」をめぐっては祐成論文（第3章）と白川論文（第2章）で論じられているとおりなのですが、たとえば持ち家指向で「住宅すごろく」が追求されてきた日本社会の中で、白川論文では「第三領域」という言い方をしていますが、標準世帯による持ち家か施設かという二分法の真ん中に、一定の支援を組み込んだ新しい居住をつくっていこうということです。

そしてこの「3つの場」を組み合わせながら、今日のライフサイクルでとりわけリスクの大きい、つまり足下にたくさんのアナボコが集中している「3つのステージ」に、ちゃんと転げ落ちないような支援体制をつくりましょうということです。

まず最初のステージが「就学前の教育・保育」です。これは柴田論文（第6章）が扱っています。しばしば労働経済学で指摘されるように、ここでの社会福祉投資は、その後のライフサイクル全般に非常に大きな効果を発揮し、問題解決能力を高めていく大事なステージであって、いわば投資効率が高いステージです。それから第2のステージは、若者が家族から自立しながら高等教育を受けたり就労へ移行していく段階です。ここは花井論文（第7章）にあるように、日本ではまず給付型奨学金制度から入っていくことが必要でしょう。おそらくさらにその延長には、最近、A・B・アトキンソン（イギリスの社会政策学者）がすべての若者に一定の社会からの相続を保障するという政策提言をしています。またB・アッカーマン（アメリカの法学者）などが「ステークホルダーズ・グラント」といって、21歳のすべてのアメリカ人に8万ドルを給付して高等教育を受けたり事業を始める資本としてもらおうと言っていることと重なります。これは「ベーシックインカム」ならぬ「ベーシックキャピタル」という提起です。最後に第3のステージは言うまでもなく老齢期であります。この本では、鎮目論文（第8章）で最低保障年金の議論があって、同時に、藤森論文（第9章）では、そうした所得保障も一つのてこにしつつ、社会にかかわり続ける、あるいは就労する条件づくりを提起しています。

つまり、この「3つの場」と「3つのステージ」で、社会の至るところに開いてしまっているアナボコ（リスク）をきちんとあらかじめふさぎデコボコ（いきすぎた格差）をならしていく施策が、この本の問題提起だと思っています。

湯澤さん、こうしたフレームを踏まえて、とくに家族や子どもの問題にかかわって、さらに深掘りしていただけるとありがたいのですが。

4 「第三領域」をつくる

湯澤 研究会では、大変刺激的な議論が展開されていて、皆さんの論文も、さらに刺激的に読ませていただきました。

先ほど、低所得層が誰に投票しているかという政治行動の話があったのですが、若者たちと議論していて驚くことの一つのエピソードとして、今ある法律は「変えることはできない」と思っていたり、あるいは、「法律なんだから良いもののはず」と思い込んでいる人が少なくないということがあります。そこで、大学の授業の中で、実際に法律の全文を読んでもらい、課題を洗いだして改正法案を自分でつくる、という試みをしています。そのような作業をすると、ようやく「法律には変えなくてはならない点がある」という認識をもったり、「法律を変えたい」という意識が芽生えたりしていきます。18歳選挙権が実現した中で、若者の政治的な主体性、社会を解読し、ソーシャルアクションにつなげていくような主体性と言いましょうか、そのようなことに教育はどう向き合っていくのか、気になっているところです。

そのような点では、花井論文の教育費問題の指摘は重要です。先ほど神野先生のお話にあった「持てる者は持てる」構造のもと富は蓄積されていくという点で見ると、自分の大学の授業料がいくらであるかを、すぐ言える学生とすぐには言えない学生がいて、後者は経済困窮なく暮らしている学生であることがほとんどです。貸与型の奨学金の広がりの中で、どうにか高卒後に進学ができたとしても、卒業後の進路は自分のやりたい道よりも奨学金返済のために「稼げる職」を優先せねばならず、いわば、職業選択の自由なんてないわけです。大学間格差と大学内格差という現実も確実に広がっていますね。

若者の主体性という点では、生きる基盤でもある家族をめぐる意識においても同様の現状があります。先ほどの規範の話題からいくと、規範の政治といいますか、根強い規範意識のもとで、「逸脱することが怖い」という意識を多くの若者が内包しています。極論すると、私は「逸脱ほど革命的なことはない」と思っているのですが……。たとえば、夫婦別姓を授業で扱うと、それを「選択肢が増える」と考えるのではなくて、「標準家族モデルからの逸脱」ととらえていくわけです。そうして、多くの若い女性たちは男性の姓になることに「憧れる」ようになり、ジェンダー固定的な標準家族が次世代にも受け継がれていきます。社会の規範に「しがみついていく若者たち」にどう大人が向きあっていくのか、大人の生き方も問われているように思います。

そのような中で、今、若者たちが奪われているのが「怒り」ではないか、と感じています。裕福な学生にも困窮している学生にも、どちらの側にも怒りが乏しいのです。そもそも、高校までの教育の中で、教育を受ける権利とはどういうことか、先進諸国の教育費政策と日本の政策の違いがどのようなものなのか、ということは教えられてきていませんので、高騰する授業料を私費負担するのも「当たり前」としか感じられず、怒りにすらならないわけです。私は教育学者ではないので踏み込みにくい議論ですが、新自由主義的な教育政策の進展の中で、公教育は何を果たさなければいけないのかは、社会政策の観点からも検討すべき重要事項であると思っているところです。

また、この本のさまざまな論点の中で、白川論文の「第三領域」という提起も重要な指摘だと思いました。住宅政策に絡んで「第三領域」をどうつくっていくか、疑似家族的居住ということも含めた課題提起ですが、その議論を援用して、親密圏の中に「第三領域」をどうつくっていくかという論点もあるのではないでしょうか。

家族の変容や家族機能の脆弱化が指摘されるようになって久しいわけですが、近ごろでは、地域社会の中に居場所を創るという取り組みが、市民レベルでも広がりを見せるようになってきています。家庭に居場所をもちえない人々に、地域で安心安全な居場所を提供していくという方策が、孤立防止につながっていることは意義あることであると思います。しかし、そもそも地域社会の中には、生活保護受給者を見張るような監視社会的なまなざしもあるわけですので、政策的には、地域の善意に任せていくだけでは、新たな排除を生み出しみかねないというリスクもあるように思います。そこで、「家族」か「地域」か、という二項からの議論ではなく、親密圏の「第三領域」をどう構想するか、という視点からの議論も必要なように思いました。日本社会では、「届出婚による夫婦」を規範的家族として制度化しているわけですが、藤森論文にあるように、今や単身世帯が急増しています。また、「夫婦と子どもから成る世帯」で見ても、2035年には全世帯の23%にまで低減するとも言われています（国立社会保障人口問題研究所『日本の世帯数の将来推計（全国推計）2010（平成22）年〜2035（平成47）年　2013（平成25）年1月推計』）。もはや、家族とは何か、ということそのものが問われていますね。

フランスやスウェーデンなど北欧諸国を例に見ると、人々の生の営み方の変化に応じて、柔軟に家族をめぐる法制度を改定しているわけです。事実婚カップルや同棲カップル、男女といった「性的差異を中軸としない」（竹村和子）カップルなど、親密圏のありようはさまざまな形態をとるのであって、「対の性愛と血縁で閉じた核家族を家族の自明の姿としない」（牟田和恵）ような、社会の側の対応が必要とされてきています。しかしながら、日本は第二次世界大戦後、新民法が施行されて以降も家族制度の基本形は不動のままで、言わば親密圏の第三領域を生きようとすれば、マイノリティとして社会的排除の只中に置かれてきました。そのため、人々の「生」に合わせて制度を変えるのではなく、人々が制度に合わせて生きるしかないのが、家族をめぐる現実です。

宮本　ありがとうございます。かつてA・ギデンスが「第3の道」という言葉を使って、社会保障か市場かの二元論を超えるということを主張しました。しかしこれは、結局は先ほど私が言ったトランポリンとかスプリングボードの発想、つまり、支援と言えば聞こえが良いものの、お尻を蹴飛ばすようなかたちで既存市場に投入していくような「第3の道」となってしまったわけです。

この本はギデンスとは異なった別な「第3の道」を示しているように思います。家族については、今、湯澤さんが言ってくださったように、単身か家族かを超えた「第三領域」をつくるということ。あるいは施設か持ち家かを超えた第3の住まい方。さらに言うならば、一般就労か福祉的保護か、これも超えた支援付きの就労をつくっていくことは、実は本来、スプリングボードだとかトランポリンが当初の意図に沿って機能するためにも、そこをしっかりつなげていく先として、この「新第3の道」的な「3つの場」が非常に重要になってくるということだと思います。これが同時に、神野先生がおっしゃる新しい共同の場づくりにもなっていくのかなと思っています。

5　デコボコをならす経済の役割

神野　私は研究者として見て、一番根源的な問題を突いたのは、花井さん（第7章執筆者）の活動と言って良いと思います。現代の時代閉塞的な状況を突破する上で研究者、とくに経済学者に言えるのですが、今は何も提起していないのです。そのときに重要なのは何かといったら、その社会でもっとも疎外されている人間を、研究者にすることだと思うのです。花井さんの活動はそういう点を突いていると思います。それは給付型奨学金制度に象徴されていると思います。

経済学はもともと、アダム・スミスの言葉で言うと、モラルフィロソフィーなのだということですね。道徳哲学で、いかに生きるべきかを考えていたのですが、宮本先生がおっしゃったアナボコを埋める、デコボコをならすというのが「経済」という意味です。「経」とは筋を通すという意味ですし、「済」はアナボコを埋めるという意味になっていますので、デコボコを埋めるのが経済そのものなのです。ところが、いつの間にやら金儲けを研究するような学問に落ちると同時に、社会全体が人間は金儲けをするために生きているのだという人間観に支配されています。

宮本　アナボコを埋めるべきなのにつくってきたというわけですね。

神野　そういうことですね。偉大な経済学者ケインズですが自分が死んでから100年後には、働くことが犯罪的な行為であるような時代になるだろうというようなことを言っているのですが、実際には逆方向に動いているのです。

『四万時間』（朝日新聞社、1965年）という本を書いたジャン・フーラスティエも、一定の豊かさを実現した段階で、人間の生活水準を引き上げるのではなくて、生活様式を充実させる方向に変える必要があると指摘しています。効率性効率性と言いますが、人間が追求すべきは、人間の人間的な使用方法だと思います。ところが、金儲けをするためにのみ、人間の能力を使っているわけでしょう。これは最大の無駄づかいです。

そろそろ人間の教育は、金儲けの能力を与えることが教育だということから脱して、本来の教育、つまり人間を人間として成長させていく方向に転換しなければならないと思います。しかも、人間というものは「ある」ものではなくて、「なる」ものです。つまり、人間は他者との接触を通じて、人間になっていくわけです。教育の第一原則は、デューイによれば統合の原則です。

そろそろ本質的な問題を考えて、教育も舵を切って良いときになっていると思います。にもかかわらず逆方向に動いていて、歴史が後ずさりするような感じで動いています。

宮本　歴史があとずさりしている一つの現れが生活困窮の広がりですね。

神野　生活困窮ということは、単に所得が少ないということを意味しません。所得は財政学では「包括的所得概念」を使うのです。経済学で使っている所得は「所得源泉説」と言われているものです。所得源泉説は簡単に言うと、所得と要素部分ということになります。要素市場で取引をして稼得した賃金、利子、地代という要素部分を所得とカウントしているのです。

包括的所得概念とは、その人間の経済力の増加を所得と見なすのですが、その経済力の増加には、当然のことですが、賃金などの要素所得だけではなくて、社会保障の給付が入ります。それ以外に「帰属所得」も入れなくてはいけないのです。帰属所得は、たとえば財産を所得に入れれば、実質的に利子とか配当を生まなくても、それは所得だと見なすのです。何百億円もする著名な画家の絵をもっていれば、要素所得を生まなくても、所得が生じていると見なして、所得としてとらえるわけです。

低所得ということで考えるときに、先ほど言った経済学的な要素所得で考えてしまうと、ストックをもっているかもっていないかは考えないわけです。先ほどおっしゃっていたベーシックインカムの前提条件としているのは、財産所有の有無にかかわらずというものが重要なポイントになるわけです。そのほかに帰属所得は当然ですが、家族の中で主婦などによる無償労働も所得にカウントするわけです。そのほか、さまざまなコミュニティーなどでの無償労働によるものも、所得として認識するわけです。ベーシックインカムにあまり賛成できないのは、ベーシックインカムは、そういう家族状況とか、コミュニティーの状況とか、人間が置かれている人間関係の状況とかとはかかわらず、無差別無条件にということが条件になりますので、そこは少し違うのではないかなと思います。

そうなってくると、単に要素所得でデコボコが起きていることだけではなく、どういう家族状況にあるのか。それから、障がいを負っているとか、心の病をもっているとか、さまざまな条件で、私たちが解決しなければならない生活困窮は生じるのです。そういうこととして、人間は相互依存の関係にあるのだと相互認識することこそ、生活困窮に対応する第一条件だと思います。つまり、重要なのは、「他者への関心」であると思っています。

そこで重要な点ですが、社会的な孤立も日本はきわめて高いわけです。ただ、統計上問題があるとすると、家族関係が抜けていて、友人とか隣人とかの関係のみではかっているので、反論する人は、日本は家族のつながりがあるから、と指摘します。とくに新自由主義者ではなくても、たとえば教育学会の中などでも、この10年間、政府が家族の支援をしなかったので、家族の機能が復活したと指摘されることがあります。その指標は何かというと、親子の愛着関係が強まっているということですよね。

親子の愛着関係だけ見れば高いのですが、それを家族関係とか、市場関係に対応するような共同体的な関係だと見なし、悪魔の挽き臼としての市場関係によって家族や共同体的人間関係は、すりつぶされることなく、むしろ強まっていくと見てよいかは疑問です。

家族やコミュニティーの機能がないと人間は生きていけないことは間違いないのですが、家族やコミュニティーは衰えているので支援することが必要だという歴史的な段階の根幹を理解する必要があるはずです。つまり、家族やコミュニティーへの支援も、先ほど充当する必要があるとしたデコボコをならす作業に入っていくわけです。

最近ではアナボコを埋めるのではなく、どうもすべての人に同じ利益を与えるサービスを提供することが支持されています。しかし、それは純粋な公共財を意味します。つまり、防衛とか治安維持とかですね。

普遍主義というのはそれぞれのニーズによって違うサービスを提供する。デコボコをならすわけですから。違うサービスを提供するのですが、そのときに、女性だからとか、男性だからだとか、職業とか、肌の色とか、一番重要なのは所得によってですが、差別をしないことです。

宮本　なるほど、普遍主義とは決して誰にでも同じサービスということにはならないのですね。

神野　さらに深刻なのは、世界的にもそうなのですが、どうもとくに日本の場合に、他者との結びつきが薄くなったというか、他者への関心が非常に薄くなっています。それを社会的リアクション（社会反動）で取り戻そうとすると、ＩＳとか、ブレグジットとか、トランプ現象などもそうですが、伝統的な共同体を取り戻せというようなことになりかねないわけです。しかも、日本の場合には孤立度が高いのは事実で、これをどうやって私たちは社会として克服すれば良いかを考えなければならないと思うのです。

しかも、先ほど少し言いましたが、民主主義に対しても失望が広がっているのはなぜかというと、やはり他者への関心が薄らいでいるのが効いているのではないかと思います。

私は今、福祉政策と同時に環境政策にもかかわっています。10年ぶりに内閣府が国民世論調査で、地球環境問題に関心があるかどうかを問うたのです。2016年の9月に発表した調査では、「関心がある」という国民の割合は40・4%でした。これが高いか低いかは少し難しいのですが、ただ、問題なのは、ほぼ10年前の調査では57・6%だったということです。つまり、関心が急速に落ちています。その上問題なのは、若い人の落ち方が激しくて、20歳代は関心があるのが19・5%しかいないのです。70歳以上になると49・3%で、10歳年をとるにしたがって10%ずつ関心が高まってくるのです。おそらく他者への関心の喪失は、私たちの命と結びつくことへの関心の喪失にもつながっていて、地球環境問題への関心の低下につながっていると思います。もちろん、破壊されてしまっている自然で育つと、良い状態の自然がわからないから、関心がないのではないかと言うこともありますが、それでいくと、環境はもう悪くなる一方です。

いずれにしても、政策のやり方は、人間と人間との結びつき方、相互依存関係を強めるという方向に向ける必要があると考えます。「参加保障」はこうした問題に参加できるという意味で重要になってきているわけですね。

6　自立とは何か

湯澤　神野先生に質問してみたいのですが、福祉と労働の再編という政策潮流の中で、社会福祉の領域でも「画一的な自立観」というか、「画一的な自立像」のようなものが政策的に形成されていると思うのです。神野先生のお立場からすると、「自立」とはどのようなことでしょうか。

神野　自立とは、私が東京大学の講座を受け継いだ大内兵衛先生（［1888～1980］東大教授。労農派グループの筆頭。財政学講座を担当）は、「人間は自立すればするほど連帯する」と言われています。『自助論』を読んでもらえれば、わかるのです。自立するというセルフヘルプの中には、たいていの場合、お互いに人間と人間とが相互依存で助け合っていくという共助を含みます。

質問に答えていますかね。ポイントが外れているかもしれませんが。

湯澤　はい、大丈夫です。ぜひ、神野先生の言葉で「自立観」をお聞きしたかったので。

宮本　今のはど真ん中でしょう。

神野　はい、だから、それは自立に入るわけです。

宮本　自立論はまさに良いきっかけなのですが、またこの本に引きつけて議論させていただくと、今、神野先生から、自立は連帯に根ざしているのに人々の他者への関心が後退せざるをえなくなってきているというお話がありました。この本が提起している「3つの場」は、実はいずれも任意というか、人々の自発性を伴ったつながりなのです。今、人々の他者への関心が薄らいでいるのは、言わば人との関係をつくり直せない社会が背景にあると思います。経済的事情から出てくるいろいろなひずみを抱えた家庭に生まれ育って、そこから離れることができないとか、たまたま入り込んでしまった職場の人間関係に苦しみ、厳しい働かされ方を毎日強いられ、でも、そこから離脱できないとか。あるいは居住をめぐっても、そのコミュニティーの権力関係に巻き込まれてしまうとか。そういうところから離れることができない現実が人々にあって、人とのつながりが苦しい社会になってしまっている。ゆえに他者から離れて閉じ込まらざるをえなくなってくる。

家族とか職場とかコミュニティー、これを本気で守ろうとしたことがない人ほど、そういうものは余計な手出しはしなければ自然にうまくいくのだという。良質な保守の人は、やはりそういう場を守ろうとしてきたから、そのような単純な議論はしないのですが、ほんとうに家族、職場、コミュニティーを守るつもりもなければ守った経験もない人々に限って、よけいにこうした場に負荷をかけて関係を壊すことに加担するのです。先ほど、日本型福祉社会論の話がありましたが、そうした議論とつながる家族論、職場論、コミュニティー論は人間関係を守れない。

そうした中で、人々がつながり支え合うことは、神野先生が言われたように、それなりの政府の関与がなければ成立しないのだということです。僕の言い方で言うと、これは「共生の保障」となります。共生とか支え合いに責任を転嫁してしまったら、そこで共生や支え合いは倒壊してしまうということです。と同時に、そういう関係を所与にしてしまい所属の場を選択し直したりつくり直す機会を奪ってしまうと、人々はそこで関係を形成する意欲を失って、逆に無関心になって、殻に閉じ込もらざるをえなくなってしまいます。

加えてもう一つ、神野先生から出たお話として、「包括的な所得概念」、これも新しいポスト福祉国家の豊かさ像になると思うのです。先ほどのさまざまな任意のつながりを可能にしていくことと深くかかわりながら、やはり帰属所得も含めて、これからの豊かさは多元的な所得というか、つながりというか、それの合わせ技で築かれていくのかなと思います。私の言う補完型の所得保障に加えて、たとえば公共サービスが廉価であることも含めて、新しい豊かさをつくっていくことになると思うのです。

神野　たとえば人間が生きていく上で必要な帰属所得のうち、家族が無償労働で出したサービスは当然、公共サービスに切り替わっていくわけです。こうした帰属所得の代替は、現金給付で保障すれば良いという話ではなく、育児とか高齢者福祉とか、そういう家族内の相互扶助機能で提供していたサービスですから、サービス給付で保障することになります。それからもう一つは、医療とか教育関係もともと家族で提供していたサービスですが、専門的な能力が必要となるような相互扶助サービスですので、わりと早くから、教会などをシンボルとしながら、コミュニティーが相互扶助として供給してきたサービスです。もちろん市場社会になるまでは、生活の場と農業などの生産の場は同じでしたから、生産の場でも共同作業であぜ道をつくったり、水利をやったりする共同作業で行われていたのです。これが分離したので、財政学から言えば、生活の場に、先ほど言ったサービス給付を出すと同時に、生産の場には生産の前提条件としてのインフラストラクチャーを提供していくことになるのです。

そのため身近な公共空間で出していくサービスは、家族やコミュニティーが無償で提供していたサービスを、先ほど言ったようにデコボコが生じたら、つまりニーズを満たせない状態になれば、政府が提供していくということになるのです。もちろん、自発的にボランタリー・セクターで提供してもかまわないわけです。

生産の場のほうも同じようなことで、社会保険なんかはそうですが、賃金が失業とか病気とかで失われたときに、ドイツで言えば炭鉱の坑夫の労働組合がやっていたように、賃金を共済で守っていこうとするわけです。そういう共済活動でやっていたことを、社会保険として吸収し、賃金を保障することの責任まで、政府が引き受けたわけです。

現金給付による再分配は、本来は、福祉国家のときにやっておかなければならなかったことなのです。これを機能させた上で、時代はそこから転換して、サービスを重視することになる。それは「社会サービス国家」とか、「社会投資国家」という言葉で表現できます。つまり、所得再分配国家から社会サービス国家や社会投資国家という方向に切り換えていかなくてはいけません。先ほど来おっしゃられていたアナボコの埋めぐあいとかというようなものも、今までの所得再分配で埋め合わせができなかったところを社会サービス国家で実施していくというわけです。

それまでの所得再分配国家の所得は帰属所得などを含まないものを考えていたわけです。つまり、賃金さえあれば生活できるという社会だとすると、最低の賃金か、あるいは賃金代替のものを保障してあげれば良いのです。もちろん、その前提には家族の中で帰属労働などが提供されていることが前提だったのですが、それが衰退しています。そうすると、家族内で提供されてきたサービスを、代替して提供することが必要となります。就労は少し違うかもしれませんが、家族や居住をめぐる支援はそうなのです。
ただ、就労も同じかもしれないと思われるのは、産業構造が変わってきたので、昔のような筋肉労働ではないのですよね。これは少し気をつけておかないといけないのは、たとえば格差といっても、企業のバランスシートというか、資産を見ると、有形資産が減少し、無形資産が急増しています。アップルなどの資産で時価総額が何兆円と出たときに、その何兆円のほとんどは無形資産ですからね。つぶれるとつかまえようがないと思います。そういうものが富だと思って動いている社会になっているのです。

湯澤 ええ。富とは何かということですね。

神野 そういうような状況で、実物的にかなり浪費ができるのです。そういうことを含めてです。

宮本 サービス給付に重点を置くという今のお話はとくにこの本が提起している「3つの場」に直接にかかわると思います。ただ、これまでのサービス給付というと、サービスの供給者と受け手みたいなものが1対1の関係みたいなものがイメージされるわけですが、とくに家族とか居住とか就労をめぐる場づくりのサービスはちょっと違うのではないか。そのサービスの給付と受け手が1対1ではなくて、何か間にもっと人々がいろいろな形で絡み合っているのが、こうした場づくりのサービス像ではないかなと思うのです。あえて言えば、「支え合いを支える」サービスみたいなかたちになるわけです。

湯澤 サービスの供給者と受け手の関係性についてですが、これはまさにソーシャルワークとは何か、という歴史的な議論にも通底する論点であると感じます。国際ソーシャルワーカー連盟が策定しているソーシャルワークのグローバル定義というのがあって、2014年に改定されたのですが、そこではこのように述べられています。「ソーシャルワークは、社会変革と社会開発、社会的結束、および人々のエンパワメントと解放を促進する、実践に基づいた専門職であり学問である。社会正義、人権、集団的責任、および多様性尊重の諸原理は、ソーシャルワークの中核をなす。ソーシャルワークの理論、社会科学、人文学、および地域・民族固有の知を基盤として、ソーシャルワークは、生活課題に取り組みウェルビーイングを高めるよう、人々やさまざまな構造に働きかける」と。これをもとに地域での支え合いという営為を考えてみると、受け手がエンパワーされるような関係性の構築は、私たちは生きる社会の構造的な矛盾を可視化し、社会を変革していくという意味で私たちの解放を促進するのだ、という解釈ができるように思います。しかしながら、まだまだ恩恵的なまなざしやかかわりがあるのも事実です。

7　公的サービスのあり方

宮本　では、まとめの方向に少し行きながらなのですが、そのあたりのお話で、自治体の現実とかを考えると、この本が提起しているようなサービスを供給するのは、実はそう簡単ではない。と言いますのも、これまでの日本の社会保障・福祉のあり方は人々が抱えている困難を言わば分別して、障がいとか、困窮とか、高齢者の要介護度とか、一定水準の困難を抱えていることがはっきりしていることを前提に、公的なサービスを提供してきたのです。実はそのサービスの目的も、人々を元気にするというよりは、働けない人々として保護することでした。実はこの問題は、この本の提起をこれから現実化していく上で非常に大きなハードルになっていくのかなと思っているわけです。

しかも、それぞれ世帯の中であれ、個人であれ、困難は複合しているわけです。つまり、この構想を実現していく上で、自治体そのもののあり方や、その自治体のあり方を、言わば背後で方向づけてしまっている国の補助金や縦割り行政のあり方がやはりまた浮上してくると思うのですが、いかがでしょうか。そこをどう突破していったら良いのかと。

湯澤　子どもの領域でも、基礎自治体の役割がますます重視されています。この10年間で児童相談所での虐待対応件数は3・3倍に増えているにもかかわらず、児童相談所で働く児童福祉司の人数は1・4倍しか増えておらず、市町村の機能強化を急ぎ、増え続ける虐待に対応できる体制を整えるべきだ、といった指摘があがっています。児童福祉法では、都道府県と政令指定都市に最低1カ所、児童相談所を設置することが義務づけられていて、２００６年から中核市も設置できるように法改正されましたが、中核市ではまだ2市しか設置されていません。自治体財政の問題に加えて、専門職の育成と人材確保をいかに進められるか、という課題は深刻です。また、児童相談所の負担軽減のためにも、軽微な虐待については市町村窓口で対応できるようになりましたが、自治体規模の小さい町村などの業務負担は大きく、町村をいかに支援できるかが問われています。児童相談所の全国共通ダイヤル（電話番号）ができて、市民などが虐待通告できる体制の整備は進んでいますが、一方で、子どもを保護する一時保護所や施設が慢性的に不足しているといった制度構造上のジレンマがあります。自治体の財政基盤をいかに国が支えるか、地方公務員数の抑制傾向に歯止めがかけられるのか。資源の創出や人材の確保を可能とする財政基盤があってはじめてサービス給付の充実につながる、という基本問題を、子ども虐待という事象は映し出しているといえるのではないでしょうか。

宮本　わかりました。

湯澤　最後に、構想を実現するために、家族やジェンダーの視点から3点ほど触れたいと思います。

第1点目は、家族の民主化という課題です。民主化がもっとも遅れている領域の一つとして、家族制度があるのではないでしょうか。戸籍制度のルールにもとづいて世帯主が設定され、結果として、9割を超える世帯が男性世帯主であるという日本の家族制度の特性は、男性中心社会を維持する装置のひとつになっていると言っても過言ではありません。世帯主概念が徹底してジェンダー化されていると言ってもいいかもしれません。日本では、社会政策の議論からは家族制度の改革の議論はほとんどなされないのですが、韓国では戸籍制度が政策議論となり、制度改革が実施されています。日本の現在の家族制度は100年先にも続くかもしれず、根源的な問題が実は根が深いのではないでしょうか。

第2点目として、性的搾取という課題です。男性中心社会と言いますか、伝統的な家族主義を温存するためには、女性を劣位に置き続けるような社会意識が必要であり、その一方策として性の商品化がますます興隆しているように見えます。性暴力や性的な搾取を根絶するような政策が推進されないままでは、ダイバーシティーの推進などはなしえないのではないかと感じています。

第3点目として、ケアのジェンダー偏在の課題です。フェミニスト哲学者であるキティは、人間の生存にとって、誰かに依存することは、ある程度、ある期間「必然」であることを踏まえて、ケア関係こそが社会の根幹にあることを指摘しています。依存とは、あってはならない状態ではなく、人間の基本的条件であること。そして、依存を必要とする者をケアする「依存労働者」を公正に扱う必要性を強調しています。近代社会は、「家族」を公的領域から分離することによって、ケアをそこに閉じ込めてきたのです（キティ『ケアの倫理から始める正義論―支え合う平等』白澤社、2011年、165ページ）。企業社会の効率性と相入れないような「人間存在の非効率性」こそが、企業社会の論理を組み替えていく起爆剤であるとも言えるのではないでしょうか。

8　構想実現への道筋

宮本　この本自体は基本的には各章がそれぞれの論者の構想でもあります。全体として何かマニフェストを構成しているわけではないのですが、たとえばこの本の構想全体の実現にどれぐらいお金がかかるのだろうかと考えたときに、支援付き就労は今の生活困窮者自立支援制度、これが400億円ぐらいでやっています。就労支援中の経済保障や支援付き就労を実施する企業への補助金を導入するなどしてもあと100億円程度でしょう。

また補完型所得保障については、住宅手当なども重要ですが、ここでは給付付き税額控除にしぼると、300万円以下世帯に一人3・8万円で2・5兆円というシミュレーションがあります。

ライフステージのほうで考えていくと、就学前教育や大学教育の無償化では、これは高端論文でも計算されていますが、4・1兆円ぐらい。一番お金がかかるのが最低保障年金で、5万円程度の水準でも10数兆円が必要であろうかと思います。もちろん一連の支出で生活保護費などは相当抑制できるはずですが。

財源は消費税に限られませんが、あくまで規模感として消費税で15%弱。しかし、それでアナボコがふさがるならば、これはまったく社会のありようが変わってくるのではないかとも思います。

粗々な計算をフォローしていただくという意味ではなくて、神野先生から、少しお金の回り方を含めて、大きな政府でもないのに、入って来るお金は異常に小さかったという現実も踏まえつつ、最後に財源を確保しながら誰も転げ落ちない社会をつくっていく展望みたいなものをお話しいただけますか。

神野　1930年代にスウェーデンの首相をつとめたP・A・ハンソンは「国家は家族のように組織化されなければならない」と言っています。つまり、運命共同体であり、連帯責任で運営されるということです。共同の困難に対して連帯責任を負うのだという意識を基礎にして、本来は私たち国民、あるいは地域社会の住民共同の財布である国家財政なり地方財政が成り立っていくのです。そこがまず形成されないと、「租税は文明の対価だ」という言葉を発信したジェフリー・サックスが指摘しているように、アメリカに見られるごとく租税負担率が低くなってしまいます。

それは日本にも当てはまります。日本では1990年を租税負担水準の最高にして、急速に負担率が落ちて、その後は横ばいです。そのため歳出のほうは義務的なというか、制度上で必要なことを充実することで手一杯となり、新しい政策などをやる余地がありません。

現在の社会保障・税一体改革では、ようやく社会保障サービスないしは社会保障を充実するために、税負担を上げるのですよという論理が通ったということなのです。それまでの論理は何かというと、財政の赤字を——健全化などはできるわけがないのですが——少し埋め合わせるための増税でした。それを今回の増税は給付を増やすためにあるものですよという論理ではじめてやったということです。日本の場合、どうしてこうなってしまうのかわかりませんが、世論調査だと、財政再建のために増税に応じる意思がありますかというと、これは結構支持があるのです。5割を超えたりします。社会保障サービスなどを充実するために、公共サービスを増やすための増税に応じる意思はありますかというと、これは支持がないのです。つまり、政策的な歳出を増やすのは嫌ですが、心配している国家倒産みたいなことだったら増税に応じますよという傾向が強いです。

今回について言うと、もしも8％の増税で、増税したけれども、結果として良かったではないかと国民が思わないのであれば、増税できないと諦めたほうが良いと思います。財政の赤字を埋めるのではなく、人々の生活を支える支出を増加させ、増税しても良かったという実感を国民が抱くようにしなければ、今後の増税が実行不可能になってしまうと考えています。

宮本　わかります。消費税は8％で止まっていますし、そもそも消費税だけに依存するのは正しくないわけで、車の両輪の片方だけが大きくなってしまっています。

神野　したがって、言いたいのは、減税圧力が強いもとでは限界があるのですが、法人税などの減税への異議申し立ては弱いのです。トランプが15％に下げたら、法人税の実効税率でアメリカだけが日本の少し上にいるぐらいなので、日本の世論も減税方向に向いてしまうと思います。こうした減税圧力が非常に強いもとでは、地方の手の届く公共空間において、こういうサービスを共同事業として提供するいう合意を、下からとりつけていくしかないのではないかと思います。

宮本　先ほど、転げ落ちない社会をつくるのにどれくらいコストがかかるかといった話をしたのですが、消費税8％で国庫に入ってきたのが8兆円強で、そのうち機能強化に使われているのが1・35兆円ぐらいで、あとは先生がおっしゃったように、全部、借金を払うのに使われています。しかし、私自身一体改革論議のころから言ってきたことですが、プライマリーバランスの黒字化をいったん先延ばしにしてでも、仮に消費税で10％段階で全部、この構想のために回していただければ、随分、納税者の反応意識は変わっていくはずなのです。これが地域のアナボコやデコボコがきちんと補修されていくためには、さらに自治体の行政のインプリメンテーションレベルでのハードルを越えなければいけないし、いろいろと越えるべき障がいはあるのですが、ここがいったん突破できると大きな展開につながります。

神野　それを突破することをしようとすれば、やはり地道にでも、下からパイロット的にでもやって、どこかで上げていくことをしない限り実現できません。上からでは、とても実現できないと思います。

宮本　とくに最低保障年金は重いですが、これはもし何らかのかたちで導入すると……。

神野　最低保障年金みたいなことは、突然言っても無理ですよね。どういうヴィジョンのもとで主張されているのかを明確にする必要があると思います。

宮本　生活保護の高齢者世帯向け給付が大幅に増えているのは間違いないですね。それを抑制する効果は期待できると思いますが。

神野　いわゆるビスマルク型の年金とベバレッジ型の年金の歴史的経験を見ても、ベバレッジ型の年金は定着せずに、所得比例型の年金が現実的に定着していっています。高齢者の生活保障ということであれば、社会保障制度全体を有機的に関連づけることが重要だと思います。

宮本　イギリスがそうでした。

神野　民主党の案もそうだったのですが、所得比例型年金よりも最低保障年金が大きくなってしまいます。最低保障年金を大きくすることは、高齢退職による賃金の代替給付という年金の「点」を崩しかねません。最低保障年金よりもサービスなどを充実させるべきだと考えています。つまり、高齢者の生活というのは、年金だけを渡して、これであなたの好きなものを買っていらっしゃいという生活の保障方式にではなくて、立地点サービス、つまり施設サービスや配達サービスや、本書に書いてある住宅等々を含めて関連づけてやらないと、これまでの現金給付だけでやろうとしても、これは難しいのではないかなと思うのです。

宮本　おっしゃるとおりです。最後は財源論議も含めましたが、これをやらないと、現実性がない議論と受け止められてしまうのです。

神野　先ほどの宮本先生のご指摘も、また政府税調でもそうですが、タックスミックスと言っていますけれども、所得税と消費税を組み合わせるようなかたちで増税していかざるをえないという合意にほぼなっているわけです。とはいえ、かなり強い減税圧力がある中で行われるので、災害復興のための所得税だけを上げているのですね。

災害復興のためでも、法人税は上げてもすぐに戻ってしまいます。そういう状況で、他者への関心が失われると、他者の減税に対してはあまり文句を言わないのですね。自分のところからとっていくのは嫌で、ほかの人のはとっていってくれと言うのですが、ほかの人が減税されていることは、そう強い抵抗はないのです。

自治体などサービス給付を提供する際に忘れてはならないことは、スウェーデンの社会保障法では社会保障の給付は、給付を受ける人間が望むような様式で出さなくてはいけないということです。そういう意味で、ニーズを的確に埋めるために提供しようという意識が日本にはありません。性悪説に立っている人間観だからかもしれないのですが、社会保障サービスを出すときには、不正が働かないように、とにかく監視しなくてはいけないという意識が強いのですね。なので、日本では家族のように政府を組織するという意識を涵養しなくてはならないと思います。

宮本　現金給付は確実に受給者の懐に入っていくのですね。ところが、サービス給付は、ほんとうに役にたっているかどうか、判断が難しい。支援を受ける当事者も必要なサービスを判断しきれないところがあります。だからサービス給付が納税者に納得のいくものになっていくのは、なかなかたいへんなのです。もともと日本の税金は、言わば自動車の掛け捨て保険みたいに思われているところがあります。帰ってこない掛け捨て保険にしては高いのではないかと。それに加えて、今日お話をした「給付なき選別主義」で低所得層は福祉に関心を失っている。中間層は中間層で何かお金が選別的に使われているように思い込んでいる。この二重三重の問題の絡み合いで、税を循環させていくハードルは非常に高くなっているのです。それを突破するためには、こうした構想を具体的に示して、それを地域に反映させていくしかないというのが、今日のひとまずの結論ですね。

柴田　悠（しばた はるか）
1978年生。京都大学准教授。社会学、社会保障論。『子育て支援と経済成長』（朝日新書、2017年）、『子育て支援が日本を救う―政策効果の統計分析』（勁草書房、2016年）ほか。

花井　圭子（はない けいこ）
1955年生。労働者福祉中央協議会（中央労福協）事務局長。日本労働組合総連合会で主に社会保障政策を担当。2015年10月退任。同年11月より現職。

鎮目　真人（しずめ まさと）
1967年生。立命館大学教授。社会保障論。『社会保障の公私ミックス再論』（共編、ミネルヴァ書房、2016年）、『比較福祉国家―理論・計量・各国事例』（共編、ミネルヴァ書房、2013年）ほか。

藤森　克彦（ふじもり かつひこ）
1965年生。みずほ情報総研主席研究員／日本福祉大学教授。社会保障、雇用政策。『単身急増社会の希望―支え合う社会を構築するために』（日本経済新聞出版社、2017年）、『雇用の変容と公的年金：法学と経済学のコラボレーション研究』（共著、東洋経済新報社、2015年）、『無縁社会のゆくえ―人々の絆はなぜなくなるの？』（共著、誠信書房、2015年）ほか。

神野　直彦（じんの なおひこ）
1946年生。日本社会事業大学学長。財政学。『「分かち合い」の経済学』（岩波新書、2010年）、『教育再生の条件―経済学的考察』（岩波書店、2007年）、『財政学』（有斐閣、2002年）ほか。

編者・執筆者紹介（*編集）

宮本　太郎（みやもと たろう）*
1958年生。中央大学教授。政治学、福祉政策論。『共生保障 〈支え合い〉の戦略』（岩波新書、2017年）、『社会的包摂の政治学：自立と承認をめぐる政治対抗』（ミネルヴァ書房、2013年）、『福祉政治：日本の生活保障とデモクラシー』（有斐閣、2008年）ほか。

湯澤　直美（ゆざわ なおみ）
1961年生。立教大学教授。社会福祉学、ジェンダー論。『子どもの貧困を問い直す』（共著、法律文化社、2017年）、『親密性の福祉社会学―ケアが織りなす関係』（共著、東京大学出版会、2013年）、『危機をのりこえる女たち― DV法10年、支援の新地平へ』（共著、信山社、2013年）ほか。

白川　泰之（しらかわ やすゆき）
1971年生。東北大学教授。社会保障政策。『空き家と生活支援でつくる「地域善隣事業」―「住まい」と連動した地域包括ケア』（中央法規出版、2014年）、『ソーシャルデザインで社会的孤立を防ぐ―政策連動と公私連携』（共著、ミネルヴァ書房、2014年）ほか。

祐成　保志（すけなり やすし）
1974年生。東京大学准教授。社会学、ハウジング研究。『ハウジングと福祉国家』（翻訳、ジム・ケメニー著、新曜社、2014年）、『〈住宅〉の歴史社会学：日常生活をめぐる啓蒙・動員・産業化』（新曜社, 2008年）ほか。

西岡　正次（にしおか まさじ）
1953年生。A´ワーク創造館就労支援室長。まちづくり施策、雇用・就労支援施策。『生活困窮者支援で社会を変える』（共編、法律文化社、2017年）ほか。

高端　正幸（たかはし まさゆき）
1974年生。埼玉大学准教授。財政学。『地方財政を学ぶ』（共著、有斐閣、2017年）、『復興と日本財政の針路』（岩波書店、2012年）、『地域切り捨て　生きていけない現実』（共編著、岩波書店、2008年）ほか。

転げ落ちない社会　困窮と孤立をふせぐ制度戦略

2017年10月25日　第1版第1刷発行

編著者　宮《みや》本《もと》太《た》郎《ろう》

発行者　井村寿人

発行所　株式会社　勁《けい》草《そう》書房

112-0005 東京都文京区水道2-1-1　振替　00150-2-175253
（編集）電話 03-3815-5277／FAX 03-3814-6968
（営業）電話 03-3814-6861／FAX 03-3814-6854
本文組版 プログレス・三秀舎・中永製本

ISBN978-4-326-65412-3　Printed in Japan

http://www.keisoshobo.co.jp